人傑與鬼雄的背後……（代前言）

　　這是一個崇尚英雄的時代，從締造羅馬帝國的凱撒到打開俄國出海口的彼得大帝，堅定與勇敢成了人們競相培養的品質；這也是一個崇尚聖哲的時代，從亞里士多德的哲學到沙特的理念，智慧與人格的完美成了人們刻意不懈的追求；這也是一個摒棄糟粕、不斷創造的時代，從羅馬皇帝的殘暴到十字軍東征的血腥，都成了人們以之為鑒的戒條。在人類歷史長河中，人傑與鬼雄層出不窮，真善與醜惡涇渭分明，歷史為我們提供了一面鮮活而真實的鏡子。

　　當我們靠近這些聖賢人傑時，他們不惜生命追求真理的無畏氣概，令我們無比崇敬；他們運籌帷幄、決勝千里的深謀遠略，令我們無限嚮往。就在我們熟悉偉人的時候，我們也更接近了偉人的高度，在不知不覺中完美了自身的人格與智慧。當我們走近那些鬼雄之輩時，他們瘋狂的行徑，讓我們明白了什麼是罪惡；他們扭曲的心靈，讓我們知道了什麼是卑劣。就在我們摒棄、遠離鬼雄的時候，我們也具備了鑒別善惡的能力，我們也完成了重塑自我、淨化心靈的壯舉。歷史名人們的經歷又何嘗不是一部凝煉的人類歷史呢？在讀知這些歷史巨人的同時，我們還在生動與趣味中豐富了歷史知識，拓展了思維境界，完備了自身的修養。這正是我們編纂此書的目的之所在。

　　「千古之罪，未有一人成之者；千古之功，未有一人樹之者。」就在我們越是貼近這些歷史巨人時，我們越會清晰地看

世紀名人
懸案大破解

雨　田◎編著

好讀出版

到，歷史巨人們的身上大多具有與他們或人傑、或鬼雄的稱號極不吻合的特質，特別是在他們的背後，隱藏著許多鮮為人知的趣事及難以破解的歷史懸案。本書在大膽破譯歷史懸案的過程中，細數了千古風流人物的偉大或宵小。相信讀者朋友會在思索中，體會人傑與鬼雄波瀾壯闊的千古留名之舉……

　　為了增加讀者的閱讀興趣，本書還編配了與內容有關的數百幅圖畫，特別適合學生朋友閱讀，對啓發學生朋友學習歷史課程的興趣和愛好，能起到意想不到的效果。堪稱「不是教科書的教科書」。我們希望，讀者朋友們在掩卷之後，在腦海中一直會縈繞著這樣一個凝重而深刻的問題：人傑與鬼雄的背後，還隱藏著什麼……

第1章 古代歷史名人懸案

第2章 中世紀歷史名人懸案

第3章 近代歷史名人懸案

第4章 現代歷史名人懸案

古代歷史名人懸案

當我們以驚歎的目光回望這段遙遠的歷史時光時，

我們會發現，這裏有從容安詳的釋迦牟尼佛祖，

正端坐在菩提樹下凝思；

這裏有聰明睿智的阿基米德，

用纖細的槓桿撬起了地球；

這裏有睥睨萬物的凱撒大帝，橫戈躍馬，指點江山……仰看先人，

我們只有心懷敬畏；面對歷史，

我們卻不由疑竇叢生：羅慕洛搶親是史實，還是一個美麗的神話？

1 摩西的身世之謎

　　正如歷史上許多偉人一樣，摩西的誕生也充滿了神話色彩：因爲猶太人的後代逐漸強大，對埃及統治者法老構成威脅，埃及人爲了阻止猶太人口的增加，規定只有猶太人生的女孩才可以生存下來，所有猶太男孩一生下來都要被扔到尼羅河中淹死。摩西出生後，他的母親也只有含著眼淚，把摩西放在一只籃子中，偷偷地藏在一片蘆葦叢中。然而在上帝的保佑下，摩西居然活了下來，正好被前去河邊洗澡的法老女兒發現了，這個心地善良的公主偷偷地撫養了這個猶太男孩，並爲他取名摩西，意思是「從河裡拉上來」的孩子。

　　在王宮中長大的摩西受到了良好的教育，但他對猶太兄弟的遭遇十分同情。有一次，摩西外出時正好看見一個埃及人毆打一個猶太人，他氣憤之下痛打了那個埃及人，不料卻把他打死了。摩西知道自己闖下了大禍，便逃到了猶太人部落中尋求避難。在猶太人部落中，摩西感受到猶太人迫切回故鄉的願望，他便向法老請求放猶太人回故鄉，但法老拒絕了。上帝爲了懲罰埃及人，讓災難降臨整個埃及：埃及的河水突然全變成了鮮血；冰雹毀掉了所有的莊稼；天空的太陽也不知躲哪兒去了，一片黑暗，死神正逼近埃及人。可是這種殘酷的懲罰也沒有使埃及法老回心轉意，上帝又使出了最後一招：一夜之間讓埃及人所有的長子，不論貧賤，以及所有的頭胎牲畜都死掉了。只有猶太人因爲事先得到了上帝旨意，在門上塗了羊血記號，才倖免於難。最終，埃及

新法老被迫同意猶太人返鄉。這一天是1月14日，被稱爲「逾越節」。苦難中的猶太人在摩西的帶領下，踏上了返回故鄉的征途。

　　猶太人餐風露宿，日夜兼程，他們逃避了前來追趕的埃及軍隊，在摩西的率領下進入了西奈地區，在西奈沙漠中流浪了四十年後，抵達西奈山下。摩西在這漫長而孤獨的沙漠生活期間，深深地感受到了雷電和暴風雨之神的力量。他認爲，此神統治著七重天，牧羊人的生活、取火和呼吸都要依賴於他，此神是廣受西亞各地崇拜的許多神靈之一，名叫耶和華。

摩西曾在山上接受上帝爲猶太人訂下的摩西十戒。

　　相傳有一天，摩西離開猶太人營地不見了，有人低聲私語說他是攜帶兩塊毛石出去的。當天下午，一場可怕的暴風雨來臨。只見烏雲蔽空，山頂都看不見了，整個天空如同黑夜，人們都嚇得躲在營地，不敢出來。可是摩西從暴風雨中安全歸來，向人們展示了他手中的兩塊毛石，只見上面刻有耶和華在雷鳴和眩目的閃電中講給以色列人的話。從那時起，耶和華便被所有的猶太人認爲是他們命運的最高主宰，是惟一的眞神，他教給猶太人怎樣遵守他的明訓「十戒」，去過那神聖的生活。「十戒」又稱摩西律法，成爲猶太教的宗教基礎。從此猶太人接受了「十戒」，逐漸形成了猶太民族。

　　摩西率領猶太人歷經千辛萬苦重返故鄉迦南的壯舉，被後人

賦予「向自由進軍」的寓意。可是歷史上到底有沒有此事呢？因為只有《聖經》上記錄了猶太人返鄉的事，而且神話色彩濃厚，所以有人認為它只是一個傳說而已；另一些人認為歷史上確有此事，只不過摩西率領猶太人逃出埃及的具體時間有待商榷，有人認為是西元前13世紀，有人認為是西元

猶太人使用的「聖具」。

前15世紀。有人還對猶太人領袖摩西的身分持有懷疑態度：傳說中當時在淪為埃及人奴隸的猶太人中爆發了一次瘟疫，一個名叫摩西的埃及祭司被派往猶太人部落，處理瘟疫的事，並帶領猶太人遷出埃及，所以摩西極有可能是埃及人。更有人認為，摩西是一位埃及公主，她被埃及歷史上最偉大的女王哈特謝普蘇特收養，並深受女王寵愛，可是女王的政敵圖特摩斯三世上台後，她只得逃離埃及。

2　圖騰加滿王死因之謎

　　圖騰加滿是古埃及新王朝第十八朝的一位國王。第十八朝創立於西元前16世紀，是古埃及歷史上最繁榮的時代。當時的埃及正處於所謂「阿馬納」宗教改革的混亂時期，由於第十八王朝向外擴張和掠奪，使貴族和祭司階層財富激增，底比斯阿蒙神廟的祭司成爲威脅王權的主要勢力。圖騰加滿的父親易克唐納（安門荷特普四世），爲了擺脫祭司對國家政權的控制，削弱阿蒙神廟祭司的勢力，開始了宗教改革，創立了新的太陽神「阿頓」，用一神教來代替傳統的多神教，並把國都從底比斯遷到了另一個小城，命名爲「阿肯塔頓」，歷史上稱這一時期爲「阿馬納時期」。

　　然而，由於易克唐納過分熱衷於太陽神阿唐的信仰與藝術，疏於治理國家，以致喪失了埃及在亞洲的殖民地，國內政局也出現了動蕩不安的局面。易克唐納死後，九歲的圖坦阿唐繼承了王位，舊朝元老將他改名爲圖騰加滿，重新恢復了對阿蒙神的信仰，補償了阿蒙神廟的損失，還都底比斯，這些元老掌握了王國的政治大權，圖騰加滿徒有虛名，從未真正統治過他的王

在古埃及法老的墓室中有許多彩繪傳說，傳說這幅話中的兩隻豺狗有引導死者亡靈進入陽間世界的作用。

國，十九歲時便結束了他短暫的一生。當揭開圖騰加滿木乃伊臉上的最後一層亞麻布時，人們完全驚呆了，在圖騰加滿臉上靠近左耳的地方有一處致命的創傷，這自然讓人們想到了圖騰加滿的早逝，他是否是被謀害致死？兇手是誰？

史書中對圖騰加滿的死沒有任何記載。圖騰加滿在新王國第十八朝的歷代法老中是最微不足道的人物。一個尚未成年的男孩，所在位的十年是埃及歷史上毫無建樹的年代。圖騰加滿的後期，一個老練的大臣——阿伊掌握了實權。1954年，在卡納克發現的一塊石碑上寫著阿伊是圖騰加滿的共同攝政王。又在一個被發現的戒指圈上看到了阿伊和安克賽納曼二人的名字，後者是圖騰加滿王的王后。據傳說，當圖騰加滿年少早逝後，安克賽納曼王后悲痛欲絕。

決心用最盛大的葬禮儀式來厚葬其夫，使其夫在陰界能享盡榮華富貴。圖騰加滿王墓中有一幅浮雕，上面刻著王后和丈夫在御花園裏柔情蜜意地散步。安眠在金棺裏的圖騰加滿額上套著一個小小的花環，這是王后送給丈夫的臨別表記。看來這對夫婦感情篤深，而為什麼王后的名字會和老臣阿伊的名字刻在一起呢？

有的歷史學家據此分析，在圖騰加滿法老死後，阿伊娶了圖騰加滿法老的寡妻，實際上操縱了國家的權力。另外，有些專家從赫梯人方面的史料分析，在圖騰加滿暴斃後，仍然年輕迷人的安克賽納曼王后（當時只有二十多歲）給西亞的強國——赫梯王國的國王寫了一封信，信中說：「我失去了丈夫，沒有男孩子。請把您的王子送給我一個，做我的丈夫吧……」赫梯國王滿足了這位可憐王后的請求，送給他一個年輕健壯的王子。不料，王后的計劃敗露了，赫梯王子在敘利亞被埃及的軍隊殺死。最後，阿

伊繼承了王位，而不是由王室中任何一位成員繼任。王后安克賽納曼也不知所終。

人們紛紛猜測：圖騰加滿法老和安克賽納曼王后都死得不明不白，而且他倆死時都非常年輕，會不會都和老臣阿伊相關？或許你要發問，看看安克賽納曼王后的木乃伊，如果也像圖騰加滿王的木乃伊一樣，有明顯的致命創傷，答案不就明瞭了嗎？考古學家和探險家也不是沒做過這方面的嘗試，但至今也沒找到這位皇后的墳墓或木乃伊。因為根據古埃及奇特的墓葬風俗，男性法老可以在自己墓中安排大量的少女殉葬（圖騰加滿王墓中就有殉葬少女三百名），卻不能與自己的王后共穴，所以安克賽納曼王后死後並沒能和亡夫安葬在一起。在底比斯的「王陵之谷」南面數公里外，專門設有后妃墓，人稱「王后谷」。「王后谷」裏的後妃墓與法老墓不僅形制不同，而且規模也相去甚遠。安克賽納曼王后的墓葬就散落在這「王后谷」中，至今未見蹤影。圖騰加滿法老和安克賽納曼王后的身世和死因，仍然裹在歷史的迷霧中，或許隨著考古工作的深入，這團迷霧總有一天會煙消雲散。

這隻古埃及的棺上，繪有古埃及的喪葬場景。

3 示巴女王眞假之謎

　　歷史上是否確有示巴女王其人呢？

　　示巴女王到底來自何方？她出身於
哪個民族？《聖經》當中沒有記載。只
是在《舊約全書》中提到示巴是以從事
香料、寶石和黃金貿易而聞名的國家。
由於示巴女王在《聖經》中曇花一現
地，因而後世有關她的傳說很多。一種
傳說是，示巴女王由於容顏俏麗，聰穎
過人，所羅門王對其一見鍾情。但以智
慧廣大著稱的所羅門王並沒有被示巴女
王的表面淡漠所難倒，他巧施妙計，使
示巴女王被迫就範，從而成就了一段金
玉良緣。他們在一起共度了半年多幸福
的時光。

　　在中世紀廣爲流傳的一個傳說裏，
示巴女王被認爲是那位預言耶穌基督將
受難於十字架的女先知。當她去耶路撒
冷拜見所羅門王的途中，路過一座小
橋，她預見到救世主被這座木橋上的木
板釘死的情景，她便繞道而行，並將她
預見到的情況告知所羅門王，所羅門王

示巴女王不僅美麗漂亮，而且聰穎
過人。

急忙派人把橋板取下並埋到地底下，以避免那樁不幸的罪惡發生。但是後來這塊橋板卻被人挖了出來，成爲了罪惡工具。但在非基督教信仰的國家裏，示巴女王的形象遭到極大貶斥，甚至被描繪成面貌醜陋的女巫。示巴古國到底存不存在呢？經過學者們長期考察，一種觀點認爲，示巴古國位於今阿拉伯葉門共和國境內，處於瀕臨紅海的阿拉伯半島西面。在西元前10世紀時曾經盛極一時。它盛產香料、寶石、黃金，又緊靠當時的古代通商要道紅海，與以色列、埃及、衣索比亞、蘇丹等國進行廣泛的貿易往來。而示巴王國的首都據考證就是現在的阿拉伯葉門共和國的東部城市，西元前1世紀的希臘史學家奧多勒斯曾經形容馬里蔔是個用寶石、黃金和象牙妝點起來的城市。傳說中的馬里蔔的規模巨大的蓄水壩的遺址也被人發現了。

所羅門王像。

　　1867年，德國人莫克宣稱，大津巴布韋廢墟就是示巴女王的王宮。但很多考古學家並不贊同莫克這一說法。有意思的是，示巴古國還有可能就是衣索比亞王國。1955年頒佈的衣索比亞憲法中曾寫有這樣一段話：「薩爾·塞拉西國王的家系不間斷地傳自衣索比亞女王，即示巴女王和耶路撒冷所羅門王的兒子孟尼里克一世的朝代……」據說，示巴女王和所羅門王的兒子埃布納·哈基姆

繼位以後改名爲孟尼里克。其子孫成爲衣索比亞後來的統治者。
後來，每一位衣索比亞國王也都以自己是所羅門王和示巴女王的
後代而感到自豪。他們還給自己加上「猶太之獅」的稱號。由於
《聖經》中對示巴女王僅僅點到爲止，因此示巴女王的有無以及她
的國籍問題成爲一個難解之謎。

4 羅慕洛搶親之謎

　　關於羅馬城的起源有一個流傳久遠的傳說：在特洛伊城被希臘人攻陷的時候，伊尼亞帶領一部分人逃了出來，經過漫長的飄泊，來到義大利半島。伊尼亞的兒子在這裏修築了亞爾巴龍伽城，並當了國王。傳至國王努米托時，其弟阿穆略篡權，並殺死努米托的兒子，又強迫努米托的女兒西爾維亞做了貞女塔的女祭司，保證一生不結婚。結果戰神馬爾斯來到貞女塔與西爾維亞相愛並生下一對孿生子。阿穆略命人將這對雙生子投入台伯河中溺死，但是一隻母狼救了這對雙胞胎，並用乳汁餵養這對雙胞胎。直至兄弟倆被一個牧人發現，牧人給哥哥取名羅慕洛、弟弟取名勒莫，教他們一身好武藝。兄弟倆長大後領導亞爾巴龍伽城人民起義，推翻阿穆略並使努米托重登王位。兄弟倆另建新城，兩人格鬥，勒莫被殺，羅慕洛用自己的名字將新城命名爲「羅馬」。

　　在這個傳說之外，還有一個廣泛流傳的羅慕洛搶親的傳說：羅馬城建立以後，開國之君羅慕洛大開城門，歡迎各種人等前來羅馬經商、打工、開設作坊。一時之間，窮人、工匠、商販、藝人從四面八方湧入羅馬，促進了羅馬經濟的繁榮。但是，羅慕洛很快發現：儘管城外人口來來往往，羅馬城內人丁並不興旺。原因是：周圍城邦的人都不願意把自己的女兒嫁到羅馬城。於是他心生一計：宣佈羅馬要在海神節舉辦文藝演出，歡迎各方人民前來觀看。海神節演出精彩極了，周圍的薩賓人和其他鄰邦人都被吸引來了。當戲劇表演進入高潮時，羅慕洛一聲令下，埋伏在四

周的羅馬勇士衝進觀眾席，搶走薩賓的年輕婦女，並把其他人轟出城去。一些薩賓人就這樣成了羅馬人的戰利品。其中一位如花似玉的年輕姑娘被幾個地位低下的人同時搶到，並把她獻給有作為、有聲望的青年塔拉西烏斯。薩賓人羞憤難平，他們向羅馬人宣戰。正當雙方激戰猶酣時，已經成為羅馬人妻子的薩賓婦女衝到陣前，一方是自己的父兄，另一方是自己的丈夫，她們懷抱嬰兒，哭著喊著要求雙方停戰。在她們的哀求之下，雙方終於達成和解，羅馬人和薩賓人結成聯盟，共同建設羅馬城邦。

據說「搶親」事件逐漸演變成一種風俗：凡新娘出嫁時，人們都要呼喊「塔拉西烏斯」，以示美好祝願，也有人說，「塔拉西烏斯」意為「紡織」，鼓勵新娘辛勤勞動。此說法似乎有點牽強。而結婚時，新娘不能自己跨過丈夫家的門檻，必須要由別人把她「搶」進去。關於羅慕洛搶親真偽問題，歷來眾說紛紜。

一派意見認為，搶親乃至羅馬建城的種種傳說都是天方夜譚，是人們杜撰出來的神話故事；第二派意見認為，薩賓人大本營離羅馬城其實很遠，這個故事不太可能發生。第三派意見以科瓦略夫《古代羅馬史》、凱瑞和斯卡拉德的《羅馬史》為代表，認為這個傳說雖不可靠，但在一定程度上反映了羅馬公社和薩賓公社結合的真實歷史；還有一派意見認為這個傳說及古羅馬早期傳說基本上是可

羅馬城的城徽─狼孩。就是這隻母狼餵養了羅慕洛兄弟倆。

靠的。

二次大戰後，考古學家在羅馬帕拉丁發現了西元前8世紀中葉的墓葬和小茅屋村落遺址。這說明在帕拉丁卡馬盧斯山西端，的確有過一群小茅屋組成的牧民村落。這與傳說中的牧人和孿生兄弟居住的「羅慕洛小屋」是相符的。

早期羅馬人的石棺。

也有一些史學家認為，羅馬城的建立與拉丁人和薩賓人有關。拉丁人約於西元前2000年進入義大利的拉丁姆平原。在他們居住區附近還有其他印歐語族人：薩賓人、埃魁人和伏耳西人等。他們建立了好幾條南來北往的商道，其中較重要的一條穿過羅馬諸山而過。在巴拉丁山腳下渡口處，他們還派人常駐，並設卡收費。這裏逐漸形成了一個交易市場。隨著貿易的不斷擴大，人們在這裏設卡收費，在山坡上築堡防衛，逐漸發展為羅馬城的雛形。義大利考古學家在羅馬東北四十公里處，發現了一座西元前8世紀薩賓人居住的古城——古雷斯，這正好與傳說中羅慕洛在世的年代（西元前753年羅慕洛建城）相符。這都為傳說的真實性提供了一定的證明。

佛經中寫道，釋迦牟尼（約前566～前486）原名喬答摩‧悉達多，是釋迦族迦毗羅衛國淨飯王的兒子。母親摩耶夫人是天臂國王的女兒，生下他剛滿七天就去世了。相傳，釋迦牟尼在最後一次降臨這個世界前，早已投胎過五百五十次，先後成爲過各種動物、人和神，已經功德圓滿。當他最後一次輪迴時，就變成一頭白象，趁摩耶夫人熟睡時鑽入其腹中。摩耶夫人懷孕後按照當地習俗要回娘家去，但當她走到藍毗尼園的一棵婆羅樹下時，中途生下了他。

這是菩提樹雕塑相傳釋迦牟尼就是在此樹下悟道成佛。

釋迦牟尼從八歲起學習寫字，並習練武藝。十六歲時，父親淨飯王爲他娶了漂亮的耶輸陀羅，很快地他們就有了一個兒子。但是，釋迦牟尼卻在二十九歲那年出家了。爲什麼呢？據說一天，當他出宮遊玩時，出東門，看見一位滿頭白髮的駝背老人，衰老得可怕；出南

門，看到一個垂死的病人，痛苦地捶著胸膛，在地上滾來滾去，並發出絕望的呻吟；出西門，看到許多人圍著一具屍體失聲痛哭；出北門，卻看到一群沙門（出家人），個個臉上洋溢著自得其樂的神情。釋迦牟尼悟到世間一切事物都變化無常，人的一生也充滿煩惱痛苦，生老病死不可抗拒，惟有出家才能徹底擺脫這些苦惱。

釋迦牟尼出家後，他的父親淨飯王見多次勸說都不能使他回心轉意，只好派跋堤、跋波、摩訶男和阿說示幾人去照顧他。他們一行六人拜訪當地著名學者，尋求人生真諦，卻始終找不到答案；來到尼連禪河邊的苦行林中苦修六年也終無所獲。釋迦牟尼放棄苦修，在尼連禪河中洗去六年的污垢，又吃了牧羊女獻上的乳糜。在一棵菩提樹下冥思七天七夜之後，終於大徹大悟而成佛。儘管佛教徒堅稱釋迦牟尼是一位真正存在過的人，但是習慣於把佛經作為理論甚至哲學範疇的東西加以研究的人，卻覺得釋迦牟尼是虛構出來的神。由於釋迦牟尼成佛與傳法是在西元前6世紀至西元前5世紀，距今已經二千五百年左右，不少人都懷疑歷史上是否真有釋迦牟尼其人了。

但是考古發現卻常常給人們帶來意外的驚奇。1898年，人們在迦毗羅衛遺址附近一座古墓中挖掘出一只舍利壺，上面用西元前的古代文字刻寫著如下的句子：「此為佛陀世尊之舍利壺，為知名釋迦族人與其妹妹、妻子所共奉祀。」在吠舍離遺址，人們也發現了舍利瓶。人們現在對舍利還研究不透，它光潔堅硬，只有得道的高僧圓寂肉身焚化時才會有。就是在中國，佛舍利也接連被發現：北京西山的佛牙舍利塔內，就珍藏著佛牙舍利；1981年11月，在北京房山雲居寺雷音洞內發現兩顆佛舍利；1987年5

月，在重修陝西省扶風縣法門寺地宮時，又發現了佛指舍利。

佛舍利數千年不朽的存在，證明釋迦牟尼確有其人。有的學者認為，他是在傳教過程中慢慢被人神化的。當然還有學者認為，釋迦牟尼出家並不是因為他對人生的領悟。

而是由於痛感祖國迦毗羅衛國的弱小，因迦毗羅衛國長期以來一直是鄰

唐代佛祖像傳說是古代印度淨飯王的太子。

國拘薩羅國的附屬國，一直處於被其吞併的陰影之下，釋迦牟尼放棄王位是出於對這種政治現實的逃避。釋迦牟尼修煉開悟之後傳法四十九年，使佛教在印度發揚光大，並遠播東南亞、東亞等地，甚至傳入我們中國。

6 阿育王之謎

　　阿育王是古印度孔雀王朝的第三代國王，約生活在西元前3世紀。在他統治時期，孔雀帝國達到極盛，其疆域在古印度歷史上也是空前的，整個南亞次大陸除了最南端以外已基本獲得統一。他能順應形勢的發展，摒棄窮兵黷武政策，注重休養生息，堪稱印度古代一位傑出的政治家。在世界文化史上，阿育王大力弘揚佛教，並使佛教越出印度國境，傳播到異國他鄉，最終發展成為一大世界性的宗教，對許多國家的政治和社會生活產生過重大作用，從而名垂史冊。

　　佛教為古印度釋迦族人悉達多‧喬答摩創立，後來，悉達多被人們尊為「釋迦牟尼」（意為釋迦族的聖人），通常被稱作「佛陀」（意為覺悟真理的人），他所創立的佛教即由此而得名。在釋迦牟尼生活的西元前6世紀下半葉，佛教只不過是古印度沙門思潮中的一個流派；到了阿育王時代，阿育王奉佛教為國教，在摩崖和石柱上銘刻敕令和教諭，大力宣揚佛法要義，積極推行

據說這尊印度發現的佛祖的塑像，最接近佛祖真人。

所謂「正法」統治。當時，佛教徒認為阿育王是一位理想的國君，將他尊為「護法名王」。

　　阿育王推行的「正法」統治，主要是對人民進行精神控制，

他要求人們節制欲望，清淨內心，不殺生，不妄語，多施捨，尊敬父母和師長，並按照公認的社會道德規範善待親友和奴僕。這樣，人們的思想就被束縛在自我修養上，甘願受他的統治，不會反抗他的奴隸制君主專政。當時，阿育王帶頭皈依佛門，被視爲神聖不可侵犯的。國家的一切軍事、行政和司法等最高權力都集中在他的手裏。他的下面設有龐大的官僚機構，層層管理國家，直至村莊，還擁有六十萬步兵，三十萬騎兵和九千頭戰象的強大軍隊，維護他的統治。他自己的生活，極其奢華，據說在行獵時，伴隨他的是全副武裝的女獵手，有的駕車，有的乘象，如出征一般。在舉行宗教大典時，在宮廷的遊行隊伍裏，有用黃金和白銀裝飾起來的大象；有四馬戰車；有拿著盛滿寶石的黃金容器的大批僕從；有許多被馴服的獅子、豹子等等。阿育王則通常被二十四頭大象保護著。這一切財富，都是他從全國搜刮來的。

此雕有獅子的紀念柱上，刻有阿育王的教法。

　　爲了實現「正法」，鞏固統一，阿育王修築道路，設立驛站，經常派遣一些正法大官到各地巡視，還興辦各種公共福利事業。特別是他多次向佛教僧團施捨大量的土地和財物，廣泛修建奉祀佛骨的專用建築（俗稱舍利塔或佛塔），據說，當時在印度各地曾有八萬四千座佛塔，他還召集佛教高僧在華氏城舉行佛教史上的第三次集結（前兩次

分別是釋迦牟尼死後不久和死後一百年），編纂整理經、律、論三藏經典。此後，他開始向國內邊陲地區和周鄰諸國派遣許多佛門長老，把佛教傳到斯里蘭卡、緬甸、敘利亞、埃及等地。

　　阿育王為何這樣不遺餘力地弘揚佛教呢？相傳，他誕生時，其父賓頭沙羅王口念「我今無憂」，隨即給他起名為阿輸柯（即阿育），意為無憂。他的一生，也正是步步走向了「無憂」。他十八歲那年，被任命為阿般提省總督。其父病逝後，他經過四年內戰，擊敗了爭位的諸兄弟，正式繼承了王位，舉行了登基典禮。此後他發動了對外戰爭，統一了全印度。據說，他皈依佛門，是在佛教高僧的感召下決定的。當時，他對南印度羯陵迦國的遠征取得全勝，但是，在這次戰爭中，有十萬羯陵迦人被殘酷殺戮，有十五萬羯陵迦人被擄掠成為奴隸。他對此深表悔恨，從此，他的內外政策也出現轉折。他不再實行暴力統治，不再發動征服戰爭，並廢除了鬥獸之類的血腥娛樂，限制傳統的殺生祭祀和宮廷狩獵活動。所謂「放下屠刀，立地成佛」。

　　其實，認真分析一下阿育王的所作所為，不難看出，他之所以弘揚佛教，根本原因還是為了鞏固其孔雀帝國的奴隸制君主專政的統治，當國家已基本統一之後，不需要再行征戰和殺戮，人民需要休養生息，而佛教正是麻痺人民的思想武器，他則可以在這人間的「極樂世界」裡坐享榮華富貴。這一切都不過說明了，阿育王的「護法名王」只是「名」；而他作為傑出的政治家，才是「實」。

西元前6世紀，位於伊朗高原的波斯，在其首領居魯士的率領下，迅速崛起而成爲一個強大的帝國，而這個帝國在居魯士的繼承者——岡比西斯手裏，已面臨著分崩離析的局面，連王位也要丟掉了。西元前522年3月14日，這是大流士一世宮殿的浮雕，圖案十分生動精美。當岡比西斯在埃及的軍事行動受挫時，在波斯國內的庇里什瓦德的阿爾卡德裏什山地方爆發了高墨達暴動。高墨達是打著岡比西斯的弟弟巴爾狄亞的旗號起兵的（因爲據說岡比西斯殺死其弟巴爾狄亞一事還不爲人知；也有學者認爲高墨達就是巴爾狄亞）。他自立爲王，並號召各地人民（包括波斯人）擁戴他而拋棄岡比西斯。高墨達曾派人到各地去宣佈免除三年兵役和賦稅。暴動很快得到了包括波斯人、米底人在內的各地人民的回應，波斯帝國面臨著全面崩潰的危險。正在埃及的岡比西斯得到高墨達暴動的消息後，即刻起身回波斯，卻莫名其妙地死在半途。

高墨達奪了王位後，住進宮廷中，接管了岡比西斯的權力，殺死了許多以前認識巴爾狄亞的人。同時，也接管了前國王的全部妻妾。

這是大流士一世宮殿的浮雕，圖案十分生動精美。

但讓人奇怪的是，這位新國王總是深居簡出，很少在公共場合露面，偶然露臉也都是用東西緊裹著。他的這種舉動引起了波斯貴族們的懷疑。岡比西斯的皇妃帕伊杜美的父親歐塔涅斯想探個究竟。按照波斯王室的規矩，皇妃平時在宮外住宿，定期入內宮陪伴國王。輪到帕伊杜美入宮時，歐塔涅斯吩咐她注意新國王有沒有耳朵。因為高墨達在居魯士當政時由於犯罪而被割去雙耳。當夜帕伊杜美留心一看，果然新國王沒有雙耳，她迅速把這個情況告訴了父親。歐塔涅斯立即找到六名貴族同黨，策劃推翻這個假國王，其中就有岡比西斯的堂兄弟大流士。

七個人經過商定，決定由他們親自率家丁及手下兵卒突然襲擊王宮。沒過幾天，假國王的消息很快傳遍京城，高墨達害怕京城內波斯貴族盤根錯結，自己稍有不慎就會危及生命，於是決定離開京城，回到米底。大流士等人聽到消息後，也尾隨到了米底。在9月的一個宗教節慶日，大流士等人終於等到了機會，他們衝入宮內，經過一番激烈的廝殺，將高墨達和他的親信斬盡殺絕。

阿黑門尼德的天下雖然被奪回，但波斯帝國實際管轄的範圍只侷限於伊朗高原的部分地區，其他省分事實上已經獨立，新生的、自封的國王多如牛毛，勢力大的至少有七八個，波斯帝國正處於四分五裂、分崩離析的狀態中。這樣的局面為英雄人物的誕生提供了機遇，為偉大人物的出現提供了舞臺，大流士正是在這個時候擔任了強者的角色。在殺死高墨達等人以後，大流士等七人便商議選擇政治形式。他提出「沒有什麼能夠比一個最優秀的人物的統治更好了。」而這個最優秀的人是誰呢？七個人互不相讓。最後決定，次日清晨除歐塔涅斯不參加外，其餘六人乘馬在

市郊集合，看誰的馬先嘶叫就由誰為王。

　　散會後，大流士苦苦思索，如何讓自己的乘騎能在明日清晨最先嘶叫呢？他絞盡腦汁，毫無辦法。忽然，他想起了自己的馬夫，那聰明的馬夫肯定有他的訣竅。大流士把自己的想法告訴了馬夫，馬夫只是笑笑，請大流士儘管放心。深夜，馬夫選了一匹大流士乘騎最喜歡的母馬，拴在清晨將要比賽的地方。過了一段時間再將馬牽回。天明日出時，那精明的馬夫隨大流士乘馬赴郊外。他左手插在褲子裏，右手拉著馬嚼子。待六人全到齊後，他迅速而自然地抽出左手，佯裝撫弄馬鼻子，那馬激動不已，仰天嘶鳴。那五人見狀，急忙翻身下馬，跪倒在地，連稱大流士為大王。原來，馬夫臨行前曾把左手伸入那母馬的陰部放了一會，大流士的所乘的馬聞到了母馬的氣味，哪有不鳴之理？大流士就這樣，依靠手腕成了國王。

　　他憑藉自己的軍事才能，從西元前522年9月到西元前521年12月，共打了十八次戰役，採取以少數兵力，實行各個擊破的戰略，斬殺和擒獲八個暴動首領，終於掃滅群雄，平定天下，奇蹟般地扭轉了帝國搖搖欲墜、日趨瓦解的勢力，重新統一了波斯帝國。西元前520年9月，帝國重新統一後十個月，大流士功成名就，躊躇滿志，在從巴比倫去

2500年前的波斯人。

埃克巴坦那的旅途中，於克爾曼沙阿城以東三十二公里的貝希斯頓村旁的一塊懸崖峭壁上刻石紀功，這就是上述的貝希斯頓銘文。波斯帝國在大流士的手下重新崛起，成為一個橫越中亞、西亞、小亞、北非的強大國家，在波斯的歷史上實屬空前。兩千多年以來，貝希斯頓銘文始終矗立山間，向人們展現著波斯帝國這位神秘的英雄人物——大流士。

　　馬拉松是人們熟悉的一項體育運動，但對它的起源是希波戰爭引起的，卻鮮為人知，而與它有關的英雄人物斐力庇第斯，更是一個悲劇性的人物。位於現在伊朗高原的波斯帝國在大流士一世當政時期，對外不斷擴張。大約在西元前514年，大流士一世侵佔了愛琴海北岸的色雷斯一帶，直接威脅到希臘半島的各城邦。西元前492年的春天，波斯帝國派出大批戰艦入侵希臘，歷史上著名的希波戰爭爆發。不料波斯艦隊在途中遇到了颶風的襲擊，三百艘戰艦全部沈入海底，兩萬餘名士兵葬身魚腹。波斯第一次入侵希臘的軍事行動就這樣失敗了。

　　不甘心失敗的波斯國王在第二年春天又派出使者來到希臘各城邦，揚言要希臘各城邦的「土和水」，言外之意是讓這些城邦向波斯帝國俯首稱臣。有些城邦迫於壓力，只得獻上「土和水」，表示屈服。但是希臘兩個最大的城邦──斯巴達和雅典卻堅決拒絕，雅典人把波斯的使者扔下了懸崖，斯巴達人則把波斯的使者帶到了一口井旁邊，對他說：「這裏面有土又有水，你儘

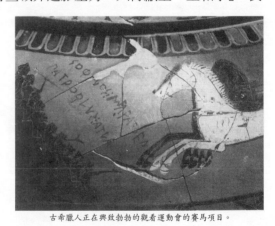

古希臘人正在興致勃勃的觀看運動會的賽馬項目。

管下去拿吧！」說完，就把波斯使者推到了井裏面。斯巴達和雅典的態度大大激怒了波斯國王，他決定對希臘進行第二次戰爭。

西元前490年，波斯國王大流士一世率領大軍在雅典城東北六十公里的馬拉松登陸，亡國的危險籠罩著整個雅典城，雅典人立即派善於奔跑的斐力庇第斯前往鄰邦斯巴達求援。這位快跑能手以驚人的速度，在兩天之內跑了一百五十公里的路程，來到了斯巴達。沒想到卻遭到斯巴達人的拒絕。斐力庇第斯忍耐著疲憊，又返回了雅典，把斯巴達的態度傳達給雅典的將軍們知道。雅典的將軍們把全體公民組織起來，甚至把監牢的奴隸也釋放出來，就這樣也才聚集了一萬人的軍隊，而強大的波斯據說有十萬人，雅典的著名統帥米太亞對戰士們說：「雅典城就要淪陷了，你們是想戴上奴隸的枷鎖，還是要永遠做一個自由人，就看今天這一戰了。」快要亡國的雅典人鬥志昂揚，在馬拉松與波斯軍隊展開了激戰。

激戰剛一開始，雅典軍隊就首先佔領了馬拉松山坡的高地。這是一個三面環山的河谷，向下是一個大斜坡，站在高地上的雅典軍隊可以清楚地看到駐紮在平原上的波斯軍隊。一天清晨，雅典的精銳部隊在米太亞的率領下，在一片喊殺聲中直奔波斯軍營，波斯軍隊倉促應戰，雅典軍卻邊打邊退，把波斯士兵引到了河谷地帶，正在這時，雅典軍突然喊聲震天，從兩側的山坡上衝出了大量的士兵，對波斯軍兩側夾攻，把波斯軍打得落花流水，雅典人取得了勝利。為了把這勝利的消息傳到雅典城，米太亞將軍又選中了斐力庇第斯。這位長跑能手雖然在戰場上受了傷，但還是毅然接受了任務。他以飛快的速度從馬拉松跑到了雅典廣場，向著焦急的人們說了一句：「大家歡樂吧，我們勝利了！」

就倒在地上犧牲了。

　　馬拉松戰役的勝利，迫使波斯帝國訂立了和約，承認小亞細亞各希臘城邦的獨立，使希臘擺脫了波斯帝國的奴役，經濟上走向繁榮。為了紀念馬拉松戰役的勝利和英雄斐力庇第斯的功績，1896年在雅典舉行的第一屆奧林匹克運動會上，增加了一個新的競賽項目——馬拉松賽跑。參賽的運動員從馬拉松起跑，沿著當年斐力庇第斯經過的路線，到達雅

身著盔甲的雅典士兵。

典，全程四十點二公里。1920年，經確切的測量，確定為四十二點一九五公里。在充滿競爭和歡樂的奧林匹克運動會上，人們在享受馬拉松運動時，希望也能想起這位希臘的英雄人物——斐力庇第斯。

9 伊索的身世之謎

　　伊索並沒有寫下他的寓言，他完全憑記憶口授。全世界家喻戶曉的《伊索寓言》是後人根據拜占庭僧侶普拉努德斯收集的寓言以及陸續發現的古希臘寓言傳抄編訂的。其中大多以動物為主：有的用豺狼、獅子等比喻人間權貴，揭露其殘暴、肆虐的一面；有的則總結人們的生活經驗，教人處世原則。其形式簡潔精練，內容雋永深奧，含義於淺顯生動的語言中，頗耐人尋味。伊索講述寓言的天賦從何而來？這要追溯到他那離奇的身世。

　　伊索（前620～前560）出生於希臘。伊索童年期是一個啞巴，只能發出奇怪的聲音，用手勢表達他的意思；再加上他長得又矮又醜，鄰居都認為他是個瘋子。但是他的母親非常愛他，時常講故事給他聽；他的舅舅由於恨這個又矮又醜的外甥，常常強迫他在田裏做最艱苦的工作。母親去世後，伊索跟著曾照料過他的老人，離家後到各地去漫遊，因此學到了許多有關鳥類、昆蟲和動物的故事。他們在一起過了好多年快活的日子。後來，伊索被牧羊人賣了，從此以後伊索就變成一個奴隸。

　　有一天，伊索夢見了幸運之神和氣地向他微笑，並把他的手指放進他的嘴裏，放鬆他的舌頭。醒來後，他意外地發現自己已經可以說話了。大家都喜歡伊索說故事，也都敬佩他過人的聰明。伊索曾經靠機智救朋友和主人的急難；憑機智避免敵人的傷害，解除奴隸的桎梏。伊索是一位奴隸出身的寓言作家，他生活的時代正是古希臘奴隸制城邦的形成時期。那個時代，奴隸主貴

族作威作福，為非做歹，奴隸和下層平民備受欺淩。奴隸和下層平民對奴隸主貴族的專制並不是逆來順受的，他們把寓言當做武器，向奴隸主作鬥爭。在眾多的奴隸和平民出身的寓言作家中，伊索是最有代表性的一位。

伊索的寓言如《農夫和蛇》、《狼和小羊》、《鷹與蜣螂》、《農夫的兒子們的爭吵》等等給人們留下深刻印象。《農夫和蛇》的故事是這樣的：一個農夫在冬天看見一條蛇凍僵了，出於憐憫，把蛇從地上撿起來放在自己的胸口上溫暖著它；那蛇就甦醒了，才醒來就咬了農夫一口，使他受了致命的傷。農夫臨死的時候說：「我憐惜惡人，應該受這個惡報！」這個故事告訴人們，決不要憐憫像蛇一樣的惡人。

伊索作品中有一篇《大力士神和車夫》：一個車夫正沿著一條鄉間的小路趕著一輛貨車，當時車輪深陷入一個車轍。鄉下車夫嚇呆了，愣在那裏，看著貨車，不知如何是好，只是高聲喊大力士神來援助他。於是大力士神就出現了，對他說：「朋友，用你的肩膀推起車輪來吧，再抽打你的牛。在你自己不曾盡力自助之前，不要向我求救，否則，你只祈求我將是徒然的。」

《農夫的兒子們的爭吵》說的是：農夫的幾個兒子之間經常發生爭吵，不團結。農夫多次勸導也不奏效。一天，農夫把幾個兒子叫到跟

古希臘彌米諾斯王宮的內室，圖中的座椅是國王的寶座。

前，拿了一束木棒讓他們輪流折，但誰也折不斷。然後，農夫把一束木棒拆開，分給幾個兒子每人一根，叫他們再折。很容易都折斷了。農夫教導兒子們說：「你們看吧，這就像內訌，便要被打倒了。」《伊索寓言》中還有其他許多精彩的篇章，如《龜兔賽跑》《烏鴉和狐狸》《狐狸和葡萄》《初次看見的駱駝》……伊索創作的寓言故事中把奴隸主貴族常比喻爲獅子、毒蛇、狐狸等，揭露他們的貪婪殘暴，同時又歌頌了廣大奴隸和下層平民頑強的鬥爭精神，鼓勵人民團結起來，向貴族奴隸主做鬥爭。

伊索因爲才智出眾從奴隸被解放爲自由民，在成爲自由民以後，他曾經遊歷希臘各地，也曾在呂底亞爲官，在他充當國王特使去德爾菲時被誣告褻瀆神靈，西元前560年的一天，伊索被德爾菲奴隸主押到愛琴海邊一塊高聳的岩石上，被推下了山岩……伊索在世時，他的寓言就在人民中間以口頭文學的形式廣爲流傳了，但當時並未編成書。西元前3世紀左右，伊索死後的二、三百年，一個希臘人把當時流行的二百多個故事彙編成書，題爲《伊索故事合集》，但可惜沒有流傳下來。西元前1世紀初，一個獲釋的希臘奴隸，以此書爲材料，用拉丁韻文寫了寓言一百餘篇，同時，又有一個人用希臘文寫了寓言一百二十二篇。到西元4世紀，又有一個羅馬人

這是古希臘邁錫尼墓葬中出土的金面具。

用拉丁韻文寫了四十二篇寓言。以上三種韻文體都保存下來。後來，又有人把韻文改為散文，加進印度、阿拉伯和基督教的故事，並多次彙集、編纂和改寫，就成了今天我們看到的《伊索寓言》，共有三百六十篇。

10 柏拉圖的「烏托邦」

西元前407年左右的某一個夜晚，在外忙碌一天的蘇格拉底回到了自己簡陋的住處，倒頭就進入了夢鄉，奇怪的是這個夜晚蘇格拉底並沒有陷入他思考的困惑中，而是做了一個讓他自己都覺著不可思議的夢：夢中是一個遙遠的地方，蘇格拉底正坐著思索問題，突然一個美麗的天鵝從遠處飛來，打斷了他的思路，他正

柏拉圖被稱爲哲學家奧林匹斯山上的宙斯。

要抬頭看看發生了什麼事，沒想到這隻天鵝一下子就站在了他的膝蓋上，轉眼間羽毛豐滿起來，然後唱著動聽的歌兒飛走了。這奇怪的夢到底意味著什麼呢？蘇格拉底百思不得其解。第二天，有一個身材高大，長相英俊的青年來拜訪蘇格拉底，蘇格拉底和他攀談起來，那青年的聰明才智讓蘇格拉底大爲吃驚，蘇格拉底的智慧也讓這位青年佩服得五體投地，兩人大有相見恨晚的感覺，那青年當即拜蘇格拉底爲師，蘇格拉底也欣然收他爲徒。聯想到昨天晚上的夢，蘇格拉底頓然醒悟：莫非是上帝給他派來了這樣一個徒弟，他會成爲自己最有出息的學生。

這個青年就是柏拉圖。西元前427年，柏拉圖出生在雅典的一個顯赫的貴族世家，他的父親是古代國王的後裔，母親是偉大

的立法者梭倫的後代。他的原名叫亞里斯多克勒，他的一個老師見他身材高大，體格健壯，便給他取了一個外號，叫他「柏拉圖」，意即「大塊頭」。從此，柏拉圖接受了這個名字，其眞名反而少爲人知了。因爲出身名門貴族，柏拉圖少年時代受到了最好的教育，他廣泛地學習哲學、天文學、數學等等，也曾一度沈浸在音樂、美術和文學的陶冶中。二十歲時，柏拉圖爲蘇格拉底的人格魅力所迷惑，像中了催眠的符咒一般地把他所喜歡的詩歌焚毀，忘卻了鍾情的戲劇和運動，去追隨這位大師。他跟從蘇格拉底求學，有十年左右。二十九歲那年，蘇格拉底的死對柏拉圖刺激很大，他因此突然臥病不起，以至失去了趕赴獄中與老師訣別的機會。後來他憤然離開了雅典，周遊世界，到過埃及、錫蘭尼、麥加拉和南義大利。西元前388年，柏拉圖去了西西里島的敘拉古，他想用自己的政治學說說服敘拉古國王，遭到了對方的拒絕，輾轉中成爲戰俘，幸得友人爲其贖身，才回到雅典。

西元前387年，四十歲的柏拉圖回到了雅典，他創辦了著名的阿卡德米亞（Academia）學園，因此柏拉圖學派也叫學園派。（英語所謂學院、研究院、學會──Academy 即從此衍義。）這是希臘也是歐洲第一所有正式名稱、有具體地點的正規學府。柏拉圖後半生的四十年時間，基本上在這個學園中度過，在學園中，他找到了他一生眞正的工作，那就是他哲學思想的形成。柏拉圖一生以對話的形式表達他的哲學思想，把他瑰麗的思想表述在三十多篇優雅動人、深奧機智的對話中。這些對話的語言充滿迷人的魅力，瀰漫著幽默睿智的氣息，被人稱爲「貴婦人哲學」。

柏拉圖的《理想國》是其代表作，西方哲學家幾乎都認爲這篇對話是一部「哲學大全」。柏拉圖設計了一個體現公正的、眞善

在兩千多年前柏拉圖在《共和國》一書中，闡述了民主選舉的思想。

美統一的理想國，這個國家的統治者是最優秀的老年人——哲學家。在柏拉圖的構想中，一個國家應該像人體由頭、胸、腹三個部分組成一樣，國家的頭是統治者，胸是戰士，腹是群眾。統治者必須有智慧，戰士必須要勇敢，群眾則應當節制。這三個等級各司其職、各安其位，國家就能達到和諧與公正，處於至善的最佳狀態。這種最佳狀態也必須由理性來統治。就像人體由頭部來掌管一樣，國家必須由哲學王來統治。柏拉圖的理想國對後世影響很大，他所虛構的「烏托邦」多次被後人繼續構想，甚至得到實現。直至20世紀，理想國的幽靈還在許多國家遊蕩。如果說文學家常評論莎翁為「說不盡的莎士比亞」，那麼，哲學史上就擁有「說不盡的柏拉圖」；如果說孔子和釋迦牟尼是東方古代世界的精神導師，那麼，在西方，柏拉圖的哲學就是奧林匹斯山上的宙斯。

　　西元前335年的雅典郊外，有一所著名的學園——克昂學園。學園風景秀麗，林蔭道上點綴著樹木、噴泉和柱廊，人們常常可以見到一位充滿智慧的哲人領著他的學生在林蔭道上一邊散步，一邊自由地討論著各種哲學問題，他的聲音極具誘惑力，他的學生們也總是興致勃勃。只要老師一轉身，他的追隨者也跟著轉身，每次都井然有序地分成兩列，恭恭敬敬地跟在他身後繞圈子漫步，場面蔚爲壯觀。他和他的學生因此而獲得了「逍遙學派」的美稱。這位哲人就是西方哲學史上第一個百科全書式的大哲學家、被黑格爾稱爲「一切哲學家的老師」的亞里士多德。

　　西元前384年，亞里士多德出生在希臘北部的斯塔吉拉城。他的父親是馬其頓王室的御醫。爲了向當時最有智慧和學問的柏拉圖學習，十七歲的亞里士多德隻身來到雅典，進入柏拉圖學園學習。學識淵博的亞里士多德使年邁的柏拉圖深感驚異。在柏拉圖學園，亞里士多德度過了二十年的時光，他很佩服柏拉圖的學識，但從不盲目跟從柏拉圖，他要形成自己獨樹一幟、富有個性的哲學體系。柏拉圖去世時，亞里士多

亞里士多德爲何被稱做「百科全書」？

德三十七歲，這時，他已是當時最博學最富有智慧的人。

　　他受馬其頓王腓力普二世的邀請，承擔腓力普的兒子亞歷山大的私人教師。腓力普二世在邀請信中寫道：「我有一個兒子，但我感謝神靈賜我此子，還不若感謝他們，讓他生於你的時代。我希望你的關懷和智慧，將使他配得上我。並無負於他未來的王國。」那一年亞歷山大十三歲。這兩人，一位是當時最傑出的軍事和政治天才，一位是學術殿堂的泰斗，他們的交往確實是歷史上一段耐人尋味的佳話。亞里士多德把亞歷山大培養成一個受到良好希臘文化教育的人，亞歷山大也沒有忘記他的老師。亞歷山大遠征期間，還特別派人給亞里士多德搜集各種新材料，據說亞歷山大得知老師在研究動植物，便下令三軍凡見到禽獸皆要捕捉，然後送給亞里士多德進行研究。還有人說亞歷山大在全希臘和小亞細亞地區安排了數千人，包括狩獵、鷹獵、養魚、牧羊、養蜂、養鳥等，專為亞里士多德的研究服務。

　　西元前335年，亞里士多德重新回到雅典，在雅典城東北角的呂克昂創辦了一所學園。呂克昂學園與西北角的阿卡德米亞學園隔城相望，它們在古希臘學術史上並駕齊驅、名傳千古。在雅典的十餘年裏，亞里士多德利用自己作為亞歷山大老師的特殊身分，保護和幫助雅典人。最著名的是在他的苦心勸說下，亞歷山大保留了希臘人最神聖的德爾菲神

亞里士多德在教導亞歷山大大帝。

廟，雅典人爲表謝意，特爲亞里士多德立了一塊碑。西元前323年亞歷山大病逝，雅典再次掀起反馬其頓高潮，亞里士多德被迫逃離雅典，孤身一人來到埃維亞島的卡爾西斯城，棲身於他母親的故居。第二年即身染重病去世，享年六十三歲。作爲一位偉大的百科全書式學者，亞里士多德的著作令人歎爲觀止。有人估算他的著作總數爲四百卷，有人則估算爲一千卷。而更重要的是這些著作涉及範圍和主題的多樣性而且亞里士多德對這些領域的研究都細緻深入，作出了開創性貢獻。他因此而贏得了「博物學的始祖」和「邏輯學之父」等多種榮譽。瀟灑的蘇格拉底、端莊的柏拉圖、淵博的亞里士多德都是希臘留給世界的精神財富。

12 亞歷山大的「嫉妒心」之謎

西元1375年，位於地中海邊的埃及亞歷山大城發生了一場大地震，地震中的一聲轟響使亞歷山大城的標誌性建築，被譽爲「世界第七大奇蹟」的燈塔毀於一旦。此燈塔高二百丈，上下可容納二萬人。塔內有房三百間，塔頂有一巨大的火盆，塔後面放置一面被磨光了的花崗石反光鏡，五十公里以外的海船都可以看到它的火光。此燈塔建於西元前280年，其建

亞歷山大大帝爲何對自己的父親有很強的忌妒心？

造者就是橫跨歐、亞、非三洲的馬其頓帝國國王亞歷山大大帝。

亞歷山大出生於西元前356年，馬其頓原是希臘北部一個野蠻、落後的部落小國。經過亞歷山大的父親腓力二世的治理，這個民族逐漸強大起來。少年時的亞歷山大受過良好的希臘化教育，是希臘著名學者亞里士多德的得意門生，他特別崇拜《荷馬史詩》中的希臘英雄阿奇里斯Achllies，並努力模仿他。少年時代，他就養成了倔強的性格，好大喜功，有很強的嫉妒心。他甚至會嫉妒父親在戰場上取得的勝利，惟恐父親搶先得到了一切成就，使自己沒有建立偉業，留名天下的機會。

從十六歲開始，亞歷山大就追隨父親南征北戰，顯示出他傑出的軍事天才。西元前338年，腓力二世與希臘反馬其頓聯軍在喀

羅尼亞進行決戰。腓力二世指揮馬其頓軍隊的右翼，亞歷山大指揮左翼。希臘聯軍打得十分頑強，無數盾牌形成了堅固的壁壘，使亞歷山大的重裝騎兵束手無策。亞歷山大遂改變了戰術，令重裝騎兵佔領前方小山，投標手將浸滿油脂的麻繩綁在標上，點燃後刺向對方盾牌。剎那間，盾牌牆成了一片火海；亞歷山大的重裝騎兵乘虛而入，一舉獲勝。戰後，馬其頓取得了希臘霸主的地位。

　　就在腓力二世雄心勃勃地要征服波斯帝國時，卻被他的部下刺殺身亡。二十歲的亞歷山大於西元前336年繼承了馬其頓王國的最高統治地位。亞歷山大繼位後做的第一件事，就是率軍出征波斯，完成父親未酬的遺願。亞歷山大的遠征軍由三萬五千名步騎兵和一百六十艘戰艦組成，西元前334年，亞歷山大的鐵騎踏上了小亞細亞，同波斯軍隊交鋒。據說，出征前，亞歷山大把他所有的地產收入、奴隸和畜群分贈予將士，有人問他，留給自己什麼，他豪邁地回答：「希望！」充滿必勝的信心。同亞歷山大相反，波斯的大流士三世卻是一個意志薄弱，優柔寡斷，庸碌無能的統帥。雙方在長達一年的廝殺中，波斯軍隊敗退。大流士三世的母親、妻子和兩個女兒都成了亞歷山大的俘虜。亞歷山大抓住戰機乘勝前進，直撲波斯重鎮特羅斯城。具有戰略眼光的亞歷山大知道，要想擊敗波斯帝國就必須消滅波斯艦隊，要消滅波斯艦隊，就勢必先攻克特羅斯城，一旦拿下特羅斯城，艦隊後路已絕，無力交戰，消滅波斯也指日可待。波斯帝國也深知特羅斯城的重要性，所以當亞歷山大的大軍展開攻勢時，遇到了波斯軍隊的頑強抵抗。

　　亞歷山大見陸上進攻不奏效，又改爲海上進攻，最後又分別

從陸地和海上一齊猛攻，這種雙管齊下的戰鬥持續了七個月之久，特羅斯城仍毅然不動。亞歷山大以他敏銳的軍事才能，終於悟出了破敵的要領。他命令將士在海上修築起長長的突堤，直逼特羅斯城下，然後在突堤上安裝木梯等攻城器具。特羅斯城終於在強大的攻勢中失陷了。這顯然是把古代土木工程學的技術應用到攻克城堡中的天才的軍事傑作，以後成為羅馬時代攻城克堅的軍事教科書，羅馬帝國也正是如此得益於亞歷山大的軍事戰略思想和靈活多變的戰術，才在世界格局的爭鬥中迅速崛起的。

攻克特羅斯城期間，波斯國王大流士三世曾派使節以割地、賠款、聯姻為條件提議媾和，卻被亞歷山大輕蔑地拒絕了。他在給大流士的覆信中傲慢地稱自己為「全亞洲的統治者」，自信能夠取得波斯帝國全部領土。不久，亞歷山大登上埃及的領土，由於埃及祭司的支援，未動干戈便得到埃及。亞歷山大利用在埃及過冬的時間，建造了舉世聞名的亞歷山大城和亞歷山大燈塔。這座城市直到今天仍繁榮不衰，成為地中海第一大商港。西元前331年春，亞歷山大從埃及回師東進，穿過敘利亞向美索不達米亞進軍，在高加米拉平原同捲土重來的波斯軍隊主力進行了決定性的會戰。在這次會戰中，具有軍事天賦的亞歷山大又為世界古代軍事教科書上寫下

亞歷山大的石棺的正面浮雕雕刻著馬其頓與波斯戰爭的場面。

了輝煌的一頁。

亞歷山大對「馬其頓方陣」進行了改革和創新，即在方陣兩翼配備騎兵，用方陣吸引敵人，騎兵兩翼進攻，步兵和騎兵配合，殺傷力極強。因此，當大流士三世的戰車滾滾而來時，方陣立即散開，退到兩翼，爲戰車讓開了一條通道，然後用配備了石弩、礮雷石器的步兵「炮擊」戰車，粉碎了戰車的進攻。隨之亞歷山大親率右翼精銳騎兵，猛攻波斯軍左翼，全軍士氣高昂，銳不可擋，波斯軍全線崩潰。這次戰役使波斯殘餘勢力遭到了致命的重創，再也沒有反撲的力量了。亞歷山大長驅直入，深入波斯腹地。他進行了驚人的擄掠，洗劫了巴比倫、蘇薩和波斯波利斯王宮，奪得了無數金銀財寶。追蹤大流士到中亞，大流士被殺。波斯帝國滅亡後，亞歷山大自封爲「亞西亞之王」，並開始了他更艱難更輝煌的道路，龐大的鐵騎經過亞利安拉、多蘭齊加拉，越過峻秀高聳的庫什山脈，進入伊朗北部，直達錫爾河。大軍在錫爾河休整過程中，與當地人一起修建了「最盡頭的亞歷山大港」。之後，亞歷山大率軍企圖繼續東征印度，直達太平洋，但在全軍將士的堅決抵制下，不得不下令返回故都蘇薩城。

亞歷山大經過大規模的軍事遠征，在遼闊的土地上建立起一個前所未有的龐大帝國。它的版圖西起希臘、馬其頓，東到印度河流域，南臨尼羅河第一瀑布，北至藥殺水，首都設在巴比倫。躊躇滿志的亞歷山大仍繼續想擴大帝國的版圖。他下令修築運河網，同時乘船繞阿拉伯半島航行進行考察。正在他向自己的宏大目標邁進時，卻突然在西元前323年，患惡性瘧疾而猝然死亡。英雄一世，死時年僅三十三歲。

13 阿基米德用「物理原理」勝敵之謎

　　「給我一個支點，我就可以翻轉地球。」有多少中外英雄都曾引用此話，來表達自己的雄心壯志。這句名言出自古希臘科學巨匠阿基米德之口。西元前287年，阿基米德出生於希臘西西里島的敘拉古，父親費狄阿斯是一位天文學家和數學家。阿基米德在其父的影響下，從小就善於思考，喜歡辯論，十一歲時便飄洋過海，到亞歷山大裏亞求學深造。亞歷山大裏亞是著名學者雲集的地方，阿基米德在這裏結識了許多知名學者，特別是以歐氏幾何學名垂千古的歐幾里德。在亞歷山大裏亞學習期間，阿基米德已成爲當時數學王國中的一顆新星。然而阿基米德最天才的貢獻還是物理學和力學方面，被人譽爲「力學之父」。他還在工程技術方面頗多建樹，是一個理論與實踐相結合的天才科學家。關於他的傳說都與科學研究有關，富有傳奇色彩，眾人津津樂道。

　　當時敘拉古的國王是希耶龍二世，他和阿基米德是親戚，阿基米德在向希耶龍二世解釋他的槓桿原理時，曾在信中這樣寫道：「給我一個支點，我就可以翻轉地球。」國王對他表示懷疑，認爲他口出狂言。國王要阿基米德移動載滿重物和乘客的一艘新三桅船，阿基米德接受了挑戰。他事先設計了一組滑輪裝置。表演那天。阿基米德讓國王坐在椅子上，輕鬆地搖動手柄，船慢慢地進入水中，觀看的人發出了歡呼聲，國王也終於心服口服了。

　　阿基米德發現浮力定律的傳說，也頗具喜劇色彩。據說，希

耶龍二世命人造了一頂金王冠，他懷疑工匠從中作假，在王冠中摻雜了銀子，便請阿基米德鑒定，但不許他弄壞王冠。阿基米德為此苦思冥想，無計可施。有一天，他去洗澡，當他躺進盛滿溫水的浴盆中時，浴盆中的水慢慢溢出，而他則感覺自己的身體在微微上浮。一絲靈感閃過他的腦際：相同重量的物體，由於體積不同，排

偉大的科學家阿基米德。

出的水量也不同。如果把王冠浸在水中，根據水面上升的情況就可以知道王冠的體積。再拿與王冠同等重量的金子浸入水中，就可以知道它的體積是否與王冠相同。如果不同，就說明其中肯定有假。苦思幾天的問題竟然在一瞬間就被解決了，阿基米德欣喜若狂，猛地從浴盆中衝了出來，赤裸著身體喊著：「尤裏卡！尤裏卡！」（尤裏卡在希臘語中即「發現了」的意思。）於是著名的浮力定律，就在赤身裸體的阿基米德的叫喊聲中發現了。因此浮力定律又叫阿基米德定律，他因此而成為靜力學的創始人。為了紀念這一發現及其象徵意義，現代世界著名的發明博覽會就以「尤裏卡」命名。

　　阿基米德在機械工程方面也有許多創造發明，並幫助了敘拉古城抵抗外來的侵略。西元前214年，羅馬的執政官馬塞拉斯率領軍隊攻打敘拉古。阿基米德利用槓桿原理，造出一批投石器，許多又大又重的石塊以飛快的速度投向從陸上侵入的敵人。傳說還有一次，阿基米德讓全城婦女老幼手持鏡子排成扇形，將陽光聚到羅馬軍艦上，燒毀了敵人的全部艦隊。阿基米德的各種計謀使

羅馬軍隊防不勝防，連羅馬將軍馬塞拉斯也不得不自嘲：這是一場羅馬艦隊與阿基米德一人的戰爭。

　　由於阿基米德的聰明才智，使敘拉古城久攻不下。直到西元前212年，由於內部有人通敵，才被攻破。馬塞拉斯十分敬佩使他屢次敗北的阿基米德，深深體會到阿基米德的價值，下令不准傷害他，還派一個士兵去請他。誰知阿基米德正在沙灘上全神貫注地凝視著他的幾何圖形沈思呢！他對前來的士兵只說了一句：「不要踩壞我的圓」，就被野蠻的士兵一劍刺死。馬塞拉斯對阿基米德的死十分痛心，他嚴懲了那個士兵，並為阿基米德修建了陵墓。按照阿基米德的遺囑，在墓碑上刻下了標明其體積為三比二的一個圓柱體和內切球。他希望這位偉大的科學家把對科學的嗜好和探索，帶到另一個世界中去。

14 無冕之王蘇拉突然引退之謎

　　權力對有些人來說，太具有誘惑力了。古往今來，有多少中外的統治者為了得到更多的、更高的權力，勾心鬥角，兵戎相見，甚至不惜以生命為代價。然而，古代羅馬著名的政治家、軍事家蘇拉在奪得最高權力以後又自願放棄。他的突然引退成為歷代學者感興趣的話題。

　　西元前138年，蘇拉出生於一個敗落的貴族家庭，其祖輩曾做過羅馬執政官，後因觸犯羅馬法律中不許私藏金銀器皿的條款，而受到羅馬元老院的嚴厲制裁。從此，家庭敗落，禍及子孫。到蘇拉時已是一貧如洗，甚至淪落到沒有立身之地的境界，只好與一個被釋放的奴隸同住一屋。為了活命，蘇拉不得不

蘇拉為何被稱為「無冕之王」？

去從事一向被人看不起的職業——去當演員和滑稽小丑小有名氣。而經過這些複雜的經歷後，也使蘇拉對人生、對社會很有一番自己的見解，他既羨慕先輩的官場得意，家道昌盛，又不滿意自己無所作為的處境。他發誓要改變自己的命運，在努力地尋找著這種機會。在等待之中，這種機會終於來臨了，首先，有點積蓄的蘇拉出入於青樓間，結識了一位有錢的、比他大二十多歲的妓女，蘇拉用他的感情投資換來了這位妓女對他的信賴，妓女在臨死前，把她全部的家產都給了蘇拉，這些財富足以使蘇拉躋身

於貴族行列。蘇拉在矇騙妓女的同時，也恭順地取得了繼母的寵愛。繼母去世後，蘇拉又繼承了繼母的一大筆財產。就這樣，蘇拉徹底告別了貧窮，成為羅馬社會上有名的財主，步入了政壇。

西元前111年至西元前105年，羅馬屬國、位於東非的努比亞掀起了反抗羅馬的朱古達戰爭。由於羅馬小農破產，兵源已顯不足。加之軍隊腐化，戰鬥力大大削弱。至西元前107年，朱古達戰爭已進行到第七個年頭，羅馬仍無力取勝，戰爭難分難解。羅馬政府深為此事而感到頭疼，故派執政官馬略帶兵前去平叛。蘇拉隨馬略出征，蘇拉利用一個合適的機會，同朱古達的岳父交上了朋友。朱古達與其岳父有矛盾，蘇拉利用他們之間的矛盾，一舉生擒了朱古達，迅速結束了這場災難性的戰爭。蘇拉也因此被羅馬人當做民族英雄來崇拜。這一切使蘇拉身價倍增。政治上有一定資本的蘇拉又認識了羅馬實權人物大祭司之女麥特拉，並娶她為妻，使他網羅了更多的羅馬上層勢力。

蘇拉五十歲那年，東方的本都國王反叛，元老院決定出兵東方，但在軍隊統帥人選一事上，蘇拉與馬略競爭激烈。蘇拉借助麥特拉及貴族派的支援，終於當選為執政官，同時取得了軍事的統帥權。但當他一離開羅馬，馬略便控制了元老院，殺死了包括蘇拉女婿在內的許多蘇拉擁護者。蘇拉聞訊，便帶領少量部隊，匆匆趕回羅馬。馬略雖戰敗，但當蘇拉又去東方時，他又在羅馬推翻了蘇拉的勢力。蘇拉在匆忙之中結束了在東方的戰爭，率領四萬大軍回師羅馬，與馬略派開始了一年半的血戰。整個羅馬城血流成河，十餘萬人死於非命。最終，蘇拉奪回羅馬，馬略兵敗外逃。這次戰爭首開了羅馬人攻打羅馬城的先例，蘇拉也因此在羅馬歷史上留下了聲名。

西元前82年11月，蘇拉徹底取得了這場戰爭的勝利，率領軍隊長驅直入羅馬城，蘇拉由此被羅馬元老院授予無限期的獨裁官，集立法、行政、司法、經濟、軍事等大權於一身，成為一個無冕之王。以前，獨裁官一職是國家處於危難之時才選舉產生的，任期不得超過半年。而現在蘇拉定獨裁官爲終身制，表明自己要永坐寶座。爲了維護在羅馬的統治，蘇拉還實行恐怖政策，頒佈《公敵宣言》，對馬略黨人大肆捕殺，弄得整個羅馬人人自危。蘇拉由此被人稱爲「一半是獅子，一半是狐狸」。然而，令人不可理解的是，蘇拉在取得終身獨裁官的第三年，突然宣佈辭職，以一個普通公民的身分，隱居到一座海濱別墅。權力和財富，是蘇拉一生追求的目標，爲了實現這個目標，他不惜以道德的淪喪、國家的災難和人民的生命爲代價。而正當他的權力如日中天時，卻莫名其妙地引退，其中的原因讓人琢磨不透。

　　據說，當蘇拉決定放棄權力時，他曾在廣場上發表過一次演說。在演說中，他提出，如果有人質問他引退的原因，他可以毫不保留地回答。當然，在場的人都懼怕他，沒有一個人敢出聲。後人對蘇拉的引退問題存在著截然不同的說法。有人認爲，蘇拉在三

這件雕塑表現了在激戰中負傷的羅馬士兵。

年獨裁統治後還政於民是明智之舉；有人認爲是蘇拉大幅度的改革無望而急流勇退；還有人認爲是蘇拉在滿足權力欲望後厭倦戰爭、權力、羅馬而嚮往田園生活；還有一種說法認爲蘇拉得了嚴重的結腸潰瘍，隨著病情的加重讓他無法理政，只能引退以度殘年。

　　西元前78年，蘇拉因腸出血而死去，對自己的墓誌銘，他是這樣口授的：「我乃快樂的蘇拉！我的生活歷程，曾經超過了我的朋友和我的仇敵！前者我嘗報之以善；後者我則待之以惡。」

15 凱撒獨裁之謎

　　西元前44年3月15日，一場震驚羅馬共和國的事件發生了。以M‧J‧布魯圖和G‧喀西約‧龍基納爲首的陰謀分子在元老院將羅馬最高的軍事獨裁者刺殺，死時身上留下了二十三處劍傷。他在遺囑中指定養子屋大維爲繼承人，將台伯河畔的私人花園贈給羅馬人民，每人還贈送三百塞斯特爾奇。而羅馬人民也沒有忘記他的豐功偉績，他們在廣場上豎起一塊高約二十米的石碑，上刻「獻給祖國之父」；把他的名字列入眾神之中；封閉了他被刺殺的大殿，命名3月15日爲「弒父日」，元老院永遠不能在那天聚會。他就是歷史上著名的凱撒（約西元前100～西元前44）。

　　凱撒出身於羅馬古老而著名的尤利烏斯家族，自幼受過良好的教育，具備了一個羅馬貴族所必備的文化教養和氣質。他的父親曾經擔任過行政長官，不過去世較早。真正對他產生重要影響的是他的姑父馬略。西元前2世紀30年代至前1世紀30年代，是羅馬共和國的內戰時代。在此期間，羅馬城邦陷於危機，在繼續對外擴張的同時，境內各種社會矛盾和階級矛盾激化，以致釀成大規模的奴隸起義，公民內部利益不同的階層和集團之間

凱撒真是一位獨裁者嗎？

激烈的、有時流血的鬥爭以及被壓迫民族武裝反抗羅馬奴役的戰爭。西元前137年爆發的第一次西西里奴隸起義，揭開了內戰時代的序幕。不久，發生了由奴隸主階級改革派格拉古兄弟領導的以城鄉平民爭取土地及民主權利為主要內容的改革運動。此後，羅馬公民內部的鬥爭愈演愈烈，以元老派保守集團為首的豪門貴族形成貴族派，與之對立的是得到騎士階層和城鄉平民支援的民主派。前者維護以元老院為核心的共和體制和既得利益，後者則力求通過改革分配土地、減免債務和打破豪門貴族壟斷政權的局面。

西元前107年，在民主派的支援下，馬略當選為執政官並開始實行軍事改革。他推行募兵制，使大批無地或少地的公民湧入軍隊，而且使當兵成為獲得土地的條件。後來，羅馬發生了馬略和貴族派支援的蘇拉之間爭奪軍事統帥權的激烈鬥爭，兩派軍隊幾度交替佔領羅馬，而每次都伴隨著對政敵的血腥屠殺。西元前82年，經過血戰，蘇拉佔領羅馬，並於次年迫使公民大會選舉他為無任期限制的獨裁官，開創了羅馬歷史上軍事獨裁的先例。蘇拉建立的主要代表貴族派奴隸主階層利益的政治體制不得人心。西元前78年他死後，在羅馬就開始了反對這一體制的鬥爭。

年輕的凱撒積極參加了反對蘇拉體制的鬥爭，並且嶄露頭角。西元前68年，他任財政官，隨即被派到西班牙。在西班牙，他率領軍隊遠征當地土著、包圍城市，搜刮民脂民膏。有一次，當他走到亞歷山大的雕像面前，他感慨地說亞歷山大當年在他這樣的年紀時，已經征服了整個地中海了。於是雄心勃勃的他再度返回羅馬爭奪官位和權勢。西元前65年，他被選為市政官。西元前64年，他被任命為審理謀殺案件的審判長，他把蘇拉時期公佈

的還逍遙法外的罪犯都招來審理，將一些人處死，一些人流放。西元前63年，他當選為羅馬宗教的教主。西元前62年，他當

一群密謀者，在凱撒步入元老院時，突然發難將他刺死。

選為副執政。西元前61年，他被任命為西班牙省執政。到西班牙後，他再度討伐當地土著，戰績輝煌。此時，他並沒有陶醉在自己掠奪回來的戰利品中，而是將自己的志向鎖定在執政官上。

為了奪得執政官，凱撒與當時勢力強大的龐培和克拉蘇秘密結盟，史稱「前三頭同盟」。三人聯合保證反對任何不合於他們三人的立法。龐培同意支援凱撒競選執政，凱撒則向龐培許諾說，如果他當選，他必定貫徹龐培在元老院行不通的議案。西元前59年，凱撒終於如願以償地當選為執政官，繼之，任山內高盧總督。從西元前58年到西元前51年，他通過多次戰爭征服山外高盧。西元前55年，他渡過萊茵河侵入對岸的日耳曼地區。之後，他又兩次渡海入侵不列顛。在戰爭中，凱撒造就了一隻善戰的大軍，積累了鉅額財產，也成為眾人仰視的戰神。隨著地位與實力的飆升，凱撒與龐培及元老院的矛盾不斷激化，終於導致內戰。西元前48年，在法薩羅一戰全殲龐培軍，接著揮師埃及追趕殘敵。結果龐培被托勒密國王部將所殺。西元前45年，長達數年的內戰終於結束。凱撒也終於成為名副其實的軍事獨裁者。

凱撒在政治上不囿陳規，在任內進行了一系列改革，在許多領域內開羅馬帝國政策之先河，如改善行省管理制度，授予高盧行省和西班牙一些自治市羅馬公民權，建立老兵殖民地，頒佈自治市法，增加職官人數，整頓元老院，改訂曆法，頒行「儒略曆」等。雖然他採取寬容政敵、儘量顧及不同階層利益以擴大政權社會基礎的政策，但其獨裁統治仍然引起共和派的不滿，終於引發了西元前44年3月15日那場可怕的悲劇。

　　儘管凱撒在政治上取得了輝煌的成就，成爲獨一無二的獨裁者，但在個人生活上卻極其糜爛，爲此遭到後人的貶斥。他毫無顧忌地亂與其他女人私通，情婦之多，私生活之淫亂，帶兵打仗期間，他的這種行爲更爲放蕩，在埃及、努米底亞和高盧都有不計其數的情婦隨時等待著他的召喚，於是他的部下都稱他爲「臭名昭著的姦夫」。當凱撒征服高盧後，大家流行著一句話，警告有太太的丈夫在凱撒還沒有離開高盧以前，要把太太拘鎖在房裏，以防他的調情。一次在元老院開會時，突然有人傳來一張條子給凱撒，凱撒的政敵加圖要求他把這張條子大聲地念給大家聽。凱撒看完後，默默地把這張條子交給加圖，原來這是他妹妹瑟維利亞寫給凱撒的情書。瑟維利亞對凱撒一往情深，形影不離，是凱撒最喜愛的情婦。內戰期間，在一次公眾拍賣中，凱撒把從頑固的貴族沒收來的房地產，以極其低廉的價格賣給了瑟維利亞。爲了滿足凱撒的欲望，傳說瑟維利亞還把自己的女兒特蒂亞送給了凱撒。沒想到特蒂亞後來卻嫁給了謀害凱撒的重要人物，私人的姦情終於演變成國家的騷亂，這大概是凱撒所沒料到的。

凱撒死後，羅馬陷入了前所未有的
混亂狀態。在混亂中，凱撒的部將安東
尼（前82～前30）的勢力迅速膨脹。西
元前43年，他與另外兩個凱撒派人物李
必達和屋大維公開結盟，獲得統治國家
五年的合法權力，史稱「後三頭政
治」。西元前42年，經菲利皮之戰，安
東尼與屋大維共同打敗謀刺凱撒的共和

愛江山更愛美人的安東尼。

派領袖布魯圖和喀西約‧龍基納。西元前40年，三個巨頭開始瓜
分土地，李必達佔領非洲，屋大維領有羅馬西部，而安東尼則擁
有羅馬東部行省的統治權。

在擁有大片江山後，安東尼減免租稅；赦免圖謀殺凱撒的陰
謀集團以外曾參與反對他的人；對於那些曾遭受布魯圖和喀西
約‧龍基納洗劫蹂躪的市民，免除他們的一切捐稅；很多被賣做
奴隸的人也都獲得了自由；還解放了敘利亞。安東尼以行為證明
自己生性善良、慷慨大方。但是安東尼只有凱撒一半的才能，即
英勇善戰，卻缺少凱撒的另一半才能，即洞曉局勢的政治才能。

在安東尼的周圍，聚集了一批舞孃、妓女。他終日玩樂，歌
舞達旦。只要被他看上的女孩就逃不出他的魔掌。他藉故有人控
告埃及女皇克里歐佩特拉幫助喀西約‧龍基納籌集金錢和招兵買
馬，派人叫她到塔爾蘇斯與他會面。克里歐佩特拉聽命前往，但

是她沒有按照他指定的時間和方式到達。安東尼高坐在會堂的御座上等著她來叩頭求饒，她則悠哉悠哉地乘著一隻裝配有紫色帆布和銀色船槳的遊艇，準備赴約。她的女僕盛裝豔抹充當水手，而她自己則喬扮女神維納斯，躺在艙裏，身上蓋著金布。塔爾蘇斯地方的居民聽到這位豔后將要駕臨時，紛紛聚集在岸邊，想一睹她的廬山眞面目。此時，自以爲是的安東尼獨自坐在寶座上，沒人理會。克里歐佩特拉趁機邀請安東尼來船上與她共進晚餐，安東尼怒氣沖沖地帶著隨從前往。她盛宴以待，並以禮物和微笑送給他的將軍們。

　　克里歐佩特拉是一位非常理智的女子。她並沒有隨著安東尼的瘋狂而陷入愛河。她深知埃及雖然富有，但是軍事力量薄弱，隨時都有可能遭受羅馬統治者吞沒的命運。爲了要解救她的祖國和保全她的王位，惟一方法只有跟羅馬人結婚。她曾看上凱撒，也正是在凱撒的全力支援下重新執政，成爲埃及惟一的女王。遺憾的是，凱撒被刺身亡使她失去了靠山。現在她的目標轉向安東尼了。可是安東尼只會固守凱撒的政策，終日夢想使羅馬與埃及聯盟，把首都建立在迷人的東方，絲毫沒有意識到三人背後所潛藏的種種危機。

　　具有凱撒另一半才能的屋大維在政治上的頭腦遠比安東尼清醒。西元前37年，安東尼離棄了自己的妻子即是屋大維的妹妹，正式與克里歐佩特拉結婚，並宣稱將羅馬東部一些領土贈給女王和她的兒子，引起了羅馬元老院的不滿，也給屋大維反對安東尼提供了良機。西元前36年，羽翼日益豐滿的屋大維剝奪了李必達的兵權，與安東尼形成爭雄之勢。同時，他還製造輿論，說安東尼與埃及女王結婚後，把最富庶的羅馬軍政區割給了女王和她的

兒女，同時計劃把羅馬帝國的首都遷到亞歷山大港，羅馬和義大利都將變成其附屬國。最後屋大維從守護神維斯塔女神那裏竊取了安東尼立好的遺囑後，就當眾在元老院宣讀遺囑註明安東尼的繼承人是克里歐佩特拉的兒子，並吩咐死後他要葬在亞歷山大港女王的旁邊。

西元前32年，元老院宣佈安東尼爲「祖國之敵」，並正式向克里歐佩特拉宣戰。西元前32年，安東尼和一心想「高踞政廳，號令天下」的克里歐佩特拉率領五百隻戰艦浩浩蕩蕩地從伊奧尼亞海出發，其聲勢之浩大堪稱空前，總兵力包括十萬步兵和一點二萬騎兵。這些軍隊大都是由東方諸王資助的，他們希望借此擺脫羅馬的統治。屋大維則率領四百隻艦艇，八萬步兵和一點二萬騎兵渡過亞得里亞海。兩軍遙遙對峙達一年之久，最後終於在亞克興海戰中爆發了。由於屋大維的小艇比安東尼的巨艦來得機動、敏捷，安東尼的許多艦艇都被屋大維的部下燒毀，安東尼大敗而歸。

爲了保證埃及的安全，克里歐佩特拉沒有徵得安東尼的同意，就送給屋大維一隻金寶杖、一個王冠和一個寶座，以示臣服。屋大維回覆說，只要她殺掉安東尼，他就會保證不入侵埃及。安東尼再度寫信給屋大維，竟然天真地讓他不要忘記他們以前的友誼，並同意說如果克里歐佩特拉得保全生命，他願意自殺。屋大維對他的建議根本不予理睬。於是克里歐佩特拉就把埃及所有的財寶堆積在一個寶塔內，並通知屋大維說如果她得不到光榮的和平，就要與這些珠寶一同毀滅。安東尼不得不猶作困獸之鬥，起初還有所斬獲，但是當他看到克里歐佩特拉的傭兵投降，又風聞克里歐佩特拉因戰敗被殺時，安東尼絕望地自殺了。

克里歐佩特拉得知屋大維要將她押到羅馬以作爲勝利的象徵時，就身穿皇袍，以毒蛇噬身而死。仁慈的屋大維准許兩人相鄰而葬。

　　安東尼愛江山，更愛美人。爲了博得克里歐佩特拉的歡心，他不惜把羅馬大片的土地拱手相讓；當克里歐佩特拉所統治的埃及將受到屋大維的侵略時，他甘願獻出生命。這就是安東尼，一個跟隨凱撒遠征高盧、協助凱撒擊敗龐培的戰將，一位出身高貴、英俊瀟灑、但仍具有平常人特質，身材魁梧、渾身是勁、生性善良、勇敢果決、忠心耿耿的情人和丈夫，難怪克里歐佩特拉願意傾身相隨，這或許不僅僅是由於政治方面的原因吧！而安東尼爲什麼這麼迷戀克里歐佩特拉，也許更讓很多人迷惑不解。當時的埃及皇室不懂得優生，爲保持血統純正而長期實行堂兄妹通婚，女王因出於近親繁殖，身體可能有缺陷。就是這樣一個女王，能讓安東尼甘拜在石榴裙下，或許眞有她特殊的魅力。

17 埃及豔后是被毒蛇咬死的嗎

　　埃及豔后克里歐佩特拉是世界歷史舞臺上一個特殊的角色，她風流浪漫、驚心動魄的生涯，不知引起了多少學者專家不同的評價，也不知引起了多少文人才子豐富荒唐的聯想。兩千多年來，她的風流韻事在這個世界上經久不衰地流傳，以她的生平事蹟作爲題材的文藝作品，充斥著世界各地的舞臺和銀幕。她確實是一個不平凡的人物，連她的死也不同尋常。

　　西元前31年，對埃及皇后克里歐佩特拉來說是痛苦絕望的一年，她和安東尼的船隊受到了屋大維船隊致命的打擊，匆忙之中，她的情人安東尼逃到了亞歷山大城。雖然克里歐佩特拉在做著反擊的準備，但她已經意識到自己的末日快要來到了，她在亞歷山大城蒐集各種各樣有毒的藥物，研究各種自殺的辦法。爲了研究哪種自殺的方法既能使人無痛苦地死去，又能使人保持體面的外表，克里歐佩特拉曾在判處死刑囚犯身上做實驗，但是她發現，無論哪種藥物，都會使人產生劇烈的疼痛，而且人臨死時因痛苦而變形的面孔讓克里歐佩特拉感到很恐懼。她另一個試驗就是用有毒的動物。通過日常觀察，她認爲沒有什麼東西比遭毒蛇咬更理想了。因爲它不會使人產生驚厥或呻吟，只會使人在昏昏欲睡中平靜死去。克里歐佩特拉把這個計劃深深地藏在心裏。

　　克里歐佩特拉開始爲自己建造陵墓，這是一座城堡式的墓非常奇妙絕頂。她命人把無數的金銀財寶搬運到墓堡中，她知道自己衰退的美色再也無法使屋大維跪拜在她的腳下，她要用這些財

寶做最後的賭注。屋大維也確實擔心這位絕望的女王會將這些財富付之一炬。因此，他率軍進攻亞歷山大城，開始把軍隊駐紮在赫波德魯姆，在這裏，安東尼對屋大維做了一次拼命反擊。當安東尼登上已經佔領的高地時，他遠遠看見自己的艦隊正馳近敵人，以為局勢會有轉機，沒料到的是，當這些艦隊靠近屋大維的艦隊時，埃及人竟用槳向屋大維歡呼致敬。這簡直對安東尼是一個致命的打擊，他心灰意冷地說：「克里歐佩特拉欺騙了我，她的艦隊已經投降了敵人，一切都完了！」安東尼跑回城裏，對著城堡大叫克里歐佩特拉出賣了他。克里歐佩特拉逃進了她的墓堡裏，命令放下柵欄閘門。她派人告訴安東尼說，她已經死了。安東尼相信了，萬念俱灰，默默地走進屋內，迅速脫掉盔甲，拔劍自刎了。克里歐佩特拉讓人把安東尼的屍體從窗戶中送進墓堡，她看著這個與自己共同生活了近十年的情人，心情非常痛苦。在懇求屋大維以後，克里歐佩特拉用埋葬國王的豪華儀式為安東尼舉行了葬禮。在極其悲哀的情緒下，她陷入高燒中，她希望在這種藉口下絕食，在完全沒有干擾的情況下死去。但還是被屋大維識破了，屋大維清除了所有可以用來自殺的東西。

想到自己將要被帶回到羅馬遊街，克里歐佩特拉徹底地絕望，她給屋大維寫了一封信，然後命令手下人為她準備沐浴。洗完澡，她吃了一頓豐盛的晚餐。正在此時，一個鄉下模樣的人給她送來了一籃子無花果，她讓所有的人立即出去，只留下兩個侍女在身邊。克里歐佩特拉打開了籃子，倒掉上面的無花果，看見毒蛇就把自己的手臂伸過去，讓毒蛇咬了一口，又把另一條放在她的胸前，克里歐佩特拉以預先設計好的方式結束了自己的生命。克里歐佩特拉的信送到了屋大維的手裏，屋大維急切地打開

了信，看到了一位多情女子哀婉動人的祈求，懇求讓她和安東尼埋在同一個墳墓中。屋大維馬上意識到事情的嚴重性，他飛快趕到墓堡，但一切都晚了，克里歐佩特拉已經斷氣，平靜地躺在一張金床上。她的兩個侍女也爲她而自殺。屋大維爲了防範克里歐佩特拉自殺，想盡了所有的辦法，沒料到還是讓克里歐佩特拉成功了。屋大維對她的死雖然很失望，但不能不欽佩她的偉大，下令將她的屍體葬在安東尼旁邊。

　　這是傳統的關於克里歐佩特拉死亡的記載，但關於著這位女王的自殺方式，中外史學家始終存在著不同的說法，至今還是一個謎。有人認爲克里歐佩特拉把這種名叫「阿斯普」的毒蛇放在花瓶裏，用一個金簪子刺傷它，迫使它惱火，直到纏住自己的手臂，昏迷而死；也有人說，克里歐佩特拉用一把空心錐子，用它刺傷了她的頭部或撕扯她的頭髮。但也有人不同意上述的說法，因爲他們認爲在克里歐佩特拉身體各部位都沒有發現刺傷或咬傷的症狀，在她的墓堡中也沒有找到毒蛇，因此她有可能採取了別的自殺方式。

美麗的埃及豔后讓凱撒和安東尼都拜倒在她的裙下。

18 維吉爾的詩是抄襲的嗎

維吉爾出生在義大利曼圖亞安第斯的一個農莊，童年是在克列蒙納度過的。當時他的父親依靠任職宮廷時所節省的錢財，買了一座農場從事養蜂工作。在靜謐的農場裏，林野和溪水都給詩人留下了終生難忘的回憶和無比的快樂。十二歲以後，他先後在克列蒙納、米蘭和羅馬受教育，對希臘、羅馬作家特別是詩人有透徹的瞭解，並且在修辭學和哲學方面受過完備的訓練。他的青少年時代是在內戰中度過的。他的地產曾被退伍軍人強佔，後來大概經過有權勢的友人斡旋後才收回。他對長年內亂深惡痛絕，對於軍事和政治生活從不參與。成名後，他很少去羅馬，每當大街上人們尾隨他指指點點時，他便就近躲入人家避開他們。甚至當屋大維將一個流放者的財產贈與他時，他也沒有接受。

維吉爾身材高大魁梧，面色黝黑，有一副農人的相貌。但是他的健康情況並不好，特別是常患胃病、喉病及頭痛病，還有出血現象。可能由於這方面的原因，他終身未娶，只是愛男性少年，尤其鍾愛受過教育的塞貝斯和亞歷山大。在他一生大部分的時間裏，他的言語和思想都非常貞潔，以至於他在那不勒斯被大家稱作「處女」。他幾乎像一位隱士，畢生的心血都用在詩和有關詩的研究上，他彷彿是為詩歌而生的一位天才。

據研究，維吉爾第一次嘗試作詩時仍然是個孩子，他寫了關於一個名叫巴列斯達的男教師的兩行詩，此人因有搶劫的壞名而被石頭砸死。後來他寫了《卡達勒普頓》、《普列阿培亞》、《諷

刺詩》、《狄賴》，十六歲時又寫了《白鷺》和《蚊蟲》。《蚊蟲》的故事是這樣的：一個牧羊人因為暑熱而熟睡在一棵樹下，一條蛇向他爬來，同時從沼澤地飛來一隻蚊蟲叮咬了他的前額，牧羊人立即打死蚊蟲，並殺死了蛇。但是上述這些詩作是否為維吉爾所作，目前還有爭議。維吉爾確實可考的最早詩作是在西元前42年－前37年間寫的十首《牧歌》。這些《牧歌》是田園的速寫，是羅馬有史以來最富旋律美的六行詩，充滿了哀思的柔情與羅曼蒂克的熱愛。人們從他的詩中彷彿可以聽到伐木人的快活歌聲，感受到蜜蜂忙碌的飛翔聲，體會到那個空虛失望的農民像千千萬萬的其他農人一樣喪失了土地。《牧歌》一發表就獲得成功，致使歌唱家也常在舞臺上演唱它。

西元前36年到西元前29年，維吉爾又發表了著名的《農事詩》。在詩中，他用精心雕琢的詩篇，忠實地描述了土壤的種類及處理、播種及收割的季節、橄欖與葡萄的種植、牛馬羊的飼養以及對蜜蜂的照顧。他用體諒和同情的態度描述了一般的農家動物，他永遠不厭其煩地欣賞它們單純的個性、真摯的感人力量以及形體的完美，他真實地再現了辛苦與榮枯的變遷、令人疲困的勞動、無休止地與昆蟲戰鬥、旱災與暴風雨的無情洗劫。由於當時羅馬迫切需要恢復農業，以解決因糧食匱乏所產生的威脅，維吉爾的《農事詩》真實地反映了這種需求，因此受到當權的屋大維的重視，他接連四天聆聽維吉爾朗誦長達兩千行的《農事詩》。當然，最終使維吉爾成為偉大詩人的還是《埃涅阿斯紀》。

《埃涅阿斯紀》寫於西元前30年到西元前19年，長達十二卷。這首卷帙浩繁的史詩敘述了特洛伊城被希臘人攻陷後，埃涅阿斯從那裏逃出，最後到義大利建立羅馬的故事。西元前31年，

屋大維戰勝安東尼，結束了內戰，成為羅馬世界的惟一統治者。他努力喚起羅馬人的民族自豪感，並要羅馬人重視自己古老的宗教和傳統的道德觀念。屋大維和維吉爾都認為羅馬肩負著神聖的使命，先是征服世界，然後在各民族中傳播文明和法制。《埃涅阿斯紀》正好表現了羅馬民族的成就和屋大維時代的理想。維吉爾用十一年寫的《埃涅阿斯紀》沒有最後定稿就去世了。據說，他死前表示要把詩稿燒掉，幸虧他的異父兄弟沒有按照他的要求去做，否則我們今天就不會看到這樣劃時代的巨作了。

　　維吉爾一生並非坦途，除了糟糕的身體外，他在成年時就失去了雙親，他的兩個弟弟也很早死去，可以說在人生的早期的階段，他就飽嘗失去親人的痛苦和病痛的煎熬。更讓他痛苦的是，他在詩歌上取得巨大成功的同時，也承受了來自各方面人士對其作品的詆毀。《牧歌》問世後，一個名叫努米托裏烏斯的人寫了一本題為《反牧歌》的詩集，這是一本非常乏味的諷刺模擬作品。卡維利烏斯·皮克托寫了一本題為《對埃涅阿斯的鞭笞》也是反對《埃涅阿斯紀》的。馬爾庫斯·維普珊尼烏斯認為維吉爾是一種矯揉造作的新語言風格的發明者，這種語言既不鋪張又不簡潔，是用通俗的辭彙組成的，是模糊的語言。赫倫尼烏斯專門搜集他的不足之處，而佩勒利烏斯·福斯圖斯專門搜集他的剽竊。更有甚者，克文圖斯·屋大維烏斯·阿維圖斯所編的八卷題為《相似》一書中，收羅了維吉爾所有借用來的詩句，並附有他們的出處。

　　面對大量的指責，維吉爾憤怒地回敬：「我的批評家們為什麼不也嘗試一下同樣的剽竊？假如他們這樣做了，他們就會懂得，從荷馬那裏偷竊一行詩不比從赫庫利斯那裏偷來大量容易一

羅馬共和國時代的公民塑像。

些。」也許正因為這些毫無道理的指責，維吉爾才決定臨終前把《埃涅阿斯紀》焚毀。到了後世，維吉爾的作品才真正受到公正的對待。他的詩成為人們學習拉丁文的必讀課本。到了中世紀，基督教徒又用《埃涅阿斯紀》的內容去附會他們的教義，如預言基督的誕生。義大利的但丁在《神曲》中把維吉爾當成把作者從地獄和煉獄引到天國門口的嚮導。英國的彌爾頓的著名作品《失樂園》就完全以《埃涅阿斯紀》為楷模。維吉爾的詩歌終於被公認為在形式和倫理內容上都達到了盡善盡美的境界。

19 屋大維的多變性格之謎

屋大維像。

　　屋大維（前63～14）可以說是大家所熟悉的西方古代歷史人物了。西元前44年，他被凱撒收為養子，不久利用凱撒的威望和遺產登上羅馬政壇。西元前43年，他與安東尼和李必達公開結成「後三頭同盟」。西元前36年，他剝奪李必達的兵權。西元前31年，他在亞克興海戰中擊敗安東尼，成為羅馬惟一的主宰。西元前28年，他改組元老院，自任「元首」。西元前27年，他在元老院宣佈交出權力，還政於民，元老院為此授予他「奧古斯都」的尊號。而實際上，他尚擔任執政官和終身保民官等職，集大權於一身。可以說，他是羅馬帝國的第一位皇帝，元首政制的創立者。

　　然而最初的屋大維卻是一個殘暴自大、不安份的政客。他准許安東尼把政敵西塞羅的人頭掛在大會場；隨便出入派系間而不加考慮，其翻手為雲、覆手為雨的本領令人瞠目結舌；鍾愛色情；不顧友誼和俠義，迫使安東尼和克里歐佩特拉至死。當他登上權力的巔峰後，他這方面的本性仍然不時有所顯露。到了陷於偏狹之中，殘害敵對的作者，禁止挑剔的史書，不聽奧維德的懺悔詩。據說他的一位秘書因為收取了賄賂而洩露秘密，而被他打斷雙腿。他曾迫使一個因與羅馬婦女通姦的自由人自殺。總之，

很多人為此都不喜歡他。但是又有很多人認為屋大維愚鈍而又迷人；平凡無奇，但半個世界讚美他；身體柔弱，不太勇敢，卻征服了一切敵人，治理了聯邦帝國，使廣大地區享受無比的繁榮達二百年之久。為此，雕刻家不惜消耗大批青銅與雲石給他塑像：有的像顯示出他是一個嚴肅、略帶傲氣的青年，有的將他塑成儀表凝重的教士，有的則將他塑成身著軍裝、充滿威風的武將。在這些雕塑家眼裏，屋大維已經由一個殘暴自大的不安分的政客，變成了一位謙虛大將和政治家，這種令人驚奇的變化可以說與他生命後四十年的努力密不可分。

屋大維可以說是百病纏身。早在平定內部的艱巨戰鬥中，他步步都是在健康朝不保夕的情況下進行的。他皮膚過敏，患金錢癬，時好時壞；風濕病使他的右腿行走不便；一種類似關節炎的情形使他的右手失靈；他有膀胱結石、嚴重的失眠；他的橫膈膜擴大症每逢春季發作；每刮南風，他的鼻喉即會發炎；他怕冷，所以冬天穿上毛護胸、套褲、四層上衣和一件罩褲。跟中古聖哲一樣，他是用精神支撐著肉體，如同背負十字架一般，恪盡職守。他經常主持元老院會議，參加無數集會，審理大批案件，忍受典禮和宴會，計劃未來的競選，治理軍隊和領土，訪問廣闊地區而無遺漏，處理行政不論巨細。他演講不下數百次，講詞都是事先準備，力求簡潔明瞭。他照稿宣讀，從不隨口發表意見，否則他會失言。即便有事與他妻子交談，都要事先寫好稿子，然後照稿宣讀。他以自己的嚴謹和一絲不苟贏得了帝國的穩定與繁榮。與當時的多數懷疑論者一樣，在失掉宗教信仰後，他仍繼續迷信。他隨身帶一塊海豹皮以防雷電。他重視預兆，有時相信夢兆。每逢凶日，他從不出遊。

但在另一方面，他有客觀的判斷和實用的思想。他勸告青年儘早從事積極工作，將從書中學來的觀念用於實踐中。他自始至終都穩健、節儉、謹慎，「急事慢做」是他最喜歡的格言。他虛心接受忠告和斥責，時刻牢記一位哲學家的贈言：「在你發怒時，切記先把二十四個字母默誦一遍，再說話或採取行動。」這一點實為任何當權者所不及。在公眾面前，屋大維是正義、忠貞、中庸、大度和容忍的典型。騷人墨客對他所做的諷刺文章，他付之一笑。他勸告別人，能夠將敵意的行為制止或處置就夠了，而對於敵意的言辭不必壓制。他不勉強別人過他那種簡樸的生活。每逢請客吃飯，他都提前退席好讓客人開懷大嚼。他不矯揉造作，為了爭取選票他會拉住選民的衣服。他不喜歡炫耀，出入羅馬從來不招搖過市，眾人皆知，以至於在和平聖壇的浮雕中，他並未以任何階級的標記來顯示與其他公民有什麼不同。在早晨規定時間內他接見百姓，使任何人得到親切的接待。

　　當屋大維聽說凱撒被暗殺的消息時，他對那些謀殺者的忘恩負義感到非常震怒與遺憾。他想到凱撒對他的愛護，想到凱撒為重建羅馬而鞠躬盡瘁，一股復仇之氣便從他心底湧起。於是他便動身奔回羅馬。他的親戚勸他暫時躲藏起來，免於安東尼的謀害。他的母親也叫他提高警惕，不要外出。但是屋大維認

這是奧古斯都和平祭壇的浮雕，描繪著與屋大維有關的歷史。

爲這樣也不是辦法，於是他的母親又告訴他要利用機智，要有耐力，不要與對方正面衝突。屋大維聆聽母訓，奉行到底，受益不淺。可以說，屋大維在走上政治舞臺後，就非常善於聽取各種有利的建議，改變自身使自己脫胎成另一個截然不同的人。將殘暴自大的本性幾乎掩藏不露的屋大維可以說是確實做到了這一點。

20 羅馬皇帝提比留爲何甘爲平民

羅馬帝國皇帝提比
留（前42～37）卻甘願
過隱居生活達十一年之
久，直到死在卡布利
島。提比留是羅馬帝國
的創建者屋大維的養
子。他的父親是高級教
士和地方行政長官，母
親是美麗的利維婭·德

圖說-提比留是屋大維的養子，在這件雕刻中描繪屋大維處理
政務的情景。

魯西拉。提比留九歲喪父，開始生活在皇帝身邊。西元前27年15
歲時，他曾經跟隨屋大維到高盧視察前哨陣地。二十二歲時，他
初次指揮戰役，奪回幾十年前在安息丟掉的幾個羅馬軍團的旗
幟，因而聲名大振。他要求全權指揮另外一次戰役，因此屋大維
派他去平定亞得里亞海東岸潘諾尼亞省的叛亂。他不僅以克敵制
勝出名，而且以體恤士卒著稱，因而得到人民的愛戴。

西元前8年，他出任執政官，這是羅馬的最高職務之一。西
元4年，他成爲羅馬帝國的第二號人物，躊躇滿志，大權在握。曾
奉命統帥大軍，前去征討西元9年在日耳曼殲滅三個羅馬軍團的阿
米尼烏斯，結果大獲全勝。西元14年，屋大維去世後，他繼承帝
位。令人不可思議的是，西元27年他離開羅馬，前去視察義大利
南部的若干地區，中途折至卡布利島，雖然只想逗留一會兒，但

是再也沒有返回羅馬。這也成為長期以來學界難以解開的謎團。

　　有人認為，提比留之所以離開羅馬，隱居他鄉，是因為看透了官場的你爭我奪，對權力已經沒有任何興趣。自從喪父後，提比留就和弟弟德魯蘇斯與母親利維婭一起開始生活在皇帝屋大維的身邊。屋大維非常喜歡德魯蘇斯，把他領過來撫養，並且願意將財產和政權傳給他。不幸的是，德魯蘇斯夭折使屋大維痛苦不已。於是屋大維又把希望寄託在自己的兩個外孫蓋恩斯和盧西烏斯上。他對他們極其鍾愛，讓他們享受特別的教育，還不到法定年齡就讓他們擔任官職。提比留雖然有才能，受到屋大維的重視，但是並沒有得到他的鍾愛。為了達成為帝國領導者的願望，提比留被迫與已經懷孕的太太離婚，娶了屋大維的女兒、蓋恩斯和盧西烏斯的母親朱莉婭為妻。他盡量去做個好丈夫，但是朱莉婭不肯放棄她的享樂主義，開始了婚外情。提比留為了維護朱莉婭和他自己的名譽，沒有採取任何行動，忍無可忍地背負著妻子與別人私通的恥辱。

　　即使這樣，屋大維還是準備將帝國交給自己的兩個外孫，於是提比留失望地離開了羅馬，到羅得斯過著了離群索居的生活。屋大維勃然大怒，宣稱沒有他的允許，提比留不得返回羅馬。天不遂人願，屋大維鍾愛的兩個外孫蓋恩斯和盧西烏斯卻先後於西元2年和4年死亡，他變得孤立無援，又沒有繼承人，加以德意志和高盧等地又發生反叛，他不得不召回提比留，收他為義子，共同攝政並立即派他前去鎮壓叛亂。提比留不負眾望，經過五年的艱苦戰爭終於平定了叛亂。但是當他即位成為羅馬帝國的元首時，已經是五十五歲，成了一個大夢初醒的人，權力對於他已經輕若浮雲了，這是他能夠隱居在外達十一年之久的最根本的原

因。

　　有人認為，提比留離開羅馬，隱居卡布利島，是為了躲避他那位果敢的母親利維婭。利維婭是一個個性堅強，但是特別體貼的人。屋大維的許多重要措施都預先與她研究，尊重她的意見換一句話，利維婭以另外一種方式操縱著國政。提比留即位後，利維婭認為是她的操縱為他清除了登極的道路，她還要讓他瞭解，叫他掌權只是作為她的代表。在提比留當政的前幾年，官方文書均由利維婭和提比留共同簽署。但是她對與他平等共理國家感到不滿，希望比他地位高一等，要總管一切。提比留長期容忍，直到屋大維死後十五年時，他才終於為自己另外建築了一座宮殿，使他母親利維婭毫無異議地佔有了屋大維所建的舊宮。與這樣的母親同在屋簷下，提比留感到心力俱疲，他要永遠地擺脫她，到那世外桃源享受一番。

　　也有人認為，提比留離開羅馬，隱居卡布利島，是由於他為政殘暴以至於積怨太深。文獻記載，提比留冷酷無情，這種性格在少年時代就有所顯露。他的修辭學老師提奧多魯斯第一個對他這種性情有所洞察，在責罵他時，這位老師常稱他為「摻和著血的污泥」。稱帝以後，這種性格變得更加明顯。做了許多殘酷無情的事情，表面上是為了整肅和改良公共道德，實際上只是為了滿足他的天性要求。有些人甚至用詩的形式痛斥了他當時的罪惡，並且預言了未來的前景：「從流放中回來的人當了皇帝，沒有不讓人民流血的。」

　　當老百姓聽到提比留的死訊時，他們興高采烈，有的人奔走歡呼：「把提比留丟進台伯河！」還有的人則向低母神和冥界神祇祈禱，讓提比留下地獄。更有一些人威脅要用鉤子對付提比

留，把他鉤走曝屍。除此之外，關於提比留隱居的原因尚有幾
種。不過，撇開提比留出走的原因不談，他在羅馬帝國發展過程
中還是做出了自己的貢獻。他的法令和政策基本上是穩健而富有
遠見的。他不想進行大規模的新的征服，從來不毫無道理地調動
各行省的的軍隊或者更換總督，並制止揮霍浪費國家財富的現
象。他還加強了羅馬的海軍。從這個意義上講，有關提比留出走
原因的種種推測就不值一提了。

21 毀譽不一的克勞狄一世之謎

羅馬帝國著名的克勞狄一世（前10～54）是羅馬大將尼祿·克勞狄·德魯蘇斯的兒子。由於患小兒麻痺症和其他疾病，他身體衰弱，雙腿十分脆弱細小，走起路來有點踉蹌。他喜愛美酒佳肴，但為痛風所苦。他有點口吃，可是笑聲卻出人意料地響亮。他自幼由婦女

身有殘疾的克勞狄

及獲得自由的奴隸撫養長大，因此養成了膽小與敏感的個性。他的親戚認為他是一個意志薄弱的廢人，他的母親說他是一個未完成的怪物，一個比他的父親還笨的大笨蛋。

由於到處受人蔑視，他便離群索居，自學自娛，整日沈湎於賭、書和酒之中。他精通古代藝術、宗教、科學、哲學和法律，也是一位語言學家和博古家。在當時著名歷史學家李維的鼓勵下，開始研究歷史。他寫過一本替西塞羅辯護的小冊子。他用希臘文撰寫成二十卷《伊特魯里亞史》和八卷《迦太基史》。他還寫過一部自傳，一篇關於羅馬字母的論文和一篇論擲骰子的論文。科學家及著名的學者都與他通信，並將他們的著作題獻給他。他教導人們醫治蛇咬之傷，在自己生日那天預測日食，藉以預防迷信上的憂懼，並解釋其原因。可以說，克勞狄一世在這些方面所表現出來的學問，完全不像人們所描述的那樣，發起怒來會口吐

白沫、鼻孔流涕，像個活生生
的傻瓜，而是充滿了令人驚奇
之處。

羅馬皇帝的禁衛軍。克勞狄就是被禁衛軍扶上寶座的。

克勞狄一世被擁上帝位，
完全出於偶然。他即位以前的
皇帝爲蓋尤斯。蓋尤斯由於縱
慾過度而染上了梅毒，這位體
胖、頭小而半禿的人因此變得
面容蒼白，凹眼裏散發出十分
陰險的神情，年方二十九歲，
就已經跟老頭兒沒有什麼兩樣
了。由於他每天用猥褻的言語
侮辱禁衛軍中的一位將領，這位將領就在西元41年在一條王宮的
秘密通道內將他殺了。由於蓋尤斯的死亡來得非常突然，並且刺
殺他的人是他很早就用禮物收買的禁衛軍的將領，因此消息傳出
後，市民們不敢相信，恐怕這是王室慣用的詭計，用來察看誰最
喜歡皇帝死亡。爲了證實這個謠言，這個將領又刺殺了蓋尤斯的
最後一個妻子，並將他女兒的腦漿迸到牆上。這時，人們才信以
爲眞。可是蓋尤斯死後，無人知道在何處能找到一位適當的統治
者。克勞狄一世目睹了蓋尤斯死亡的整個過程，早已嚇得半死。
禁衛軍無奈之下，就從角落裏將人們心目中無能的克勞狄一世擁
出來，宣佈他爲繼任者。元老院懼怕禁衛軍，也只好做個順水人
情，批准了他們的選擇。於是已經五十歲的克勞狄一世就這樣被
擁上了寶座。

眾所周知，屋大維建立羅馬帝國後，根據羅馬從城邦發展成

龐大帝國。這一種改變，對原有不適應新形勢要求的政治體制進行了改革，並採取了一系列順乎形勢的內外政策，從而開創了安定的政治局面，創造經濟的發展和文化的繁榮，使羅馬奴隸佔有制社會臻於鼎盛。蓋尤斯死時，正值羅馬帝國的強盛時期。但是由於蓋尤斯在任期間的胡作非為，羅馬帝國還是陷入了危險，國庫空虛，元老大半喪亡，人民悖離，茅利塔尼亞反叛。即位為皇帝的克勞狄一世必須面對這些問題，而他在處理這些問題時所表現出來的信心、意志和智慧卻出乎所有人的意料，顯示了很高的政治才能。

克勞狄一世做了皇帝後的第一件事情就是重金獎賞禁衛軍士兵，感謝他們的擁戴之功，並因此與他們保持和諧的關係。他以較明智的寬大方法，結束對有關叛國罪的控告，並且將因這種罪而遭拘禁的人予以釋放；召回所有被放逐的人，歸還他們被沒收的財產；將蓋尤斯偷來的雕像送還希臘；廢除蓋尤斯所加的一切賦稅。在內政方面，克勞狄一世採取了許多開明政策，他改革司法制度；擴大羅馬公民的人數；鼓勵城市建設；在宗教方面主張尊重過去的傳統；創立一個類似自由民議會的機構，監督政府各部門的工作。另外，他於西元41年至42年吞併北非的茅利塔尼亞，在那裏設置凱撒雷恩西斯和廷吉塔納兩個行省。

西元43年，他決定入侵不列顛，並且御駕親征，橫渡泰晤士河。西元43年，他奪取小亞細亞的呂基亞地區，並在西元46年佔領了色雷斯。西元44年，他將猶太改為一個行省；西元49年，他將巴勒斯坦東北部的伊圖裏亞並入了敘利亞省。身體肥壯、面孔和善的克勞狄一世令人神奇地重振了帝國的雄風。他也因上述所作所為博得了羅馬公民的愛戴。有一次，當他離開國都時，有謠

言說他已被殺害，羅馬人民感到萬分悲痛，以致元老院不得不發佈正式聲明，說他依然健在，不久就返回羅馬。克勞狄一世在羅馬公民中的地位可見一斑。令人不解的是，克勞狄一世在當時就是一個毀譽參半的人物。

　　古羅馬著名的哲學家塞涅卡，一會兒在信裏對克勞狄一世稱讚有加，一會兒在諷刺文中又把他描繪成一個暴君、傻瓜。隨後的歷史學家塔西佗等人也沿襲了此種說法，一方面稱讚克勞狄一世在統治初年寬厚仁慈，把國家治理得井井有條，深受士兵和公民的愛戴，另一方面又嘲笑他是毫無頭腦和主見的笨蛋。僅有同時代的作家龐朴努斯‧邁拉認為克勞狄一世是所有皇帝中最偉大的。但是塔西佗等人的影響在西方歷史上還是一直居主導地位。1920年至1921年，人們在考古發掘中發現了一封克勞狄一世給亞歷山大里亞的信。在信中，學者們發現他在處理亞歷山大里亞市政組織的一個複雜問題和該地猶太人與希臘人的微妙關係上，表現出了驚人的豐富知識和決斷能力。人們也才由此除去長期籠罩在克勞狄一世身上那些不公平的陰霾。

　　據說，克勞狄一世是被他的妻子毒死的。他吃了妻子給他的有毒的蘑菇後，經過十二小時的痛苦掙扎，連一句話也沒有說就死了。當元老院祀奉他為神時，已經即位的羅馬皇帝尼祿說，蘑菇一定是神仙的食物，因為克勞狄一世吃了以後，就變成神仙了。從另一角度來考慮，尼祿的話一點也不錯。克勞狄一世能夠從人們心目中的白癡變成一個為士兵和公民所愛戴的皇帝，其經歷確實堪稱神奇。

尼祿爲何要殺死父母

　　西元37年，在羅馬行省高盧的首府——魯恩的總督府裏，傳來一個喜悅的消息：總督德魯素斯的「傻兒子」克勞狄喜得貴子，這個孩子就是羅馬歷史上有名的皇帝尼祿。此時的克勞狄已四十七歲，喜悅的心情可想而知，母親阿格麗品娜野心勃勃，兒子的出生讓她看到了飛黃騰達的希望。事隔四年，已經五十歲的克勞狄戲劇般地登上了皇帝的寶座，四歲的兒子成爲皇子，阿格麗品娜也成爲皇后，伴隨著全家榮華富貴的同時，悲劇也開始在這個家庭醞釀了。

　　首先是皇帝克勞狄的死亡。老年的克勞狄在體力和智力等方面明顯衰退，據說即使正在主持召開重要的會議，克勞狄也常常打瞌睡，人們稱他爲「蠢王」。而隨著尼祿的漸漸成人，皇后阿格麗品娜把全部的希望寄託在了兒子尼祿身上，爲了讓尼祿能早日當上皇帝，阿格麗品娜以關心克勞狄

羅馬皇帝尼祿爲何要弑父殺母呢？

身體健康爲由，一方面將其調離皇宮，請他到環境優雅的海上島嶼去療養。另一方面，開始策劃擁立尼祿當皇帝。阿格麗品娜經常以看顧克勞狄爲理由，來到克勞狄療養的島嶼上，不許閒雜人員接近，就連皇帝的貼身侍衛也不准靠近。西元54年，在一個萬籟俱寂的夜晚，阿格麗品娜反覆勸說克勞狄，服下了由她親自製

作的「特效藥」，六十四歲的可憐的克勞狄幾乎一句「感激」的話也沒來得及對妻子說，就撒手歸天了。克勞狄的死因一直是歷史上的謎，當時十七歲的尼祿即使不是克勞狄之死的禍首，至少也是一名同謀者，對此他並不掩飾。據說，克勞狄是吃了一種放有毒藥的蘑菇而死，後來尼祿總是對蘑菇讚不絕口，稱蘑菇爲「神的食物」。尼祿在言論和行爲上，對已故的克勞狄也進行了攻擊和辱罵，時而指責克勞狄愚不可及，時而揭露他殘酷無情。他蔑視克勞狄的許多赦令和法規，把它們說成是一個瘋子和庸人的作品。

　　謀殺克勞狄，讓自己的兒子尼祿繼承王位，是阿格麗品娜一生最得意的傑作，她以爲從此羅馬就是自己的天下，她盡可以享受到權勢帶給她的快樂和滿足，但阿格麗品娜萬萬沒有想到，她交給兒子權利的同時，也把殘忍教給了他，而她自己最終也死在這種殘忍之下。阿格麗品娜企圖用自己的意志來控制尼祿，她嚴格控制和監視尼祿的言行，甚至連他的婚姻她也要一手操辦，這一切都激起了尼祿對她的反感。起初，尼祿以假裝退位和隱居來威脅母親，並設法使人們對她產生憎恨。然後，尼祿下令剝奪了她全部的榮譽和權力，解除了她的士兵和衛隊，並把她趕出皇宮。就這樣，尼祿還不解恨，絞盡腦汁來折磨母親，他指使人向官方控告阿格麗品娜的狀，在阿格麗品娜退居鄉里時，他又差人由陸路和海路經過她家門口，對她進行辱罵和嘲笑。阿格麗品娜沒有想到自己的一切努力竟換來如此的待遇，她揚言要用暴力對付尼祿，尼祿最後終於決定要殺死母親。他曾三次企圖毒殺阿格麗品娜，但阿格麗品娜事先有所防備，都沒有達到目的。

　　後來，他又在她的臥室裝上天花板，以便深夜用機器鬆動天

花板，讓天花板砸死母親，但由於同謀者的洩露，計劃也破滅了。最後，尼祿假裝要與母親和解，他給母親寫了一封情真意切的信，請母親來羅馬皇宮。當阿格麗品娜乘著自己的快艇來到皇宮時，尼祿向母親表現出悔恨的心情，與母親談了很久。期間，尼祿命人把母親的快艇毀壞，又在自己的一條大船上做了手腳。當母親要離開時，尼祿把自己的大船送給母親。阿格麗品娜在貼身奴隸阿格爾姆斯的護送下，踏上船返回居住地，船行半途時果然出了問題，多虧阿格麗品娜會游泳，這才脫離了危險。自母親走後，尼祿一直都等待著成功的消息，不料等來了奴隸阿格爾姆斯帶來母親還活著的報告。此時的尼祿已無計可施，於是命人將一把匕首偷偷地藏在阿格爾姆斯的身旁，然後下令把這個奴隸抓起來，說他是阿格麗品娜派來謀殺皇帝的刺客，並下令處死他的母親，同時向全國人宣稱，阿格麗品娜是因刺殺行動曝光而逃離皇宮的。據說，尼祿在母親死後還親眼看了她的屍體，觸摸她的四肢，心情很複雜，用飲酒來宣洩自己的情緒。

尼祿在生活中的反覆無常就像一個演員，他自己也常以「天才演員」和「傑出藝術家」的身分自居。尼祿喜好音樂和戲劇，他二十歲就開始登臺演出，有時用七弦琴彈奏自己創作的音樂，有時朗誦自己寫的詩篇，有時登臺演戲擔任主角或丑

古羅馬競技場和君士坦丁凱撒門。

角。人給其綽號「丑角元首」。尼祿還首開先例，把眞正的殺戮和處死的場面搬上舞臺，讓奴隸扮演「死囚」這類的角色，叫人當場刺死。對舞臺上噴血的場面尼祿十分欣賞，而觀眾卻大驚失色，有的甚至當場昏倒。他不滿於羅馬的觀眾，認爲只有希臘人才具有眞正的欣賞水準，他爲了到希臘尋覓知音，竟然放棄政務而不顧，隻身到希臘去舉行公開演出，一去就是十五個月。

西元68年，正在希臘演出的尼祿，得知帝國各地發生叛亂，朝廷有變，加爾巴已被擁立爲新元首的消息後，倉皇回到羅馬。然而禁衛軍和左右親信已經叛離了他，元老院已宣佈他是「人民公敵」，並判決他「應該像奴隸一樣，被縛在柱子上用鞭子抽打而死」。尼祿見大勢已去，慌忙之中逃到羅馬郊外的一個小茅屋中躲起來。誰知羅馬追兵已到，萬般無奈的尼祿哀歎：「一位多麼偉大的藝術家要死了呵！」於是拔出刀子自殺了，就這樣，這位三十歲的皇帝用殺過無數生命的雙手來結束了自己的生命。

　　蓋尤斯自幼生活在軍中，他父親的下屬給他起了一個綽號叫
「卡利古拉」，意思是小靴子的意思。以後，他就以這別名爲世人
所知。由於從小生活在士兵中間，蓋尤斯得到他們莫大的喜愛和
依戀。屋大維去世後，士兵揚言暴動，準備做出任何失去理智的
事情，能否再看見他無疑是惟一平息他們的原因。直到這些士兵
知道，由於面臨暴動的危險，蓋尤斯正要被送到最近的一個城市
去藏匿起來，這時他們才平靜下來。他們懺悔，並抓住他的馬
車，請求原諒他們的無禮。

　　其實，人們對蓋尤斯的喜愛，很大的關係源於他的父親日耳
曼尼庫斯。一般公認，日耳曼尼庫斯身心都特別好，任何人都不
能與之相媲美。他外
貌英俊，勇敢無比，
口才超群，精通希臘
羅馬文化，極其善
良，強烈追求而且善
於贏得人民的尊敬和
愛戴。他經常在爭戰
中殺戮敵人。他甚至
在接受勝利勳章後，
還去參加法庭辯護。
除了一些傑出研究成

羅馬帝國的哈德遜良神殿遺址。

果外，他還寫出了幾部希臘喜劇。無論身在羅馬還是外出，他從來不擺架子。無論是進入自由城市還是聯盟城市，他從不用棍斧扈從為自己開道。無論在那裡，只要遇到名人的墳墓，他總要獻祭墳頭。他打算把在瓦魯斯戰敗中陣亡戰士的散佚遺骨收埋在一座墳裏。他待人溫和寬容，甚至對自己的誹謗者也是如此，不論他們是誰，懷著什麼樣的動機。由於日耳曼尼庫斯有如此多的德行，他贏得了崇高榮譽，以致屋大維曾在長時間考慮是否選定他為自己的繼承人，終於決定讓提比留收他為養子。人民十分愛戴他，不論他來到或離開什麼地方，迎接者或送行者都是人山人海。

愛屋及烏，當他的兒子蓋尤斯即位時，人們歡呼雀躍。蓋尤斯起初也想設法博得人們對他的忠誠。他聲淚俱下地對集合的群眾發表演說頌揚提比留，並以厚葬。他赦免了被判有罪和已被流放的人，對以前遺留下來所有關於他的控告宣佈免於追究。有關他母親和兄弟們的卷宗，他拿到市中心廣場去焚燒。為了清除告發者和見證人今後的恐懼，他對神發誓，說自己從來沒有看過這些卷宗，甚至碰都沒有碰過。對於有人要謀殺他的告發，他甚至不予理睬，宣稱他沒有什麼可引起人們對他仇恨的，說他不願意聽取告密。他慷慨地把利維婭和提比留遺留給他的財產發放給人民。他恢復了公眾議事集會選舉行政長官的權力，並保證降低稅率，多辦競技。他即位三個月後，人民就向神供奉了十六萬頭祭品藉以感謝神明賜給他們一位如此可愛而仁慈的王子，並親膩地讚美他為「虔誠者」、「兵營之子」、「軍隊之父」和「至善至大的凱撒」。

然而好景不常，蓋尤斯不久就變得荒淫無恥起來。他經常與

他的姊妹們亂倫。在一次盛大的宴會上，他與她們輪流發生肉體關係，而他的妻子就在身旁。在這些姊妹中，德魯西拉很早就受到他的施暴，後來儘管嫁為人妻，他還是把她奪了過來，公開當做自己的合法妻子。患病時，他曾立遺囑指定德魯西拉為他的皇位和財產繼承人。她去世時，他下令舉行一個公眾哀悼活動。在這期間，說笑、洗澡和父母、妻子兒女一起進餐都是死罪。他悲傷得幾乎發瘋了，以致突然星夜離開羅馬，越過坎佩尼亞去敘拉古，然後又匆匆返回羅馬，不理髮，不剃鬍鬚。以後對於最為重大的問題，甚至面對集會的人民，他仍然指著德魯西拉的名字發誓。

而且，他幾乎親近過所有有身分的婦女。他通常邀請那些婦女和她們的丈夫一起來進餐。當她們從他的跟前走過時，他像購買奴隸那樣，仔細地盯著，從頭到腳審視她們。如果有誰害羞低著頭，他就用手托起她的臉蛋來看。一旦他產生欲念，他便走出餐室並召來他最喜歡的一個。過一會兒，他回到餐室，臉上還掛著滿足的神情，並當眾稱讚或批評她，細數她肉體的優缺點和床上行為。

格鬥士們多是從奴隸中挑選出來，並經過格鬥士學校的嚴格訓練。蓋尤斯最喜愛看格鬥士們的爭鬥。

蓋尤斯不僅荒淫無恥，而且殘暴無比。如逢皇帝病癒時，他就要求那些曾為他的康復許願參加格鬥的人履行諾言，他親自觀看此人格鬥的結

果，直至他戰勝對手，而且又經過長時間的哀求，他才放走他。許多人被用燒紅的烙鐵烙上印記後遣送去挖煤、築路，或者被餵給野獸吃，有的則被像野獸一樣關進籠子裏，或被鋸成幾段。這些人之所以受到如此的重罰，也不一定是犯了重罪，常常是因爲他們批評他舉辦的某場競技會或沒有對他的保護神發誓。

有一次，他在大圓形競技場當中活活燒死了一位阿特拉善劇的作家，因爲他有一行詩在笑話之外還隱藏著其他含意。一位羅馬騎士在被餵給野獸時大叫無罪，他把他帶回來，割斷他的舌頭後再餵給野獸。其手段殘忍可見一斑。

蓋尤斯花錢毫無節制。他想出一種新奇的洗澡方法，用熱的或冷的香油洗澡。他還發明了各種各樣的稀奇古怪的美食與飲料，飲用溶解於醋中的珍珠，分發給客人金子做的麵包和肉塊。他甚至一連好幾天向平民拋灑大量的錢幣。這樣，提比留積聚的大量財富都被他在一年的時間裏揮霍殆盡。此外，他竟然下令元老院，強制他們遵從東方式的屈從與恭順，要元老們吻他的腳以示尊敬，並要他們爲此榮耀向他致謝。由於蓋尤斯即位後的這些惡劣表現，終於在西元41年被禁衛軍中的一位將領殺掉了。

其實，蓋尤斯是一個身心兩方面都不很健康的人。他童年時患過癲癇病，少年時雖然還算能吃苦耐勞，但不時地突然暈眩而幾乎不能走路，不能起立，不能集中思想，甚至不能抬頭。他自己感到頭腦錯亂，有時想退休以便清醒腦子。特別使他痛苦的是失眠，每夜睡眠的連續時間不超過三小時，而且睡得不足，奇怪的夢境使他驚恐萬分。他的臉部本來就天生難看和令人反感，他卻有意使它變得更兇殘，對著鏡子做著各種令人望而生畏的表情。這樣一個人，如果做了皇帝，國家不被弄得糟糕透頂才怪。

正如某位熟知蓋尤斯品性的老人所預言的那樣，他活著將意味著他自己和大家的毀滅。所以當大家覺醒了，看清了蓋尤斯的本性時，也只得將他殺死了事。

　　早在少年時代，提圖斯就表現出與眾不同的體格和氣質，相貌英俊，既威武又和藹，身體尤其健壯。他有很強的記憶力，幾乎對所有的學問都感興趣。他精通武藝和騎術。他能從容不迫、胸有成竹地用拉丁文和希臘文演說和作詩，甚至無須準備。他對音樂也不陌生，說演彈唱，可謂嫻熟悅耳。他善於速記，爲了消遣和取樂，他同自己的秘書進行比賽。他能模仿過目的任何筆跡。他經常宣稱，他可以成爲赫赫有名的僞造專家。可是也就在這個時期，他卻未能免於公眾的譴責和憎恨。他的生活放蕩，因爲他同自己一些最放蕩的朋友飲宴到深更半夜。人們懷疑他淫亂，因爲他有一大群同性戀者和太監作伴。他和猶太國王阿格里巴一世之女貝勒尼斯的關係聲名狼藉，當時甚至有人傳說他許諾同她結婚。人們還懷疑他貪婪，因爲誰都知道他插手審理父親案件，營私舞弊和謀取賄賂。人們不僅認爲，而且公開宣稱提圖斯是第二個尼祿。他被人們認爲生性殘暴。在充當禁衛軍長官時，他的行爲有點專橫和暴虐。

反映羅馬人俘獲外族人的浮雕。

如果有人引起他的懷疑，他就秘密地派遣衛隊到劇院或者兵營，要求大家懲罰此人，然後立即把他殺掉，好像這是在場者一致要求的。當他破獲前執政官奧路斯·凱奇那準備向士兵發表不利於皇帝的手稿時，提圖斯就邀請他前來參加宴會，可是當他剛剛離開餐廳時，提圖斯就下令派人把他刺死。對待政敵，其心狠手辣可見一斑。可是當人們對提圖斯上臺充滿懷疑乃至恐懼的時候，他卻透過自己的所作所爲，充分展示了自己崇高的美德。即位以後，他立即把貝勒尼斯送出羅馬，雖然他們倆人都不情願。儘管他最喜愛的情人中有一些舞藝高超的舞女，不久她們都成了舞臺明星，但是他不僅放棄了對她們的綿綿情思，而且絕對不到公共劇場觀看她們的表演。他沒有向任何公民勒索過任何東西。像其他人一樣，他非常尊重別人的財產，甚至不接受正當的捐資。

提圖斯還充分展示了自己善良的本性。對於別人的要求，他一貫堅持不讓任何人大失所望著離開。當他的家人向他進諫，他許諾他回答說，不應該讓任何人在同自己的皇帝交談後掃興而歸。有一次，正在用晚餐，他回想這一整天未給任何人做件好事，於是就喊出了這樣一句令人難忘的話：「朋友們，我失去了一天的光陰！」爲了不錯過愛民的機會，他在自己的浴池洗澡時，有時也讓平民同浴。在他統治期間，出現過一些意外的天災。在坎佩尼亞，維蘇威火山爆發。在羅馬，大火連續燒了三晝夜，同時還發生了前所未有的瘟疫。在這些災難面前，他一方面頒佈敕令安慰人民，另一方面他還拿出自己的錢財進行救濟。他把自己別墅的全部裝飾用於修復建築物和神廟。爲了加快工程進度，他委派了幾名騎士級的官員。爲了解除瘟疫和疾病作鬥爭，

他採用了占卜和醫療等各種手段，找遍了所有祭祀方法和一切良藥。可以說，面對災難，他不僅表現出皇帝的焦慮，而且還表現出蓋世無雙的父愛。

提圖斯還表現出前所未有的寬容和忍耐。爲了使自己的雙手潔淨，他宣佈接受大祭司的職務。他實現了自己的諾言，從此以後，他再未下令判決任何人死亡的命令。當兩名貴族青年被揭發有謀取王位的企圖後，提圖斯沒有懲罰他們，只是警告他們放棄這種企圖。他說皇權是命運賜給的。他答應如果他們要求別的東西，他將情願相讓。他的弟弟從來沒有停止過暗算他，甚至公開煽動軍隊暴動，並打算逃到他們那裏去。但是提圖斯不僅沒有殺死和流放他，反而堅持讓他享有從前的榮譽地位，像統治初期那樣，繼續宣稱他是自己的同僚和繼承人。有時提圖斯還私下揮淚懇求他的弟弟可否願意像從前那樣同他相親相愛。

西元81年9月13日，提圖斯死於父親病故的別墅裏。噩耗傳開後，萬民悲悼。元老們不待訃告，就聚集到元老院的議事廳。此時廳門還緊閉著，等到大門打開了他們抒發對死者的感激之情，對他進行百般的頌揚。這種情形在提圖斯活著的時候從未有過。提圖斯是最幸運的羅馬皇帝，因爲他年輕時以殘忍出名，後又以生活散漫而汙損了名聲，即位後，他沒有讓萬能的權力迷倒他，反而改良了他的道德，使他和他的政府成爲智慧與榮耀的模範。更幸運的是，他當政不久就病故，時間沒有給他濫用權力和放縱欲望的機會，他留在人們心裡的記憶永遠是他的慷慨、慈愛和寬容。

25 圖密善僅僅是個暴君嗎

　　西元96年9月18日，羅馬帝國的宮廷發生了一場蓄謀已久的政變，兩名禁衛軍長官、幾個宮廷侍衛和皇后圖密提亞‧倫吉亞一起結束了一位暴君的生命。對於這位暴君的死，元老院歡欣鼓舞，而軍隊則深感惋惜。這位暴君不是別人，正是那位譽滿天下的提圖斯的弟弟圖密善（51～96）。

　　就圖密善的許多作為來講，他確實是一個不折不扣的暴君。他處死了啞劇演員帕里斯的徒弟，聲稱這個尚未成年、仍在生病的孩子的演技和相貌看起來像老師。他殺死了塔爾蘇斯的赫爾莫根尼斯，認為他在自己的《歷史》一書中含沙射影，同時還把抄寫這部史書的奴隸釘死在十字架上。一個羅馬公民說色雷斯格鬥者同姆爾米洛勢均力敵，可是贏不了比賽的主持人，譏諷圖密善偏愛格鬥者姆爾米洛，於是圖密善命人把他從看臺上拖下來扔到賽場去餵狗，他的脖子上掛著這樣一個牌子：「小盾劍客，胡言亂語！」

　　他處死了許多元老，其中有許多元老還是前執政官。這些人被處死因為懷疑他們在陰謀造反，而另外一些人被處死則因為區區小事。他處死了梅提烏斯‧龐普西阿努斯，因為流傳他有皇帝的星象圖和一張羊皮紙世界地圖，身上帶著從提圖斯‧李維著作中摘錄的國王和將軍的演說。他殺死了不列顛總督撒路斯提烏斯‧魯庫路斯，原因是他允許人們把一些新式長矛稱作「魯庫路斯長矛」。他殺死了小赫爾維狄烏斯，因猜疑他編的一場滑稽戲中

借助帕裏斯和奧埃諾尼兩名主人翁嘲諷皇帝同自己的妻子離婚。他的一名堂兄弟弗拉維烏斯・撒比努斯也有同樣的下場，因為在執政官選舉日，公告人在向人民公佈結果時無意中把當選執政官說成了當選皇帝。

　　他對自己的和最後之日、最後的時辰與死亡的方式都做過預測。有一次，他的父親韋斯巴薌甚至在午宴上當眾嘲笑他戒食蘑菇，說他不瞭解自己的命運，什麼都怕，就是不怕寶劍。因此他總是提心吊膽，甚至小小可疑的現象都使他驚恐萬狀。他通常在長廊中散步，廊壁上鑲上了閃光照人的月長石，以便根據反射的影像看到身後發生的一切。他對大多數囚犯的審判都是秘密和單獨進行的，而且一定要把他們的鎖鏈握在自己手裏。他常說皇帝的命運是最不幸的，因為除非他們已經被殺死，不然，即使他們是陰謀者，人們也不會相信是真的。因此為了追查隱藏的陰謀者，保護自己的安全，圖密善採用了一種新的審問方法拷打許多敵對分子，像是火燒他們的生殖器，砍斷一些人的雙手。為了使人們的耐性受到更加痛苦的折磨，他在宣佈殘酷的死刑之前首先要表白自己的仁慈，因此他的開場白所宣稱的仁慈不是真的，而是殘酷死刑的信號。

　　圖密善過分好色，他稱自己的頻頻性交是床上格鬥，彷彿這是一種身體鍛煉。據說，他親自給自己的情婦拔毛，並和娼妓一起游泳。當他的哥哥提圖斯把仍為處女的女兒許配給他時，他因正與多密提婭私通而拒絕。但是當她嫁給別人後，他又百般地勾引她。後來她的父親和丈夫雙雙去世，圖密善對她的愛更加強烈，不再是偷偷摸摸。他強迫她打掉肚中的胎兒，沒想到卻造成了她的死亡。

如果公正而論，圖密善雖是一個暴君，但他作爲暴君的所作所爲主要在他統治的後期，而在他統治的前期，他還是有許多值得稱道的作爲。他對社會習慣進行了大量革新，如取消食品分配，恢復正常的宴會；禁止演員出現在公共舞臺上，但是允許在私人家中表演他們的技藝；嚴禁閹割男性；爲防止糧食匱乏，他頒佈敕令，在義大利不許任何人擴大葡萄園的種植面積，在行省葡萄園也要縮減，最多只能保留一半。他對司法的管理，煞費苦心。他常常在市中心廣場舉行特別審判，撤消百人法庭徇私情的判決。他將貪污受賄的法官連同參與審理審判人員全部革職。他倡導平民官指控貪贓枉法的營造官，並請求元老院指定該案的法官。致使他們表現出前所未有的廉潔和公正。對待周圍所有的親友他都特別寬宏大量，他常常勸說他們不要幹卑鄙的勾當。在給老兵分配土地後，他把剩餘的零星的土地分給從前的土地使用者。他禁止爲皇帝私人金庫牟利而進行誣陷，並對誣陷者課以重罰，他有一句很流行的話：「一個不懲治誣告者的皇帝必然爲虎作倀。」

　　令人遺憾的是，圖密善並沒有始終不渝地保持這種仁慈、廉潔和勤懇，他在統治後期逐漸變成了暴君，成爲人們恐懼和仇恨的對象，最後終於被自己的親密朋友殺死，甚至連他自己的妻子也參加了那場陰謀。對於圖密善的悲劇性的結局，人們說法不一。有人認爲，他之所以成爲暴君，主要與他早年的經歷有很大關係。據說，他的童年和少年時代是在十分貧窮和不名譽中度過的，家中連一件金銀食具都沒有。可以說，貧窮使他貪婪，恐懼使他殘酷。因此在帝國的管理上，他表現出前後不一，善行與惡行雜而有之，但是最後他把善行也變成了惡行，成爲一個十足的

暴君。

　　有的人認爲與他個人的修養有關。當大火燒毀了圖書館以後，他不惜花費鉅資進行恢復，到處蒐集抄本，派人到亞歷山大里亞去抄錄、校對。但是他從不費心去熟悉一下歷史或詩歌，甚或優美的文風。除提比留皇帝的備忘錄和議事錄外，他不談任何東西。他起草書信、演說辭和敕令，全部靠別人代筆。讓這樣一位沒有教養的人治理國家，其混亂程度可想而知。也有的人認爲，圖密善本身就不具備健康的心理。他年輕時長得非常端正，後來由於禿頭、隆起的肚子和生病造成的細腿，他變醜了。他對自己的禿頭是那樣的不悅，以致如果有人開禿頭玩笑或嘲弄，他都會認爲是對自己的羞辱。因少年時代就養成的恐懼心理，使他對各種事情都疑神疑鬼。這種不健全的心理，很難使他那寬容、善良和廉潔的本性保持長久。

基督教是與佛教、回教並稱世界三大宗教之一。它於西元1世紀中葉至2世紀中葉形成於羅馬帝國東部，原為猶太教的一個支派，因崇奉救世主耶穌而與正統猶太教分裂，後與希臘文化結合，在羅馬帝國流傳，西元4世紀末成為羅馬帝國國教。在基督教的發展過程中，有

君士坦丁大帝是第一位信奉基督教的羅馬皇帝。

一個人居功厥偉，他就是第一位信奉基督教的羅馬帝國皇帝——君士坦丁大帝。

君士坦丁早年在羅馬皇帝戴克里先的宮廷中長大，後以軍官的身分參加了征伐多瑙河下游地區的戰鬥。西元305年，他與父親君士坦提烏斯一同渡海出征不列顛，在不列顛北部大戰一場。西元306年，君士坦提烏斯在約克去世，君士坦丁隨即被軍隊擁立為帝。西元312年，他入侵義大利，在一次閃電式攻擊中在羅馬附近的米爾維亞橋打敗了羅馬皇帝馬克森提。然後他與已經成為東羅馬帝國皇帝的李錫尼結成聯盟。西元316年，君士坦丁奪取了李錫尼在巴爾幹半島的領地，並在西元324年在亞得里諾普和克里索普利斯大敗李錫尼。從此，君士坦丁成為羅馬帝國的惟一皇帝。西元330年，他遷都拜占庭，更名君士坦丁堡。

羅馬人的宗教信仰具有自己的特點。在共和時代的羅馬，源

於原始社會的一些信仰與從周圍文化較高的民族，特別是從伊特拉斯坎人以及希臘人那裏繼承的神祇和宗教習俗，並逐漸融合。羅馬人有多得不可勝數的神，而且不斷吸收外來的神，其中最重要的就是丘比特。羅馬的主要神祇逐漸與希臘的奧林匹斯的主要神祇融為一體。每個家庭都有專門祭祀神靈的地方，都有自己的保護神。每項政治或軍事活動，都需要事先通過占卜瞭解神意。羅馬宗教顯著特點是它的形式主義，只要求嚴格按照固定程序行事，遵守各項禁忌，而不管真正的信仰如何。從屋大維時起，利用對皇帝守護神的崇拜以加強皇權成了傳統的政策。但是基督教誕生以後，它在政治、經濟和文化中的影響越來越大，終於在君士坦丁時代成為用來加強專制統治的工具。

據研究，君士坦丁是在母親教育下信服基督教的，而使他對基督教信服不移的原因則是在基督十字的旗幟下常獲得勝利。但是基督教對於君士坦丁而言，只是一種使羅馬帝國安定、統一和有規律的工具。因為他對基督教條理不紊的秩序與道德行為，在祭奠儀式中不殺生的現象，對神職人員的尊敬，無怨地接受生活中的各種不平等，以及盼望來世的歡樂等均有深刻的印象。他已經覺得這個新的宗教可以淨化羅馬的道德，革新婚姻與家庭制度，並減低人們對戰爭的狂熱。尤其是基督徒們即使受到痛苦的壓迫，也極少反抗國家；他們的教師教導他們要順服上位的掌權者，並告訴他們什麼是君權神授。這正好與君士坦丁期望專制君主制度的思想不謀而合。

但是在異教徒仍佔優勢的情況下，君士坦丁必須小心行事。在他掌權的早期，在傳統的祭拜中要求祭司長作的儀式，他都一一照辦。他重修異教的廟宇，並令各地贊助修建。在落成君士坦

丁堡時，異教和基督教的儀式他都採用。他還用異教徒的秘方來保護收成或治療疾病。當他權力更加穩固時，他便公開支援基督教，並採取了一系列措施。他將國內錢幣上異教徒的雕像逐個去掉，只留下無關宗教的刻字。在成文法上，他給予主教們一種權力，使他們可以在自己的教區內作審判工作；制定法律豁免教會不動產的捐稅，使基督教協會成爲一種審判團體，可以擁有自己的土地，接受遺產，並將殉道者留下的遺產全數交給教會。君士坦丁捐錢給需要錢的團體，在君士坦丁堡和其他地方興建教堂。他禁止在新首都敬拜偶像，否認他所頒佈的容許異教存在《米蘭敕令》，禁止異端宗派的集會，並下令毀壞他們的會堂。君士坦丁還給兒子接受正統的基督徒教育，經常資助他母親教會裏的慈善事業。在他的支援下，帝國境內的所有基督徒聚集在一起，爲他們神的得勝而感激涕零。

不過，在君士坦丁皈依基督教後不久，教會中就因對教義認識的歧義而發生了分裂，使基督教會在得勝的當時，就有毀滅的危險。他於是召集所有的主教在尼西亞城聚會，並擔負他們所需的費用。會議由君士坦丁主持，他首先以一篇簡短的講詞呼籲主教們恢復教會的團結，然後耐心地聆聽三百一十八位主教的辯論，最後自己也加入了辯論。在他的努力下，會議取得圓滿的成功，簽署一項決議，爲了今後教會的組織力與生存，需要一個固定性的教義，最後他們達成協定，在基本信仰上一致。君士坦丁的努力使基督教暫時避免了分裂，使一種根植於新宗教的新文明，從將枯竭的文化與瀕臨破產的教條廢墟中興起，歐洲開始步入中世紀。

西元337年，在復活節上君士坦丁慶祝他在位三十年。後

來，他感到死神將至，就請一位牧師為他作受洗禮。他有意延遲到現在才受洗，是希望借此洗盡他一生的罪汙。然後這位疲憊不堪的君王脫去皇室的紫袍，換上基督信徒所穿的白色長衣，然後安詳地去世。君士坦丁不愧是帝國裡最有毅力的傳教士，他全力消除異端邪說，在各種事情上詢問上帝。他以一個新的宗教、富有活力的組織、純淨的道德律使這個古老帝國重獲新生。也正是由於他的推波助瀾，基督教才在後來成為羅馬帝國的國教，並且歷經14個世紀成為歐洲生活與思想的主流。所以從這個意義上，稱君士坦丁為第一位信奉基督教的羅馬皇帝並非過譽。

第2章

中世紀歷史名人懸案

當查理大帝締造了無以倫比的強大帝國時；當十字軍東征一次次地掀起漫天血霧時；當義大利人馬可・波羅把東方的神奇傳遍歐洲大陸時；當聖女貞德被活活燒死時……戰爭令我們對這段時光望而怯步，硝煙使我們對這裏的一切無限迷茫。我們無法不對遠去的英魂備感痛惜，無法不對千年的謎案充滿了好奇：美貌如花的狄奧多拉皇后爲何背負著娼妓的僞名？還有那流芳百世的《十日談》，是如何在「小火焰」的嫵媚中「浴火誕生」……

1　查士丁尼一世的性格之謎

查士丁尼一世出生於托萊索的農民家庭。他早年情況不詳，僅知道他去過君士坦丁堡，投奔充當高級將領的叔父查士丁，在那裏受到良好的教育。西元518年，查士丁做了皇帝，因年邁無嗣收查士丁尼

在這幅教堂的馬賽克畫中，查士丁尼和君士坦丁都被畫在聖母馬利亞的旁邊。

為養子，並授予要職。西元525年，查士丁尼獲得「凱撒」稱號，並於西元527年4月與叔父共同執政，稱為「奧古斯都」。西元527年8月，查士丁去世，他成為惟一的君主，從此開始在拜占庭帝國的舞臺上展示他鮮明的個性和過人的才能。

查士丁尼在軍中是個傑出的軍官，擔任查士丁的副官達九年之久。即位以後，他為確定主要政治目標，收復西部領土，建立一個世界性的帝國：這個國家受專制帝王的統治，以基督教「信奉惟一的真正上帝」的教義把全國人民聯合起來。為此，他常常徹夜不眠，或思索侵略計劃，或審閱文件，或徘徊宮中，費盡心機，幾乎到了發狂的地步，以致當時有人驚呼查士丁尼不是人，而是個惡魔。他即位時，拜占庭大軍正在幼發拉底河畔與波斯軍隊激戰。經過幾次交鋒，以貝利薩留為首的幾員拜占庭大將取得重大的勝利。西元532年，雙方達成永久性的和平協定，波斯承認拜占庭對拉齊卡地區的宗主權。西元540年，戰爭再起，波斯國王

霍斯羅夫一世的軍隊進佔美索不達米亞、敘利亞北部和拜占庭的亞美尼亞省，掠奪包括安條克在內的各大城市。西元541年，波斯又從北方侵入拉齊卡地區。於是查士丁尼再次任命貝利薩留指揮東方戰場，進行一系列反擊，直到西元561年底才簽訂爲期五十年的和約，拜占庭同意每年付給波斯三萬索利迪（金幣），而波斯放棄對拉齊卡這一基督小國的一切主權要求。

查士丁尼就這樣保全了東方諸省的完整。爲了收復西方失地，他不顧群臣的反對，於西元533年6月發動北非戰役，並在翌年3月佔領了整個汪達爾王國，使北非重新成爲帝國的一部分。同時，薩丁、科西嘉等地也納入了帝國的版圖。在羅馬帝國的發源地義大利，過去一直由東哥德人狄奧多里克統治，由於信奉阿里烏主義而迫害天主教徒，不但造成了哥德人與義大利人之間的相互仇恨，而且有些東哥德人激烈地反抗拜占庭帝國。查士丁尼於是派陸軍進入義大利，但是直到西元562年拜占庭才確立了對整個義大利的統治。查士丁尼以他「惡魔」般的性格終於重建了昔日的羅馬帝國。

古代羅馬的法制學十分發達，經過歷代的發展，到查士丁尼時代，內容已經十分龐雜，要想瞭解這些法律已經是一項相當艱難的任務。歷代皇帝的詔令、法學家的學術著作、古代元老院的決定等等，這些浩如煙海的資料，由於源於各個不同的時期，相互間存在許多矛盾和不協調的地方，因此拜占庭的官吏可以渾水摸魚，拖延訴訟案件的時間，做出不正確的裁判，貪污受賄等等。於是查士丁尼上任伊始，就於西元528年成立了編纂新帝國法規的專門委員會，並於西元529年出版《查士丁尼法典》。西元530年，他又建立了一個整理羅馬法學著述的專門委員會，並於西元

533年出版《學說彙編》，於西元534年重版《查士丁尼法典》，於西元565年頒佈《新律》。查士丁尼通過這項巨大的立法工程，解決了一項任務，就是根據君主專制和基督教密切結合的精神去修改古代羅馬法。同時，查士丁尼通過立法確立了一系列原則，並將這些原則作爲帝國行政機構履行職責的指南，對帝國的統治和社會的安定起了良好的作用。查士丁尼也因此被文藝復興時期研究羅馬法的法學家尊稱爲「法律之父」。

查士丁尼希望義大利社會安定和經濟繁榮，在西元554年頒佈了一項「國事詔書」。他嚴格監察各省總督，並進行一些行政改組。他知人善任，手下有兩個傑出的大臣，一個是來自小亞細亞的卡珀多細亞的約翰，一個是主管財政的敘利亞人——彼得·巴塞摩斯。他有宏大的建築規劃，如重建被地震摧毀的城市，開闢輸水管道，加固防禦工事等等，至今仍有遺跡可尋。此外，他還修建修道院、孤兒院、旅店、大教堂等，其中著名的君士坦丁堡的聖蘇菲亞大教堂堪稱不朽的傑作，至今巍然屹立，令人對拜占庭人的天才歎爲觀止。

查士丁尼還是一個典型的君王神學家。他在王宮裏過著僧侶般的生活：禁食祈禱，熟讀神學書冊，與教授、大主教教皇辯論教義。一個謀叛者曾經這樣說過：「只要有一點點勇氣的人都不適於拒絕謀刺查士丁尼；甚至再沒有勇氣的人也不應該懼怕一個總是三更半夜在無人守衛的休息室裏，津津有味地和的教士們討論基督教經典的人。」

到了晚年，他甚至很少過問朝政，一心研究神學。這就是那個真實的查士丁尼，一個目標遠大的人，一個胸中充溢著羅馬好戰精神的人，一個孜孜不倦於宗教信仰的人，一個渴望帝國繁榮

昌盛的人。也正因爲他是這樣的人，後人摒棄他的那些缺點，仍然稱他爲偉大的統治者。只是由於長期的戰爭，耗盡了國家的經濟和軍事實力，他死後不久，大部分征服地區都已喪失。

在拜占庭時期，性道德和商業道德沒有什麼顯著的區別，有些學者甚至偏激地認為當時幾乎所有的婦女都很墮落。不過大致說來，拜占庭的婦女地位很高，從來沒有法律和風俗讓婦女感到過這麼少的拘束，也從來沒有婦女在政府裏有過這麼大的影響力。拜占庭皇后狄奧多拉（約500～548）就是這種風俗影響下的受益者。

狄奧多拉是查士丁尼一世的皇后。拜占庭最負盛名的歷史學

查士丁尼的皇后狄奧多拉真是一位娼妓嗎？

家普羅科匹厄斯在其《論建築物》一書中，對狄奧多拉的一座雕像曾這樣描述：「這座雕像雖美，卻仍遠遜於皇后之美，因為凡人根本不可能用文字來形容，或以雕像來描繪出她的迷人之處。」然而普羅科皮厄斯卻在他未發表的一本著作中揭發了皇后婚前的醜聞。根據他的記載，狄奧多拉是個馴熊師的女兒，在馬戲團中長大當過演員與妓女，以其猥褻的啞劇風靡了整個君士坦丁堡。她屢次墮胎都很順利，卻

也生下一個私生子。後來她成為利亞城某人的情婦，不幸被他遺棄，於是就在亞歷山大港退隱了一段時間。不久，她在君士坦丁堡以一個誠實的貧婦的身分出現，靠紡羊毛來維持生活。

查士丁尼一世愛上她後，先讓她做情婦，然後娶她為妻最後又立她為皇后。普羅科皮厄斯的著作向來以正確、公正著稱，但是他記載這段的真實性卻被質疑達13個世紀之久，很多人認為這是對狄奧多拉的惡意中傷，屬片面之詞。但是對皇后瞭解很深的以弗所的約翰也曾稱皇后為「娼妓狄奧多拉」。看來皇后早年為娼妓並非純屬捏造。只是當時的其餘的歷史學家很少有人呼應普羅科皮厄斯的指責，許多神學家也僅僅指責皇后狄奧多拉為異端，但並沒有一個人提及她的墮落。他們這種寬宏大量的氣度，說明當時作為一名娼妓算不了什麼，或者換個說法，儘管狄奧多拉起初不是一個標準的淑女而是個娼婦，但是後來她卻以自己的實際行動征服了幾乎所有的人，證明她是一個十足的標準皇后。

在成為查士丁尼的主婦後，狄奧多拉對金錢和權力一樣貪婪，時常顯露出她的蠻橫。她貪睡、沈溺於飲食、喜歡奢侈品和漂亮的珠寶，大部分時間都住在岸邊的皇后宮殿裏。但是查士丁尼卻始終迷戀她，在她干預他的計劃時能夠以哲學家的耐心來忍受，並極溺愛地授予同他一般大的統治權力，在她認真執行她的權力時還無法抱怨。由於狄奧多拉非常聰明，儘管她對外交和教會的政治極為積極，任免教皇和大主教，罷黜自己的敵人，有時甚至撤回丈夫發佈的命令，但是她的這些做法又常常有益於整個國家。尤其是她在西元532年反叛中鎮定自若的表現，足以讓任何人為之側目。

當時，在君士坦丁堡賽馬成風，居民根據自己喜愛的賽馬騎

士所著衣服顏色而分成綠黨和藍黨。這兩派爭執不休，甚至演變到公然動武的地步，使得首都街道極爲不安全，很多有錢人不得不喬裝成窮人，以免夜行時挨刀。政府爲了維持秩序，掃蕩了兩黨，並逮捕了許多首腦人物。藍綠兩黨於是聯合起來反抗政府，一大群元老和不滿的無爲者也加入到反叛行列。他們攻佔監獄，釋放囚犯；殺死市區警察及官員；縱火焚燒聖蘇菲亞教堂與帝國皇宮的一部分，並高呼「勝利」的口號。這支隊伍在勝利高漲之際，要求查士丁尼罷免兩位不受歡迎的顧問，並鼓動元老階層中的人接受王位。這時查士丁尼卻躲在皇宮裏，默想著逃亡的計劃。皇后狄奧多拉卻勸他打消這個念頭，然後派貝利薩留將軍將反叛者全部集中到競技場並屠殺，使拜占庭帝國安然無憂。

作爲一個在政治上頗有作爲的皇后，狄奧多拉不僅在關鍵時刻極爲果敢，對於自己的對手也極爲殘酷。她將敵人關在地牢中、謀殺敵手。反對她的人則可能無緣無故地失蹤。不過她也有慈悲的一面。如對於貝利薩留的妻子通姦一事，她處理的很寬容。她還特地爲從良的妓女蓋了一所漂亮的悔過修道院，有些妓女爲她們自己的作爲感到懊悔，就從窗口跳出，活生生地摔死。她對朋友的婚事有著慈母式的興趣，撮合了好幾對佳偶，有時還以對方答應一樁親事作爲他（她）在王宮裏獲得晉升的條件。她是最早承認婦女權力的統治者之一，她制定過嚴格的法律禁止買賣少女，並修改對婦女有利的離婚法。

狄奧多拉還致力於神學的研究，並與丈夫辯論有關上帝本性的問題。查士丁尼極力想再度聯合東西兩派基督教，他認爲宗教的統一是統一整個帝國不可或缺的要素。但是狄奧多拉卻認爲東派絕對不肯與西派妥協，她判斷的同時，帝國的勢力和資源財富

整個都在亞洲及埃及等富庶地區，而不是在被野蠻主義和征戰摧毀的西方諸省。她緩和了查士丁尼慣常的無耐性，保護異教徒，向教皇制度挑戰，暗中鼓勵東方成立一個獨立的「基督一元論」的教堂。

　　狄奧多拉不愧爲一個敢做敢當的女性。她的這種性格正好與查士丁尼有些優柔寡斷的性格互補，這也是查士丁尼爲什麼始終迷戀她的最主要的原因。這樣的人，即使她從前有過不光彩的經歷，就算做過娼妓，對於她成爲皇后又有什麼妨害呢？更何況她在政治上的表現又可圈可點。再說作爲一國之君的查士丁尼都不以皇后的過去經歷爲忤逆，後人又何必耿耿於懷呢！

查理大帝「加冕」之謎

在法國巴黎盧浮宮無數珍藏中，有一座9世紀製作的青銅塑像。塑像為一騎馬的英雄，只見駿馬左前腿微曲，右後腿略抬，彷彿正緩步而行，而馬上的英雄正身端坐，身材魁梧挺拔，左手捧象徵權威的金球，右手舉象徵力量的寶劍，炯炯有神的雙眼直視前方，透露出莊重威嚴的帝王氣概。

這位英雄就是法蘭克王國最偉大的統治者查理大帝（約742～814）。法蘭克王國是西元

這位英雄就是法蘭克王國史上最偉大的統治者查理大帝。

5世紀末到10世紀末由法蘭克人在西歐建立的封建王國。當羅馬帝國逐漸衰落的時候，定居於萊茵河下游地區的日耳曼人的一支——法蘭克人逐步滲入高盧東北部。西元486年，其首領克洛維擊潰西羅馬在高盧的殘餘勢力，佔領了高盧大部分地區，以巴黎為首都建立了墨洛溫王朝。8世紀前半期，掌握宮廷事務的宮相查理·馬特逐步掌握了王國的權力。西元751年，查理·馬特之子矮子丕平廢墨洛溫王朝國王自立，建立加洛林王朝。丕平重視與羅馬教皇修好，教會勢力也因之加強。

西元768年，丕平之子查理即位，開創了加洛林王朝統治的新局面。查理是位好戰的國王，他把長年累月率軍征戰看做是理所當然的事情。西元774年，他就借羅馬教皇求援之機，攻佔義大利北部的倫巴德王國，自兼倫巴德國王，並進軍羅馬，控制了義大利半島大部分地區。西元772年－804年，查理經過多年戰爭，征服了薩克森和其他中歐地區。西元778年至801年，他與統治伊比利亞半島的阿拉伯人多次交戰，奪得了埃布羅河以北的土地，在半島北部建立了西班牙邊防區。西元788年，他合併巴伐利亞。西元796年，他打敗遊牧部落阿瓦爾人，佔領了多瑙河下游。查理曾抵禦諾曼人的入侵，控制弗裏西亞和不列塔尼，並進攻易北河地區的斯拉夫人部落，迫使其臣服。總之，經過五十多次戰爭，查理使法蘭克王國成為控制西歐大部分地區的大帝國，疆域西臨大西洋，東至易北河及波希尼亞，北達北海，南抵埃布羅河及義大利中部。西元800年，查理在耶誕節被羅馬教皇利奧三世加冕為「羅馬人皇帝」，史稱查理大帝。法蘭克王國遂稱為查理帝國，以亞琛為統治中心。

但是關於查理加冕稱帝這一問題，歷史上卻存在著不同的說法，即有人認為查理根本就沒有想要加冕稱帝。自二十歲起便被查理聘至宮中任職的愛因哈德，在其著作《查理大帝傳》

查理大帝跪在教皇利奧三世面前接受加冕。

中是這樣寫的：查理在羅馬逗留了幾天，教皇利奧三世召集附近地方所有願意前來的人，當著他們的面，也當著無法戰勝查理的全體騎士的面，宣佈查理爲皇帝和羅馬教會的保護人。這時，查理還推測不出將會發生什麼事情，雖然他不能拒絕看來是天命攸歸的東西，但是他在接受新稱號的時候，並沒有感激的表示。因爲他首先認爲希臘人會燃起比以往更加嫉妒的怒火，他們會對法蘭克王國策劃某些危險的行動，至少也會更加警戒，以提防查理爲兼併他們的王國而可能發動的突然進攻。照這樣的話，查理是不願意加冕稱帝的。但是現代許多西方史學家對此表示懷疑。他們認爲查理擁有至高無上的權力，完全能夠控制當時的局勢。如果他不願意，教皇利奧三世也不會做出冒犯他的事情，他們一致認爲查理加冕可能是他身邊那些嚮往帝王夢的宮廷學者慫恿的結果。

但是查理爲什麼不願意稱帝，是不是心中有所顧忌呢？學者們經過研究，普遍認爲查理不願稱帝的最大可能是忌諱教皇利奧三世。利奧三世在西元795年當選爲教皇。教廷內一些貴族反對新教皇，肆意誹謗和攻擊他，說他對法蘭克人軟弱無能。西元799年4月25日，反對的貴族竟然將新教皇逮捕，在監禁中對他進行折磨和虐待，揚言要刺傷其眼睛，割掉其舌頭。於是利奧急忙邀請查理來羅馬，查理立即派使臣去羅馬把他救出來。

西元800年12月，查理親自帶兵護送利奧重定。剛重定的利奧自然對查理感激涕零，視同再生父母，不惜抓住一切機會報答查理。於是在耶誕節那天，當查理及全體騎士來到聖彼得教堂作彌撒，彌撒完畢，尚未站起來，利奧就急忙把事先準備好的一頂金冠戴在查理頭上，並高聲祝賀說：「上帝爲查理皇帝加冕，這

位帶來和平的偉大羅馬皇帝萬壽無疆，永遠勝利！」查理卻有些無動於衷，因爲他知道利奧在報答他的同時，肯定還要攫取更多的權力。但是對查理來說，雖然他是個純粹的基督教徒，但是他並不希望教會對政權的干預，因此他始終保留著「法蘭克及倫巴德國家」的稱號，並親自主持自己兒子的即位儀式。

誠然，無論查理是否願意加冕稱帝，他在實際上已經成爲古羅馬帝國的合法繼承人和基督教世界的保護者，並奠定了教廷和王廷對西歐進行教俗雙重統治的體制。查理也確實沒有辜負他的稱號。他採取了很多措施，促進了當時封建領地制的發展，鞏固了天主教會在西歐政治、經濟和文化中的統治地位。他很重視文化教育，設立學校，羅致歐洲知名學者前往講學，派人搜集和抄寫大量古典文獻，督促貴族和教會人士致力於學習，這些成就被西方史家稱爲「加洛林王朝文藝復興」。遺憾的是，由於境內各地區和各部族之間缺乏經濟和文化上的聯繫，帝國在查理死後不久就告分裂。

　　法國著名啓蒙思想家伏爾泰曾經說過這樣的話：「我想世界上沒有一個人比腓特烈大帝大帝更值得後代的尊敬。」腓特烈大帝大帝（849～899）是何許人也，竟然讓伏爾泰如此褒揚？

　　腓特烈大帝是英格蘭撒克遜人的韋塞克斯王國的國王（871～899在位）。說起撒克遜人建立的這個韋塞克斯王國，我們有必要追溯一下歷史。在羅馬帝國時代，不列顛僅僅是它的一個行省。西元407年，羅馬駐軍被迫全部撤離不列顛，從而結束了對該地的統治。羅馬人撤離不久，居住在易北河口附近和丹麥南部的盎格魯——撒克遜人以及來自萊茵河下游等日耳曼部落，從5世紀中葉起陸續侵入不列顛。到了7世紀初，這些入侵者先後建立起7個強國：東部和東北部盎格魯人的麥西亞、諾森伯利亞和東盎格利亞，南部撒克遜人的韋塞克斯、埃塞克斯和蘇塞克斯，東南部朱特人的肯特。這個時期史稱「七國時代」。從8世紀末開始，以丹麥人爲主體的斯堪地納維亞人屢屢入侵英國。爲抗擊丹麥人，韋克塞斯王國的國王埃格伯特（約802～839在位）於西元827年統一七國，建立了統一的英格蘭王國。

　　作爲韋塞克斯王國的一位王子，腓特烈大帝根本就沒有繼承王位的可能性，因爲他有四個哥哥。他自己也說，他從來就沒有期望得到王權。西元868年，年方十九歲的腓特烈大帝參軍，跟隨其兄艾特爾雷德一世前去協助麥西亞的伯格雷德抗擊在東英格蘭登陸的丹麥大軍。西元871年，丹麥人入侵韋塞克斯，艾特爾雷德

和腓特烈大帝同他們在阿士登交戰，獲得勝利。但是在墨爾登交戰中，他們卻敗下陣來，艾特爾雷德慘遭致命之傷。年僅二十二歲的腓特烈大帝因此登上了王位。對於這位年輕的國王，人們並不寄予厚望。因爲他患有癲癇症，曾在他的婚宴席上一度發作。實際上，他是一個英俊瀟灑、精力充沛的人，智慧和武藝都在其兄艾特爾雷德一世之上。登基一個月後，他親自率領小規模的軍隊在威爾頓與丹麥人交鋒，沒想到一戰即潰。爲了保住王位，他不得不策略地用錢向敵軍購買和平。

西元876年，丹麥人可能覺得韋克塞斯王國似乎軟弱可欺，再次向這個王國進軍。腓特烈大帝秘密組織一支軍隊，在埃丁頓戰役中打敗丹麥人，並因此獲得了休戰的機會。西元885年，丹麥軍隊又入侵肯特，腓特烈大帝將其擊退。西元886年，他進佔倫敦，一切不接受丹麥人統治的英格蘭人都擁戴他爲國王。西元892年，一隻丹麥軍隊由歐洲大陸進攻英格蘭，他予以迎頭痛擊。西元896年，丹麥軍隊被迫停戰，將自己約束在英格蘭東北部所謂的」丹麥區內。丹麥人之所以偃旗息鼓，是因爲腓特烈大帝在交戰期間採取的防禦措施，他加固舊有的要塞，在戰略要地修建新的堡壘，使丹麥人難以有大的作爲。在抗擊丹麥人的過程中，腓特烈大帝還致力於復興及統治之道。他重組陸軍並且建立海軍。

早在西元875年，他整編軍隊使用兵船抗擊入侵者。後來他又下令建造更大的軍艦。他制定在自己統治區內通用的法律，改革法制，給予貧民以法律的保證。他興建或修建各城鎮，用木材和石頭建築王室的廳堂，來滿足日益增長的公職人員的需要。他還把每年收入的八分之一用於救濟貧民。在外交方面，他的手腕很靈活，他同麥西亞和威爾斯保持著友好的關係，威爾斯還曾於

西元893年向他提供了一些軍隊。

腓特烈大帝曾被稱為目不識丁，或不諳拉丁文的人，可以說他所受的文化教育有限。丹麥人在入侵過程中，不列顛的許多學院、圖書館慘遭洗劫，使文教不興。為了振興教育，他將每年收入的八分之一用於教育。他在首府裡丁設立一所宮廷學校，給予教堂和修道院的教育及宗教工作者大量補助。他哀傷地回憶起童年時期教堂矗立，裏

古代的英格蘭騎兵。

面充滿了寶藏和書籍，沒想到都被丹麥人燒毀掠走了，以至於英格蘭的教育頹敗不堪，難得有人看懂英文寫的禮函，更不用說翻譯成拉丁文了。於是他從海外敦請學者，來到國內教導百姓和他自己。他遺憾過去沒有閒暇時間讀書，但是現在只能像個僧侶一樣強迫自己埋首於宗教和學術研究。

由於戰事頻仍，他感到閱讀仍然是件很困難的事情，於是他就日以繼夜地命令手下念給他聽。發現本土語言的重要性與日俱增，於是他命人將某些基本的典籍譯成英文，他個人自修拉丁文，然後辛苦造詣地將波伊提烏的《哲學的慰藉》、格雷戈里的《牧場管理》、奧羅修斯的《世界歷史》以及彼得的《英格蘭教會史》等拉丁文著作翻譯成英文。他重視民間文學，親自搜集民歌，教給他的子女，並參與宮廷中遊吟詩人行列來唱這些歌。

腓特烈大帝雖稱大帝，但他統治的疆域在於歐洲大陸之外，而且面積不大，這樣使他的影響僅限於一隅之地，因此我們很難

將他與歷史上的一些偉人相提並論。但是他以自己的虔誠、謙遜耿直、克己節制、耐性、禮貌和對人民的獻身以及爲促進教育事業復興的熱忱，爲自己的國家樹立了一個很好的典範，提供了前所未有的發展力量。從這個意義上講，就像伏爾泰說的那樣，他更值得後人尊敬。

西元1096年至1291年，西歐天主教會、世俗封建主和義大利富商對地中海東岸國家發動了長達近二百年的戰爭。由於侵略者身綴十字標記，這場戰爭故稱十字軍東征。在這場戰爭中，所有中古式的發展、基督教世界及商業的擴張、宗教信仰的狂熱和封建勢力及武士精神都達到了頂點。而教皇烏爾班二世（約1035～1099）在發動這場曠日持久的戰爭中起了重要作用。

烏爾班二世爲法蘭西籍教皇（1088～1099在位），原名奧多。他繼承前幾代教皇特別是格列高利七世的事業，而整頓教會。當時是發生深刻歷史變革的時代，也是教會經歷危機和變革並調整對世俗權威關係的時代。烏爾班對教廷、教會和基督教社會的改革提出更加明確的概念，進一步予以充實，並使之爲歐洲廣大地區所接受。他認爲當務之急是鞏固自身地位，在基督教世界樹立作爲合法教皇的權

羅馬教皇烏爾班二世在動員發動十字軍東征。

威。他舉止溫和，容忍他人，努力維護傳統的教會與國家關係，同時進行整頓。

西元1095年以後，是烏爾班的全盛時期，重要會議逐次舉行：西元1095年，他在義大利境內皮亞琴查舉行的會議上通過了關於整頓教會的法規；西元1098年，他在義大利巴裏召開的會議上力爭希臘基督教會和羅馬教會重新聯合；西元1099年，他在羅馬會議上通過了關於整頓教會的新法規。當然對後世產生重大影響的是西元1095年克萊蒙的會議上，他所提出關於發動第一次十字軍東征的號召。

烏爾班發動第一次十字軍東征實際上有很深刻的宗教原因。西元476年西羅馬帝國滅亡前後，羅馬主教逐漸成為歐洲西部教會領袖，繼而取得政治權力。西元5世紀末至10世紀末，在歐洲封建化的進程中，基督教主要依靠統治王朝的法令傳播到歐洲大部分國家，教會及修道院成為最大的封建領主，是歐洲封建社會的主要支柱；基督教壟斷文化教育事業，把政治、法律、哲學和道德都置於神學的保護之下。西元1070年，土耳其人從法提馬王朝手中佔據了耶路撒冷。以前基督教徒可以自由接近聖地，到巴勒斯坦朝聖早已成為他們虔誠和贖罪的一種方式。自此以後，朝聖者開始帶回有關被壓迫和土耳其人褻瀆神明的消息。

烏爾班二世帶頭發動十字軍東征的另一個原因是拜占庭帝國日益衰弱。自西元7世紀以來，拜占庭帝國位在歐亞兩大洲的交匯處，抵擋了亞洲的武力和大草原遊牧民族的侵擾。但是西元11世紀時，拜占庭帝國經歷了一個紛爭時期。小亞細亞大部分被塞爾柱突厥人佔據後，國力更加衰弱。西元1071年，拜占庭軍隊在曼齊克特戰役中幾乎被突厥人消滅，皇帝羅曼努斯四世被塞爾柱人

俘虜。亞歷克塞一世曾以屈辱的和平條款收回了部分小亞細亞，但是他已無軍事力量抵抗再來的攻擊。如果君士坦丁堡失陷，整個東歐將暴露在土耳其之下。亞歷克塞一世暫時收起了信仰上的驕傲，派遣代表向教皇烏爾班二世求助，要求拉丁歐洲能夠幫助他將土耳其人趕走。他爭辯道，與這些異教徒在亞細亞地區作戰，比等他們通過巴爾幹半島而至西方各都城會更明智得多。

十字軍東征的第三個原因是：11世紀的西歐，城市普徧興起，東方商品已經輸入市場，人口迅速增長，已經分割的封建領地收入不能滿足封建主日益增長的需求和享受欲望。在長子繼承制下，失去領地繼承權的封建主，除領受神職、享受教產收入外，大多缺少土地，成為冒險、專肆劫掠戰爭的騎士階層。大小封建主以比較富庶的東方作為掠奪土地和財富的對象，是十字軍東侵的主要經濟原因。此外，在義大利威尼斯、熱那亞、比薩等城市的商業活動中，經營東方商品的仲介貿易逐漸占據重要地位。這些城市的商人企圖排擠貿易上的勁敵像是阿拉伯和拜占庭商人，透過十字軍東侵在地中海建立商業據點，進而攫取商業控制權。

正是出於上述原因，烏爾班二世號召所有的基督

烏爾班二世

教徒全力支援十字軍東征。西元1096年，第一次十字軍東征開始。其主要力量來自法國南部和中部、諾曼第和諾曼西西里的騎士，共約二點五萬至三萬人。他們跨越巴爾幹半島，在君士坦丁堡集合。經過三年的艱苦戰鬥，他們在西元1099年夏攻克了耶路撒冷。此時，歐洲一片歡騰，有些人回到家鄉，受到英雄般的歡迎。有些人留在敘利亞安享征戰的果實。遺憾的是，烏爾班二世企圖透過十字軍東征來統一教會的夢想卻沒有實現。第一次十字軍東征後，西歐國家又先後組織了七次十字軍東征，最後以十字軍的失敗而告終。十字軍東侵給西亞、埃及和拜占庭人民帶來了災難，嚴重地阻礙了這地區社會經濟的發展，而西歐封建主向東方擴張的目的最後也落空了。西歐的人力、物力大量消耗，十字軍稅和其他雜稅加重了人民的負擔。天主教會和教皇的權力也在這場十字軍東征中走向衰落。這大概是烏爾班二世這個始作俑者所始料不及的。

紫式部是《源氏物語》的作者嗎

《源氏物語》全書共五十四回，近一百萬字。日本源學家認為它約撰於1001至1008年之間。全書以桐壺天皇的庶子光源氏為中心，敘述了他祖孫三代歷時七十年盛衰的事蹟。故事中出場的人物有四百餘人，其中給讀者留下鮮明印象的有二、三十人。人物以上層貴族為主，也有下層貴族，乃至宮妃侍女、平民百姓。作者對其中大多數人物是比較熟悉的，對他們的生活背景描寫得細緻入微，對人物的個性差別和形象都表現得栩栩如生，具有很強的藝術感。

《源氏物語》在結構上也很有特色。前半部四十四回以光源氏為主人公，後半部十回以薰君為主人公，敘述了複雜的人物糾葛和紛雜的事件。可以說《源氏物語》既是一部完整的長篇巨著，也可以分成相對獨立的故事。

《源氏物語》在題材方面，頗似中國唐代的變文、傳奇，宋代的話本，它採取散文與韻文結合的形式，以散文為主，織入了八百首和歌，使歌文融為一體。作者是一個對中國文學有相當研究的學者，書中廣泛地運用了漢詩文，引用白居易的詩句就達一百零六處。書中還大量引用《禮記》、《戰國策》、《史記》、《漢書》等中國古籍中的史實和典故，並把它們恰當地編排在故事情節之中，使整個作品在敘述日本宮廷生活的同時，還散發出濃郁的中國古典文學的氣息。

這樣一部文學巨著究竟出於何人之手，在日本學界眾說紛

紜。一說前四十四回是年輕女作家紫式部所作，後十部由其女兒賢子續補；另一說是紫式部的父親創作大綱，由紫式部協助完成；還有一種說法認為整部書成於紫式部之前，紫式部只是完成了修訂工作。她在父親的教育下，學習漢詩和中國先秦、唐宋文學，對白居易的詩歌研究精深。有一次，紫式部的父親叫兒子背誦司馬遷的《史記》，還未等哥哥背完，紫式部就已經在一旁滔滔不絕地背起來，她的父親很驚訝，感歎道：「可惜你沒能生為男孩，若是一個男孩就好了！」父親的一番話並沒有影響紫式部的發展，相反地紫式部長大以後，在文學上涉獵的範圍更廣了，對音律、佛經也有了很高的造詣，她的思想受儒學和佛學的影響很深，這些也都直接影響到她的文學創作。

二十二歲那年，紫式部與曾任地方官的中等貴族藤原宣孝結婚，藤原氏比她年長二十六歲。當時日本盛行一夫多妻制，紫式部與藤原氏結婚時，藤原氏已經有三個妻子，作為後妻的紫式部在家中根本沒有地位，因而她的婚姻生活是不愉快的。更為不幸的是，紫式部在婚後兩年多丈夫就去世了。做為小妻，紫式部無權繼承丈夫的遺產，她只好帶著女兒賢子，靠父兄微薄的接濟，過著淒苦的孀居生活。對不幸婚姻的親身體驗，使紫式部懂得一夫多妻制下貴族婦女的痛苦，這種對當時貴族婦女的同情反映在《源氏物語》中。

《源氏物語》是一部反映宮廷生活的長篇小說，有人認為紫式部根本沒有機會去體驗宮廷生活，也無從蒐集那眾多的素材。但是如果進一步瞭解紫式部的生活經歷，這種懷疑就會被化解。紫式部的博學和為人，在年輕時就很有名，大貴族藤原道長為了把自己的女兒彰子培養成一個有文化修養的大家閨秀，曾專門邀

《源氏物語》的插圖。

請紫式部陪伴女兒彰子。後來彰子成爲一條天皇的皇后，紫式部自丈夫去世後，也被彰子召進宮中，擔任她的侍從女官。她給彰子講解《白氏文集》（即白居易的詩文集《長慶集》）和歷史著作《日本書記》。她的才華受到天皇和彰子的賞識。由於與彰子皇后的經常接觸，紫式部逐漸熟悉了宮廷中的生活，並認識到宮廷的種種黑幕，看到了形形色色的人爲權力而奔波的舉止，這些都成爲《源氏物語》極好的素材。所以無論從紫式部的學識、生活經歷，還是《源氏物語》的內容及寫作方法上，都完全有理由相信正是這位偉大的女作家，爲日本、全世界留下了一份寶貴的文化遺產——《源氏物語》。

方濟各誕生於義大利翁布利亞地方的阿西西，自幼就沐浴在明媚的風光中。他並未受過正式的教育，只是從父母那裏學習了義大利文和法文，從教區神父那裏學得拉丁文，隨即輔佐他父親的事業。他是城中最富有的青年，眾人慷慨大方，終日與一群酒肉朋友為伍，吃喝玩樂，哼著抒情詩人的歌曲。對於他這種入不敷出、揮霍無度的表

《聖經》是基督教的經典著作。

現，他的父親十分失望。不僅如此，方濟各還十分不安分。

西元1202年，他參加了阿西西攻打佩魯賈的軍隊時不幸被俘，在囚牢中度過了沈思默想的一年。西元1204年，飽嘗鐵窗生涯的他又毅然加入教皇英諾森三世發動的十字軍東征，沒想到中途生病發燒。在床上靜臥時，他彷彿聽到了某種聲音的告誡：不要背棄神而行事，回到你的老家等待神的指示。於是他立即脫離戎馬生涯，回到了阿西西。1207年，在阿西西附近的一所教堂內祈禱時，他感覺基督自聖壇上方對他說話，願意他將自己的生命和靈魂獻上做為祭物。後來，他來到聖多米安教堂，自製一套隱士的道袍，沿門托缽度日，走上了獻身基督的道路。

西元1207年春天，方濟各不顧一切冷嘲熱諷，毅然站在阿西

西與鄰近村鎮的廣場上，公然傳播耶穌救世及安貧樂道的福音。由於不齒世人的寡廉鮮恥，一味追求財富，並震驚於某些教士奢侈浮華的生活，他把金錢視作惡魔把它們分給窮人。儘管多數人認為他是基督傻子，但是仍有十二位信徒自願依從他的教義，實踐他的生活方式。於是他們師徒十三人身著褐色袍子，自己搭建小屋。他們一反舊日修道僧孤立隔絕的作風，身無分文、赤足四處傳播福音。有時他們數月不歸，常常隨便借宿於馬廄、麻瘋病院或教堂屋簷下。當他們歸來時，方濟各必定為他們洗濯雙足，並奉上食物充饑。方濟各與他的信徒們自稱「傳教士兄弟」，彼此服侍，辛勤地工作，閒懶者沒有立足之處。傳道時，他們不僅以演講的方式進行，而且輔以歌曲。

新教團的成立，需要教皇的認定和許可。西元1209年，方濟各率領十二位兄弟前往羅馬，條陳他們的清規，請求教皇英諾森三世批准。教皇仁慈地垂詢他們，希望等待他日證明清規能夠切實實行時，方才正式予以承認。由於方濟各一再堅持，教皇終於讓步。他們正式取得僧職納入教會神職系統中，並從阿西西附近蘇巴西奧山的聖·本篤教團中，接收天使聖瑪麗亞教堂。修會正式成立後，方濟各更加辛苦地工作。西元1212年，他協助貴族婦女克拉雷成立方濟各第二會即克拉雷安貧會。大約在西元1221年，他又成立方濟各第三會，收容俗世男女教徒。由於方濟各在傳教工作中的忘我精神和無私的奉獻，西元1228年，教皇格列高利九世追諡他為聖徒。

方濟各本為富商子弟。據記載，他本是一個俊美的少年，有烏黑的雙目和頭髮，一張溫和的面孔，並帶悅耳的聲音，經常是一身五彩繽紛的吟遊詩人的裝束。但他在得到神的指示後，卻能

聖索菲亞大教堂。

夠敝屣榮華，全力傳播基督的福音。作為一個修會的創始人，他並未立新說，只是傳揚少許的神學理論，更不苛求聽眾去實踐他們本人身體力行的安貧、貞潔及服從的戒律，只是希望聽眾遠避惡事，持守善道。這種誠懇的傳道方式，為他贏得了無數的信徒，也更加堅定了他的信仰，以至於在周遊義大利、傳播福音的旅程中，不幸罹患瘧疾而早逝。當方濟各去世時，其教團的會員約有五千人左右，遍布於匈牙利、日耳曼、英格蘭、法國和西班牙各地。儘管方濟各過分強調安貧和無知的美德，在一定程度上恢復了基督教的生機，但是他的這種思想僅為少數人接受，整個歐洲仍然籠罩在追求財富、科學、哲學和一切未決的問題之中。儘管如此，他創立修會、傳播福音的事蹟卻銘刻於千百萬人的心目中。

這是1477年印刷的《馬可波羅行記》一書中馬可波羅的肖像畫。

馬可‧波羅1254年出生於威尼斯商人家庭。馬可六歲時，他的父親尼克拉和叔叔馬飛就到東方經商去了。當他們到達中國時，正值元朝忽必烈在位，大汗熱情地款待他們，並請他們回國時帶一封信給當時的羅馬教皇，要求教皇委派一些聰明博學之士到中國來。當尼古拉返回威尼斯時，馬可已經十五歲了。當時羅馬老教皇已去世，新教皇還沒選出，他們只好在威尼斯等待。這期間馬可經常纏著父親給他講述東方旅行中的逸聞趣事，還要求下次一定要帶他去中國。1271年，新教皇格列高利十世即位。他給忽必烈寫了回信，派尼古拉等人帶著書信和禮物去見忽必烈。這樣，十七歲的馬可‧波羅就隨父親等人踏上了前往中國的旅途。

馬可‧波羅一行離開威尼斯，經地中海向南航行；接著從地中海東岸的阿克城出發，途經小亞細亞、兩河流域、波斯、阿富汗、中亞細亞、帕米爾高原、塔克拉瑪干沙漠，最後歷盡了艱難險阻，於1275年5月到達中國元朝的上都（今內蒙古多倫縣西北）。馬可‧波羅一行受到了元朝皇帝忽必烈的熱烈歡迎，忽必烈

大汗見馬可聰明伶俐非常喜歡，就留他在朝中做事，這樣馬可‧波羅就在元朝做了十七年的官，他很快就熟悉了蒙古人的生活習慣，還學會了蒙古文和漢文。

這期間，他除在京城大都（今北京）視察外，還經常奉皇帝之命巡遊外省，足跡遍及新疆、甘肅、山西、雲南、江蘇、浙江、福建等地。他還奉命出使過緬甸和南洋。蘇、杭的美景使他留連忘返，趙州橋的設計令他叫絕，中國的發明使他佩服，綢緞、棉線、香料、寶石更令他大開眼界。後來，波斯伊爾汗國阿魯渾汗向元朝求婚，元朝皇帝特命馬可‧波羅護送公主闊闊眞出嫁。1292年初，馬可‧波羅率領13隻大帆船從福建泉州啓航，經爪哇、蘇門答臘，出印度洋，最後到達波斯。之後，馬可‧波羅沒有回轉，而是繼續西行，這樣又花了將近一年的時間，於1295年冬末返回威尼斯。少年離家的馬可，回到家鄉時已經是四十出頭的壯年人了。

馬可‧波羅等人從遙遠東方歸來的消息很快傳遍了威尼斯城，人們紛紛來到馬可家中觀看。馬可‧波羅激動地用他那已不很流利的義大利語，向人們講述著途中的所見所聞，有的人聽得津津有味，有的人就將信將疑，威尼斯和熱那亞戰爭的爆發，使威尼斯人對馬可滔滔不絕的東方見聞漸漸淡忘。但1302年，出獄後的馬可給人們帶來了更大的驚奇，那就是《馬可‧波羅遊記》書稿。當時歐洲還沒有印刷術，人們輾轉抄閱，爭相傳誦。這本書在西歐引起了極大震動，書中介紹了許多奇異的知識，爲歐洲知識界打開了一扇瞭解東方的窗戶，替歐洲人心目中創造了一個亞洲。但是由於書中所記地理、方物、史實超出了歐洲人當時的常識，所以難免有人懷疑其眞實性。

馬可波羅晉見忽必烈。

　　《馬可・波羅遊記》中講到的中國是一個經濟發達、文化繁榮的國度，遠遠超過西方國家的發展水準，這對當時歐洲國家來說，是難以相信的，因爲在他們眼裏，基督教文明是全世界最發達的文明，世界上不可能存在著超過基督教的文明。所以，自這本書問世後，懷疑就一直存在，有人稱該書爲「荒誕不經的神話」，有人認爲馬可・波羅撒了一個漫天大謊，他就是一個騙子。在基督教裏，說謊是「十戒」之一，一個人生前說謊，死後就進不了天堂。所以據說在1324年馬可病重彌留之際，一些親朋好友還在力勸他爲自己的謊言懺悔。馬可十分生氣地說：「上帝作證，書中所記還不及我看到的一半！」

　　那麼，馬可・波羅究竟到過中國嗎？現代的學者也是持有兩種看法。一種看法認爲，馬可・波羅只到過中亞的伊斯蘭教國家，在那裏和從中國回來的波斯商人或土耳其商人交談過，很有可能依靠某些已經失傳的「導遊手冊」，加上道聽塗說，便成了他遊記的基礎。因爲在中國浩如煙海的史籍中，沒有查到一件可供考證的關於馬可・波羅的材料；馬可・波羅書中很多地方的統計

資料都是可疑的，對蒙古皇帝的家譜說得也是含糊不清；中國最具特色的文化爲物──茶和漢字，書中從未涉及到；書中許多中國地名似乎用的是波斯的發音。另一種看法認爲，馬可·波羅確實到過中國，這也是大多數學者的觀點。中國有個學者經過仔細的研究，發現在中國的史籍中，明確記載了馬可·波羅離開中國的時間，與遊記中記載的完全相符。持這種觀點的學者也實事求是地指出了遊記的缺點。

9 伊本・拔圖塔的旅行之謎

　　摩洛哥的伊本・拔圖塔（1304～1368）是中世紀阿拉伯最偉大的旅行家。他主要生活在馬林王朝統治時期，馬林王朝的首都非斯就是他的故鄉。他出身於穆斯林法官世家，自幼受到良好的法律和文學教育。二十一歲時，他到麥加朝覲時開始了他一生漫長而輝煌的旅行歷程。在中世紀交通不便、政局變動頻仍的情況下，要想旅行並非易事，但是伊本・拔圖塔卻為自己創造了得天獨厚的條件。他在埃及、敘利亞、赫賈茲受業於著名穆斯林學者和伊斯蘭蘇非派聖者的門下，得到許多學業證件，身價倍增，開始時以學者地位，後來以旅行家身分，到處受人尊敬，所遇到的蘇丹、大臣、總督都對他隆重接待，饋贈優厚，使他能夠得以繼續旅行。這也從另一側面反映了阿拉伯世界對學者的尊重。

　　伊本・拔圖塔的旅行過程大致是這樣的：他先到上埃及，經過敘利亞，抵達阿拉伯人所嚮往的伊斯蘭聖地－麥加。西元1326年，他在麥加朝覲完畢，就穿越荒涼的阿拉伯沙漠，遊歷過伊拉克、伊朗南部、阿塞拜疆等地。西元1327年到1330年，他定居在麥加和麥地，為下一步的旅行做準

伊本・拔圖塔為何被稱為中世紀阿拉伯最偉大的旅行家？

備。西元1330年，他率領一批追隨者由吉達出海，沿紅海海岸到達葉門，又從亞丁啓程，沿東非海岸到達現在的坦尚尼亞，回程經阿拉伯半島南部、阿曼、霍爾木茲和伊朗南部，橫渡波斯灣，於西元1332年回到麥加。

在以後的時間裏，伊本·拔圖塔計劃到印度，因無直達的交通，繞道埃及和敘利亞，渡海到小亞細亞，再橫渡黑海到克里米亞，轉北高加索抵達伏爾加河下游的金帳汗國首都薩拉伊。在這段時間裏，他曾到過拜占庭首都君士坦丁堡；從薩拉伊到中亞訪問了古城布哈拉、薩馬爾汗和巴爾赫。最後，他歷盡千辛萬苦，取道呼羅珊和阿富汗，越過興都庫什山，終於在1333年到達了他夢寐以求的印度。印度蘇丹穆罕默德熱情的招待伊本·拔圖塔，並且由於他在法律方面頗有造詣，還慷慨地任命他爲馬德里大法官，於西元1342年派他充任赴中國的特使。

這個時期，中國正值元朝統治末期，政治矛盾叢生，社會動蕩不安。伊本·拔圖塔在東赴中國的過程中屢經波折，然而有志者事竟成，歷經數載，他終於由海路到達元朝最大的港口城市泉州。然後他沿著河道前往北京。西元1349年11月，他回到故鄉非斯。壯心不已的伊本·拔圖塔在第二年又開始了旅行，先去西班牙的格拉納達王國，1352年回到蘇丹西部。他最後一次旅行是穿過茫茫的撒哈拉沙漠到馬里帝國，整個行程長達四個月。

西元1353年底，伊本·拔圖塔回到摩洛哥，口述他一生的旅行，由伊本·朱紮負責記錄和修飾，這就是歷史上著名的《遊記》一書。在書中，他對在小亞細亞、東非和西非、馬爾地夫群島和印度旅行的記述，是這些地區史料的主要來源；對阿拉伯和伊朗近東地區的敘述，眞實而詳盡地反映了當時社會和文化生活的各

個方面。

　　伊本・拔圖塔的畢生旅程長達十二萬公里，這在中世紀旅行史上也稱得上是一場空前絕後的「革命」行為。正因為這個行程和《遊記》的歷史及地理價值，後人稱伊本・拔圖塔為中世紀阿拉伯最偉大的旅行家一點也不為過。

10 詩人喬叟之謎

喬叟（約1342～1400）是第一
個葬在西敏寺的偉大詩人，能夠葬
在那裏，主要是他和政府的關係以
及他在詩歌上所取得的偉大成就有
很大關係。

喬叟出生於倫敦一個富裕的中
產階級家庭，他的父親是一個很有

喬叟

地位的酒商。喬叟早期的教育情況不詳，只知道他除精通本國語
言英語外，還通曉法語、拉丁語和義大利語。西元1357年，他進
入宮廷，成為克拉倫公爵的家僕。兩年後，他被調往法國作戰，
失敗被俘，不久由愛德華三世贖回。西元1367年，他當上了英國
皇家衛士，隨國王愛德華三世到處領略英國風光。派遣文人擔任
外交使命。這在當時是一種愜意的時尚，特別是對擁有語言天賦
的喬叟來說再合適不過了。西元1372年，他與其他兩位代表出使
到義大利的熱那亞商談貿易協定。西元1378年，他與貝克利・愛
德華男爵前往米蘭。西元1374年到1386年，他充任關稅與補助金
監督。西元1385年，他受命為肯特郡的調解法官。西元1386年，
他被選入國會。可以說，喬叟作為一介文人，在英國充任了很多
公職，先後得到了愛德華三世、查理二世和亨利四世的信任和幫
助。待喬叟退休後，經濟狀況日益窘迫，最後甚至為了六先令八
便士這點小數目，也低頭求助於國王。西元1394年，為了解決他

的生計問題，查理二世賜給他每年二十鎊的年金，以終其生。

　　喬叟死後之所以能夠享受那樣的殊榮，還因為他是英國莎士比亞時代前最傑出的作家和最偉大的詩人之一。他的第一部重要作品是西元1369年至1370年創作的《公爵夫人的書》。這是一首悼亡詩，全詩一千三百餘行。他在這首詩裏巧妙地運用第一人稱來敘述，展示了他運用中古英語詩句表現日常會話的技巧及塑造現實人物形象的功力。當然，給喬叟帶來不朽聲譽的還是他的《坎特伯里故事》。

　　《坎特伯里故事》創作於14世紀90年代，雖然喬叟未能完成原先的創作計劃，但是全詩已經構成一個整體，而不是拼湊的殘篇。在這首長詩中，他敘述了約三十名朝聖者騎馬從倫敦前往坎特伯里城朝拜殉教聖人托馬斯·阿·貝克特的聖祠。借他們的口講述了積存在自己心頭半個世紀以來的故事與思想。喬叟塑造了迥異而又真實的人物，用這些人物表現英國生活，這些人有騎士之子，有侍候騎士及騎士扈從的家僕，有迷人的修女，有喜好狩獵的酒肉和尚，有榨取信徒口袋無出其右的修道士，有年輕的

讓富凱《一座大教堂的建造》

哲學學子，有一位充滿神聖思想與善行的窮牧師，有鼻頂上有顆疣、上面長著一撮像母豬耳朵上的鬃毛一樣紅的磨坊主人等等……他們沿路策馬前行時，我們不僅聽到他們所說的故事，還可以從中感受到他們本身的煩惱、爭吵與人生觀。詩中若干對自然美景的讚頌，雖然有些陳詞，但是由於出自作者的內心，加以語言的自然流暢、渾然天成，也展示活潑的畫面。詩中蘊涵著濃厚的幽默，真實地展示了英國人的幽默和狡猾機智。詩中所使用的東英格蘭中部方言，成為後世足以表達思想上一切典雅和精致的英國文學語言。

儘管一直擔任公職，受到歷代國王的推崇，並且創作出當時就頗受歡迎的詩篇，但是喬叟晚年生活一直處於入不敷出的狀態。由於喜歡豪飲，他經常欠債。1898年，他因欠十四鎊錢而受到控訴，竟然無力償還。一個偉大的詩人就這樣走到了人生的盡頭。還好，他被葬在西敏寺，這也算是對他的一點慰藉吧！

11 航海家亨利是奴隸販子嗎

葡萄牙位於歐洲西南伊比利半島西部。在古希臘和古羅馬時代，地理學家把這一地區稱作盧西塔尼亞。西元14世紀初，在迪尼斯國王（1279～1325在位）統治時期，當時迪尼斯國王發展農業，使葡萄牙的糧食有剩餘供出口。他還鼓勵工業特別是優質亞麻布的生產，使國內市場活躍。他招雇能幹

亨利在葡萄牙薩格里斯創立航海學校訓練水手。

的海員，使本國人民學到了最新的航海技術，有能力組織船隊到歐洲其他地區進行貿易。到了15世紀中葉，隨著航海技術的日益成熟，葡萄牙出現了一位航海家亨利（1394～1460）。

亨利為葡萄牙王子。西元1415年，他跟隨父親遠征，佔領摩洛哥城市休達，擔任該地總督。西元1419年，他晉封公爵，改任葡萄牙南端阿爾加維省總督，在薩格裏什建立了自己的小宮廷。他對權利沒有野心，很少去里斯本宮廷，在激烈的王室爭權奪利鬥爭中置身事外。他把整個身心都投入到航海探險事業上。在薩格里什，他成立了非正式的野地學校，來傳授航海知識。在近四十年的時間裏，他與包括猶太和伊斯蘭教天文學家及製圖家在內的助手研究蒐集了水手與旅遊者的敘述，同時派遣配有帆、槳和三十到六十名人員的脆弱船隻，駛入險惡的海洋，開始了他航海

探險的歷程。

在1432年到1444年間，在亨利的航海冒險下，這些具有很高經濟價值的海上島嶼都一一併入了葡萄牙的版圖。當然，最吸引亨利的還是非洲。由於受到伊斯蘭教徒對於廷巴克圖、塞內加爾以及西非海岸可能擁有的黃金、象牙與奴隸記述的煽動，亨利決定探勘該地區。他的手下提到塞內加爾河可能東連尼羅河源及基督教的阿比西尼亞，這樣一條起至大西洋，越過非洲，到達紅海而東通印度的水道將被開闢。如果確實能實現這樣的夢想的話，義大利壟斷的東方貿易將被瓦解，葡萄牙將會因此成為一個勢力範圍廣大的強大國家。被征服的地區可能皈依基督教，這樣非洲的阿拉伯國家將會受到基督教國家的側面攻擊，基督徒在地中海的航行也將獲得前所未有的保證。作為一個雄心勃勃的年輕人，亨利腦袋裏充滿了夢想。從這些夢想中，我們似乎沒有發現他想開闢一條環繞非洲的航路。但是，亨利後來的探險卻改變了他原來的計劃，也促成了他的歷史性成就。

對非洲一直充滿種種幻想和期盼的亨利，他下令吉萊恩斯出航，囑咐他一定要帶回有關這一險惡岬角以南陸地與海洋的報導。吉萊恩斯受到如此的鞭策後，終於在1435年抵達了博哈多爾以外的一百五十英里的地方。西元1446年，迪亞斯抵達了名為佛得角的肥沃岬角。蘭薩羅特探察了塞內加爾河口。西元1456年，卡達莫斯托發現了佛得角群島。正當探險事業如屹立在葡萄牙特茹河畔的航海紀念碑，酷似一艘揚帆啟航的巨型帆船，轟轟烈烈進行的時候，亨利王子卻逝世了。

其實，亨利王子並不是什麼航海家，他畢生從未遠航探險，航海家是英國人給他的稱號。他的功績在於大力提倡遠航探險、

葡萄牙的亨利親王本人從未駕駛過船舶。

建造船隊、改進測繪技術和推動海路貿易。他去世後的西元1487年，另一位名叫迪亞斯的航海家率領船隊沿非洲西海岸南下，在西元1488年發現了好望角。西元1497年，達·迦馬率領四隻船，從里斯本出發，繞過好望角，到達非洲東海岸莫三比克等地區，並於1498年抵達印度西海岸，從而開闢了歐洲至亞洲的航線，促進歐亞商貿關係的發展。而這一切都與亨利王子先前所做的一切航海準備密不可分。

　　儘管我們不否認亨利在航海探險事業上所做出的貢獻，但是我們也不應該忘記亨利的航海名義上是為探察並使土著皈依基督教，但其主要目的就是攫取非洲財富，更不應該忘記他辛勤航海的主要結果就是促成了非洲販奴貿易的形成。早在特里斯唐下航到布朗角時，他就帶回了一些強壯的黑奴。他立刻給他們受洗，使他們淪為奴隸，在葡萄牙封建領主的農場上勞動。西元1444年，蘭薩羅特船長帶回了一百六十五名黑人，而這些黑人是他們通過非人的殺戮手段來實現的。到1448年為止，有九百名以上的非洲黑奴被帶到了葡萄牙。在茫茫而艱辛的海上運輸過程中，死亡的黑人更是不計其數。可以說，葡萄牙殖民者從非洲掠奪而去的黃金、象牙上沾滿了非洲黑人的鮮血。從這點上講，航海家亨利王子作為始作俑者，是難逃其咎的。

聖女貞德是「聖女」還是「魔女」？

1412年1月4日，貞德生於法國洛林地區的杜瑞來村。貞德出生的年代正是英法「百年戰爭」爆發的時代。自1066年法國諾曼第公爵威廉征服英國，成為英國國王後，英法兩國封建主在王位繼承和領土歸屬上經常出現糾紛。這些矛盾最終引起了1337至1453年兩國間長達一百多年的戰爭，史稱「百年戰爭」。貞德出生時，法國大半國土被英軍佔領。由於法國勃艮第公爵與英軍勾結，致使法軍連連潰敗。

1428年，英軍又向法國大舉進攻，東南部的重鎮奧爾良成為雙方爭奪的戰略要地。不久，奧爾良被英國軍隊圍困，情況緊急。年輕的貞德出於對宗教的虔誠和忠君勤王的意識，將解放法國看成是上帝委託她辦理的事情。於是，她自稱在夢中獲得了上帝的啟示，上帝告訴她：法蘭西將得到「洛林邊境的童貞女」的拯救。1492年2月，貞德改換男裝，經過十一天四百五十英里的行程之後，到達希農謁見困頓中的國王查理七世，借上帝的名義堅定了國王的信心。4月，國王終於同意她率軍救援奧爾良。4月29日，貞德身披鎧甲，騎著一匹白馬，率領一支約有六千人的援軍，拿著繡有聖母瑪利亞像的白邊軍旗，來到了圍困中的奧爾良城。城裏的人歡呼貞德為聖母的化身，虔誠地願跟隨她赴湯蹈

火。情緒激昂的人們在貞德的率領下衝向圍城的英軍。英國軍隊被貞德這種無畏的精神嚇壞了，連連敗退。

5月4日，在貞德指揮下，士氣大振的法國軍隊一舉攻下了英軍佔領的聖路浦，保障了糧草補給道路的暢通。此後，貞德率領的法國軍隊又接連攻克兩座英軍堡壘。5月7日，在同英軍進行的一次關鍵戰役——土爾斯堡戰役中，儘管貞德身負箭傷，但她仍舊衝鋒往前，激勵了法軍的士氣，扭轉了不利的戰局。最後法軍攻克土爾斯堡，殲滅了那裏的英軍。第二天，英軍宣佈撤退，解除城圍。法國舉國歡騰，一致承認「奧爾良的聖女」實為上帝之萬能。但英軍卻予以指斥而視其為女巫，同時發誓不論死活都要捉到她。

1429年6月27日，貞德率軍攻下了理查姆等城市。全法國人為之歡呼，視她為神召的聖使，她不僅以聖女的身分為法國而戰，而且以一個將領的身分指揮著軍隊。但由於寡不敵眾，他們被迫向康邊要塞撤退，貞德親自率領少數部隊斷後。要塞城防司令弗來因害怕敵軍會趁勢衝進城裏，竟然拉起吊橋拒絕貞德入城。這樣，在部下大多數遭到殺害後，貞德也不幸被俘，落入勃艮第軍隊手中。但是，查理七世並未採取任何行動營救貞德。在囚禁中，貞德也幾次試圖逃走，但都未獲得成功。英國則威脅勃艮第軍隊，讓他們儘快把貞德交給英軍，希望給她卑辱的刑罰來驅除貞德那份鼓舞法國人民的魔力。

1430年11月21日，勃艮第軍隊竟然以一萬法郎的價錢，將貞德賣給了英軍。第二年，英軍物色了一位法國神學博士柯松，讓他在盧昂宗教審判所主持了對貞德的宗教審判。當時教會為制止邪術分子浸染歐洲，對異端分子宣稱要處以死刑。教廷宣判貞德

犯有七十餘條罪
名，但都遭到她的
反對。貞德以她單
純而無邪的回答，
以及虔誠貞潔的心
靈，感動了這些法
官，最後只被判
「著男裝」和「反

聖女貞德在受刑。

對教會」罪。後來英軍包圍法庭，揚言倘若貞德免除火刑，他們
即索取眾法官的性命。到了5月31日，重壓下的法官終於判貞德死
刑。

　　1431年5月31日，年輕的貞德身著一件灰色長袍，頭帶一頂
寫著「背叛者、墮落在異端的女人」等字樣的三角帽，在一萬多
人的注視下被押往盧昂廣場。在那裏，她被當做一個「女巫」綁
上火刑柱，活活燒死，享年十九歲。或許出於對貞德的敬慕，或
許是出於宗教迷信，在貞德受火刑後，在法國人當中流傳著許多
說法：有人認為貞德根本沒有在火刑臺上被燒死；還有人認為
1431年5月31日在火刑臺上燒死的那個女子，並非貞德本人。無論
如何，鄉村少女貞德的壯舉，當時極大地震撼了整個法國，也喚
醒了法國的民族意識。1453年法國終於取得了「百年戰爭」的勝
利。1456年，法國教會法庭推翻了原判，為貞德恢復了名譽。到
16世紀，貞德的英雄業績被廣為流傳，她開始被譽為「聖女」。19
世紀，貞德被法國人公認為著名的愛國英雄。

13 佩脫拉克鍾愛的蘿拉是誰

佩脫拉克出生於佛羅倫斯。在西元1316年至1320年間，他受父親之命而學習法律，但他本人酷愛文學。現存的佩脫拉克早期的詩歌均寫於這一時期。西元1326年父親死後，他棄法從文。西元1330年至1340年，佩脫拉克在學術方面進行勤奮研究，尤其是在古典拉丁文方面。在此期間，他還旅行各地，拜訪著名人士，搜集散失在民間的古典名著原稿。這些閱歷使佩脫拉克更加頑強地鼓吹古典文化和基督教的啟示合一。由於他將這種表面上似乎衝突的兩種思想相綜合，因而被認為是歐洲人文主義運動的創始人和偉大代表。西元1340年9月，他同時收到發自巴黎和羅馬授予他桂冠詩人的邀請。也就是在這段棄法從文的過程中，佩脫拉克結識了蘿拉。

從佩脫拉克收集的維吉爾詩集的扉頁上，我們可以看到他在西元1348年所寫的幾句話。從這幾句話中我們可知，他與這位品德超群的蘿拉相逢於西元1327年4月6日阿維民翁的聖克拉拉教堂裏。在西元1348年，在同一城，同一月，同一

佩脫拉克鍾愛的蘿拉到底是誰？

個第6日，與第一次相同的祈禱時間中，他與蘿拉結束了長達二十一年的交往。在佩脫拉克的詩歌裏，他以吸引人的細節來描寫她，但把她的身分保密到連朋友都以為她只是他詩歌中的創造，而把他所有的熱情都當做是詩人的特權而已。那麼，這個蘿拉是誰呢？西元1348年4月3日，在阿維民翁有張遺囑被歸檔保存，立囑人為蘿拉・德・薩德，她是烏格斯・德・薩德伯爵的妻子，生了十二個孩子。佩脫拉克的情人可能就是這位貴婦，而她的丈夫就是歷史上最有名的性虐待狂的遠祖。

那麼，蘿拉有何特殊的魅力，能使這位桂冠詩人與她保持長達二十一年的交往呢？在佛羅倫斯桂冠詩人圖書館收藏著一幅馬蒂尼所畫的小畫像，相傳是佩脫拉克畫的蘿拉的肖像。從這幅肖像中，我們可以看到蘿拉纖細優美的臉龐、精緻的嘴唇、挺直的鼻樑和陰鬱的眼睛，暗示出她憂鬱而嬌羞的容態。當佩脫拉克首次見到蘿拉時，我們不知道她是否已經結婚，或者已是年輕的母親。然而蘿拉接受了他的愛慕，但對他保持一段距離，對他的熱情給予克制性的鼓舞。正是這種抑制著的魅力使佩脫拉克成為最有名的詩人。於是佩脫拉克沿用當時的十四行詩的形式，並將這種詩凝結成繁難的押韻詩體。

在與蘿拉結識的二十一年間，佩脫拉克寫了二百零七首十四行詩和各種各樣其他的詩，都是以她為題材的。這些手稿被收集成詩歌集，引起了義大利青年、壯年和僧侶們的注意。尤其難能可貴的是，在佩脫拉克的這些詩歌裏，充滿欲念的巧妙想像和湧動而出的陣陣愛情火焰，神奇般地被修剪成有律有韻的詩章。義大利人接受了用該語言譜成的音樂作品。他們覺得這是曾經聽過最為動人的樂章，精微、優美、和諧，閃爍著生動的臆想，有時

甚至使但丁的作品都顯得粗率而不悅耳。

　　從西元1346年到西元1353年是他和過去決裂的時期。他熱中於恢復羅馬共和政體，恢復羅馬民眾政府。在此期間，他完成了大量的外交任務，進行了廣泛的學術研究和文學活動，並寫出若干書信體詩歌。從他給朋友的信件中，我們可以感受到他的態度的轉變，即是中世紀在爲文藝復興做準備。從西元1351年起，佩脫拉克開始寫新詩。在新詩發展史上，他不僅給人類留下了最清晰、最熱情、最精確的印象，同時也最富啓發人類的愛情、憂傷、狂喜和悲戚的表達方式，而且也用他那奇異的感傷情調創造了現代抒情詩的形式與語言，爲全歐洲的抒情詩提供了共同的原料。

14 薄伽丘爲何迷戀壞女人「小火焰」

　　薄伽丘（1313～1375）是歐洲文學史上最重要的人物之一，義大利文藝復興時期人文主義的先驅。他不僅以《十日談》名垂後世，還以與瑪利亞·阿奎諾的戀情而名噪一時。這個女人幾乎支配了薄伽丘在《十日談》以前的文學活動，這令許多人迷惑不解。

　　瑪利亞·阿奎諾是個私生女。她十五歲嫁給阿奎諾伯爵，但是不久她就發現她的丈夫根本無法滿足她的生理需求。她鼓勵一連串的人來充當她的情人，補足她丈夫的缺陷，並鼓勵他們把自己的財產花費在她的服飾上。她成了那不勒斯城最放蕩的女人。在西元1331年復活節前一個彌撒上，薄伽丘第一次見到了瑪利亞·阿奎諾。對於薄伽丘而言，她比希臘女神阿芙羅黛蒂更美豔，世界上沒有什麼東西能比她的金黃色秀髮更爲可愛，也沒有一件東西比她那雙淘氣的眼睛更令人

一個名叫小火焰的壞女人，爲何能使薄伽丘神迷？

迷醉。總之，她的妖冶美麗撞擊著薄伽丘這位十八歲年輕人的心，他稱她爲小火焰，渴望把自己燒灼在她的情火中。

薄伽丘追求小火焰有五年之久，與她真正相處不過一年，但就是這六年的光陰左右著他的文學創作。他寫下了很多有關思慕、燃燒、激烈愛情的十四行詩。為了她，他還寫了一首冗長而沈悶的散文詩《菲洛柯洛》，該詩是中世紀戀愛故事的一個翻版。較好的作品，是他運用八行詩節寫成的《菲洛斯特拉托》。不久，薄伽丘又創作了史詩《苔塞伊達》獻給他的小火焰。

　　西元1341年，薄伽丘離開了那不勒斯，前往佛羅倫斯城。但是小火焰對他的影響並沒有因他離開而消失，他仍然生活在對小火焰的美好回憶中。西元1342年到1343年，他完成了寓言詩集《愛情的幻影》獻給小火焰，用四千四百行三行體回憶他們私通的快樂時光。西元1343年到1344年，他完成了具有心理洞察力的散文小說《小火焰》。在這部小說中描述小火焰她與薄伽丘越軌的行為。為了自己的光榮，他還讓小火焰宣佈是他棄她而去，而不是把他給甩了。

　　西元1348年瘟疫後不久，薄伽丘開始撰寫使他聲名遠播的《十日談》。小火焰似乎已死於瘟疫中，更何況薄伽丘已經不是毛頭小子，三十五歲的他已經從欲望的熾熱溫度降了下來，這使得他能夠平靜地用小火焰的名字寫作《十日談》。小火焰逐漸退出了他的生活。於是在「文藝復興之父」佩脫拉克的勸說下，他把義大利情詩和短篇故事集《十日談》的寫作熱情轉移到對拉丁文、希臘文古典名著研究上，成為歐洲第一位希臘人文主義者。

　　對於薄伽丘而言，他年輕時之所以迷戀小火焰，很可能與早年的經歷有關。他是個私生子，在繼母的管教下度過了極不快樂的童年。西元1323年，在他十歲的時候，他被送到那不勒斯去當學徒，學習理財和經商。他恨商業，宣稱自己偏愛貧窮和詩歌，

傾心於奧維德，以他的《變形記》和《女英雄情書集》自娛，而且還背誦了大部分的《愛情的藝術》。他曾經激動地寫道：「維納斯的聖火可能使最冷酷的胸膛燃燒。」但是他的父親不允許他愛錢勝過愛美，於是他以學習教法作為條件離開了經商的工作，並準備開始浪漫的生活。這可能是他與小火焰相戀並長期難以忘懷她的最主要的情結吧，因為小火焰點燃了他冷酷的胸膛，使他忘記了過去不痛快的時光，第一次感受到人世間溫馨浪漫的愛情。

　　馬薩喬（1401-1428）出身貧窮，五歲時父親就去世了。西元1417年，年僅十六歲的他隻身來到佛羅倫斯。對他早年所受的教育，我們無從知曉，只知道他非常熱中於繪畫，對他的衣服、外表、收入、債務都不在意。在他的作品裏，他將人文主義引入藝術，以人和現實為中心，從生活中汲取形象，擺脫了中世紀神權對藝術的禁錮。一些重要的繪畫技術，諸如首次運用中心光源和革新的透視法，都歸功於他，他也因此成為西元15世紀初現實主義繪畫的開創者。

　　馬薩喬在繪畫藝術方面的重大突破體現在他為佛羅倫斯聖瑪利亞・德爾・卡明大教堂布朗卡奇禮拜堂所繪的壁畫上。這套壁畫中的一幅題名《納稅錢》，是馬薩喬在去世前不久繪成的。他把三個連續的故事情節安排在同一場景中，中間是使徒們圍繞著基督，基督則正在告訴彼得可以在一條魚的嘴中找到一塊錢幣，這錢幣正好可以用來付稅，而稅吏則站在前景中，背對觀眾；左邊是聖彼得正在從魚嘴裏挖錢幣；右邊為聖彼得正在把錢幣交給稅吏。在運用光線來表現人物的體積時，馬薩喬採用來自一個集中而固定的光源所投射出來的光，而不是像他的前輩那樣只利用平光。這種光以固定的傾斜角度投射到人體上，使人體表現出明暗層次，從而產生立體感。

　　除借助光線的投射角度和強弱來塑造形體以及利用光線變化來渲染畫面氣氛外，馬薩喬還自然而多樣地安排畫中人物之間的

關係。在《納稅錢》中，馬薩喬避免了前輩畫家把畫中人物全部安排到畫面前景中所形成的人牆弊端，讓許多人物圍繞著耶穌，構成一個有遠近的圓圈，使人物活動於更加開闊的環境中。右邊背景中的建築物是以單一的焦點透視法繪成，這種透視的點正好集中在耶穌的頭部。整幅圖畫的前後景為空氣透視法所統一，這種透視法通過捕捉光線的遠近變化來表現深度感，使畫面中的景物產生一種距離感的感覺。

　　除《納稅錢》外，馬薩喬為布朗卡奇禮拜堂所繪的另一幅壁畫《被逐出伊甸園》，也被譽為文藝復興時期的傑作之一。在這幅畫中，馬薩喬讓自右下角射下的光線在亞當和夏娃身上造成強烈的明暗對比，使人體顯出很強的立體感；人體周圍沒有瑣碎的景物，使畫面表現出深遠的空間感。馬薩喬為佛羅倫斯新聖母瑪利亞修道院繪製的壁畫《聖三位一體》同樣久負盛名。在這幅畫中，馬薩喬以一間有拱頂的方形禮拜堂為背景，有意地把畫面的透視點置於觀眾眼睛的高度，使觀眾彷彿覺得畫面上的建築物逼真得像是生活中那座真實教堂在建築結構上的連接部分。這種創造性地採用線形透視法的作品，顯示了文藝復興時期畫家充滿自信的進取精神。

　　遺憾的是，馬薩喬不知道什麼原因，放下他未完成的工作，到羅馬去

馬薩喬的代表作《逐出伊甸園》。

了，從此音信全無，人們只能猜測他也許遭到了意外或疾病夭亡了。布朗卡奇禮拜堂的壁畫雖然沒有完成，卻被立刻公認爲繪畫上的一大進步。因爲在這些壁畫中，馬薩喬終於擺脫了哥德式畫風的約束，形成了自己寫實的畫風。他在前人未曾涉及的廣闊繪畫領域內，進行了大膽的探索，從而取得了巨大的成就。在西方美術史中，還沒有一位畫家能像馬薩喬那樣，在如此短促的生命中，爲發展一種新的畫風作出如此巨大的貢獻。在那些大膽的裸體、優雅的衣褶、驚人的透視學、寫實法和精確的解剖細節中，在光與影的微妙層次深度中，大家都感到了一種新的東西在湧動。凡是在佛羅倫斯行程範圍可及的、有雄心的畫家都來研究這些作品，這些畫家包括安傑利科、利比、達文西、米開朗基羅、拉斐爾等。沒有一個人在死後仍然有過這眾多顯赫的學生，也沒有哪位藝術家曾經不自覺地有過這樣大的影響力。文西奇曾經說過：「馬薩喬以完美的作品顯示，凡是不以自然這個至高的女主人爲嚮導的人，都會在徒勞的苦工裏耗盡生命。」這可以說是對馬薩喬這樣的文藝復興繪畫創始人最高的評價了。

第3章

近代歷史名人懸案

這是一個文藝復興的時代，這是一個科技創新的時代。在這裏，我們在達芬奇的畫前如醉如癡；我們會被貝多芬的《命運交響曲》所深深震撼；我們會對倫琴發明的X射線無限感恩；我們會對飛上天空的萊特兄弟萬分敬仰……但是，我們徜徉在麥哲倫海峽，卻難以洞析麥哲倫之死的眞相；面對雄姿勃發的《大衛》雕像，我們卻不知米開朗基羅的獨身之謎……

1　哥倫布到底是哪國人

哥倫布到底是哪國人？

　　在西班牙巴塞隆納海濱的港口上，停泊著一艘古代船隻的複製品——「聖瑪利亞號」。這是一艘黑色的木帆船，船身長二十五公尺，最寬處八公尺，重九十噸。離船舶百米處，就是船隻的主人——哥倫布的紀念碑。哥倫布雖不是西班牙人，但他當年的冒險行爲得到了西班牙國王斐迪南二世和女王伊莎貝拉的資助，正是英明的西班牙國王成就了哥倫布的偉業，哥倫布也爲西班牙在世界航海史上寫下了一筆，他是西班牙的驕傲。

　　他十四歲時曾在拉丁文學校學習，學習的時間不超過一年，以後就出海航行了。他曾當過海盜。1476年，哥倫布移居葡萄牙，參加了葡萄牙反對熱那亞的一場海戰，當時哥倫布的船隻中彈起火，他靠一把槳游到岸邊逃生。1483年哥倫布向葡萄牙國王建議探索一條向西航行以直通東方的航線，未被採納。1485年哥倫布移居西班牙，終於得到西班牙國王的資助，於1492年8月3日黎明，率領「聖瑪利亞號」、「平塔號」、「尼尼亞號」從西班牙帕洛斯港揚帆出航，橫渡大西洋。

　　哥倫布的航海經歷是充滿艱辛的，他的船隊在一望無際的大西洋上航行，途中遇到的每一群海鳥或一叢水草，都引起他們極大的希望。然而日復一日，週復一週，陸地卻仍不見蹤影。疲憊

不堪的水手們感到絕望，開始抱怨這種漫無目的的遠航。但哥倫布以他堅強的毅力，要求人們保持鎮靜，繼續前行。大約在10月12日凌晨兩點左右，一名水手發現了月光下的平坦沙丘。「陸地」，他的一聲驚叫，便把昏昏欲睡、陷入絕望的人們喚了起來，人們一躍而起，歡喜若狂，在一片歡呼聲中點燃了禮炮。10月12日上午，哥倫布身著海軍上將的盛裝，在船員的陪同下登上了這個海島。他抽出懸掛在腰間的長劍，宣佈以西班牙國王和女王的名義佔領了這個島嶼。他把這個島嶼命名爲「聖薩爾瓦多」。

1492年哥倫布發現新大陸將世界歷史推進到一個偉大的嶄新的時代。儘管不少人著書立說，證明在他之前已有人到達美洲，但他們的到達均不能與哥倫布發現新大陸相提並論，在他以前的航海活動都只是零星的、個人的活動，沒有對社會發展、歷史進程產生什麼影響，而哥倫布的航海則是具有劃時代意義的歷史事件。它對歐洲國家的社會政治經濟發展，對美洲大陸歷史進程的改觀都起了不可估量的作用和深遠影響。哥倫布作爲一位偉大的歷史人物將永遠名垂史冊。然而，這樣一個新世界發現者，偉大的航海家究竟是哪個國籍的人呢？至今仍是一個未解之謎。傳統的說法並不是建立在確鑿的史實基礎上的。

1978年，一位委內瑞拉史學家提出了一個驚人的觀點，引起了人們的注目。他提出，長期以來由於兩個哥倫布的名字和拼寫相同，人們一直把熱那亞的哥倫布和西班牙的哥倫布混爲一談。實際上熱那亞的哥倫布，也就是傳統說法的克里斯托弗·哥倫布，他只是一個在地中海從事商業活動的航海家。而到過美洲的哥倫布叫克里斯托瓦爾·哥倫布，是西班牙人，他本人根本不懂義大利語。而且這位委內瑞拉的學者還進一步考證，西班牙的

「哥倫布」是「鴿子」的意思，是西班牙馬略爾卡島上一個很古老的姓，來自猶太人家族的祖姓。所以美洲發現者哥倫布是西班牙的猶太人。

西班牙有一位研究哥倫布的權威學者還認為，克里斯托弗·哥倫布並非出生於1451年，而是1446年，他雖然出生於義大利，但在他非常年幼時全家就搬到了西班牙，因此他實際上是西班牙人。他講西班牙語和葡萄牙語，但是不懂義大利語，後來也從未回過義大利。這位權威專家還得出這樣的一個結論：人們在哥倫布出生地的義大利之所以沒有找到有關他的史料，是因為在義大利「哥倫布」與「哥倫尼」的發音很容易被混淆，其實在義大利有關克里斯托弗·哥倫尼的記載和傳說，就是發現美洲的哥倫布。

最近，一位挪威的海運史作家撰文，他認為哥倫布可能是挪威人，出生於一個貴族家庭，名叫克里斯托弗·邦德，同時他還說哥倫布發現新大陸是在1477年，而不是通常說的1492年。這本書已在挪威引起廣泛報道、懷疑和興趣。還有個別的美國人竟認為，哥倫布是一個真的印第安人，只是因為「被風吹過去了」（一種神話中常用的句子），因而他知道回家的路。這自然帶有很濃厚的神化色彩。總之，目前為止關於哥倫布國籍問題的各種說法，讓人無所適從，這不能不說是歷史的遺憾，希望不久的將來，這個遺憾能圓滿地解決，還歷史一個真實的面目。

麥哲倫的生命之船因何擱淺

　　西班牙國王授予「維多利亞號」船長埃里‧卡諾一枚帶有地球圖案的徽章，上面寫著：「你首次圍繞我航行一周」。但人們知道，這句話應該屬於麥哲倫。而麥哲倫的生命之船早已擱淺在他成功的航程中了。

　　麥哲倫1480年出生在葡萄牙一個沒落的騎士家庭，少年時被父親送進王宮服役，曾做過王后的侍童。1505年麥哲倫參加了葡萄牙的遠征隊，先後到過東部非洲、印度和麻六甲等地進行探險和殖民活動。在東方漫長經歷中，麥哲倫積累了豐富的航海經驗。八年航行歸來後，麥哲倫返回里斯本，向葡萄牙國王提出了自己的設想，希望得到支援，但遭到拒絕。

麥哲倫於1522年完成人類歷史上的首次環球航行，從而證明地圖學說。

1517年，麥哲倫放棄葡萄牙國籍移居西班牙。他向西班牙國王查理一世呈獻了一幅繪製得十分詳盡的彩色地球儀，上面標明擬訂的航線。麥哲倫的想法與國王一拍即合，國王立即答應了麥哲倫的要求，出資裝備船隊。

　　1519年9月20日，麥哲倫率領一支由五條海船、二百六十五名水手組成的遠航隊，從西班牙聖盧卡港出發了。該船隊的行動立即引起了葡萄牙王國的注意，為了保持自己的貿易優勢，他們

派了一些奸細打進了麥哲倫船隊，伺機破壞以便阻撓這次計劃。船隊在浩渺的大西洋中航行了七十天後，到達了巴西海岸。船隊繼續向南行駛，在1520年3月31日，到達聖胡利安港（今阿根廷境內）。在這裏停留期間，由於天氣寒冷，再加上糧食不夠吃，船員疲憊不堪，情緒十分低落。後來有三艘船還發生了叛亂，命令麥哲倫前去談判。面對突如其來的變故，麥哲倫非常鎮靜，他派人刺殺了一位船長，機智地鎮壓了叛亂。但仍有一條船被浮冰撞碎，而沈入海底。

　　1520年8月，船隊繼續向南航行，兩個月後，奇蹟終於出現了：大家魂縈夢牽的「大海峽」就在眼前。麥哲倫派一條船隻前去探路，但這條船隻卻趁機掉頭返回西班牙。麥哲倫帶領剩下的三條船隻經過二十八天航行，終於在10月28日走出了海峽的西口。後來，爲紀念麥哲倫的功績，人們就把這個海峽稱爲「麥哲倫海峽」。麥哲倫的船隊又向西航行，去尋找「香料群島」──馬魯古群島。但由於計算上的錯誤，麥哲倫的航線距應走的航線偏北了十度。但正是這一錯誤，使麥哲倫發現了歐洲人所不知道的一群島嶼，這就是後來以西班牙國王菲利浦名字命名的菲律賓群島。1521年3月28日，船隊來到了菲律賓群島的一個小島──馬索華島。隨麥哲倫航行的人群中，有一個名叫思里克的馬來人，在這個小島上，思里克竟然聽懂了島上居民的語言。這一小小的舉動，讓麥哲倫和思里克激動不已。這讓他們回想起九年前的1512年，當時他們的船隊就是從這個地區西行回國的。而九年以後的今天，他們居然從東方進入了該地區，這些都說明，他們居然已經繞地球航行了一周，有些學者關於「地球是圓的」的說法是完全正確的。

菲律賓群島是麥哲倫環球航行中最輝煌的地方，也是他輝煌生命的終點。1521年4月7日，麥哲倫的船隊到達了村莊林立、人口眾多的宿務島。在隆隆的鞭炮聲中，西班牙人在島上豎起了巨大的十字架，宣稱該島屬於西班牙國王。隨後他們又要求當地土著人接受基督教的洗禮，接著又強迫宿務島周圍島嶼的土著人屈服。其中的馬克坦島反抗最爲激烈。1521年4月26日半夜，麥哲倫率領著六十名船員，分乘三條船，前往馬克坦島，準備憑藉先進的武器來鎮壓馬克坦島人的反抗。不料在4月27日清晨遭到了馬克坦島人的頑強抵抗，他們用弓箭和鏢槍同麥哲倫的船員激戰，麥哲倫的腿上中了一箭，他見勢不妙，下令船員撤退。在敗退中，麥哲倫和其他六名受傷的船員在淺海處被馬克坦島人包圍了。麥哲倫試圖反擊，但拔劍的右臂被刺傷，一把彎刀也重重地砍在了他的腿上，他痛苦難忍地一頭栽倒在海水裏，馬克坦島人蜂擁而上，結束了冒險家的性命。當日下午，剩餘的船員試圖用金銀財寶贖回麥哲倫的屍體，但遭到了拒絕。就這樣，麥哲倫的生命之船在馬克坦島擱淺了。

　　麥哲倫在菲律賓群島被當地土著人殺死，這一點並沒有爭議。但麥哲倫究竟因何與土著人發生衝突，卻存在著不同的看法。一種說法認爲：當麥哲倫到達菲律賓群島時，發現有兩個小島嶼的居民正在爲一些事物發生爭

在波濤洶湧的大海上航行的麥哲倫航艦。

鬥，麥哲倫的船隊插手，捲入了兩個島嶼部族間的戰爭，結果在混戰中被活活打死。另一種說法認爲：麥哲倫的船隊經過長時間的航行，物資極度匱乏，船員們爲了找到食物而與當地土著居民發生衝突，在衝突中麥哲倫喪生。無論原因如何，但有一點是肯定的，那就是航海探險成就了麥哲倫的英名，殖民征服注定了他的悲慘結局。

3 皮薩羅是殖民罪人嗎

　　世界地理大發現，新航路開闢後，西班牙人首先佔領了美洲，美洲的特產和黃金使西班牙商人的腰包鼓了起來。如果僅僅是一種商品的交換和流通，應該說西班牙是美洲文明發展的推動者，但對財富的過分追求，對領土擴張的巨大野心，使這種交換成為一種不平等，對美洲印第安人的掠奪成為西班牙歷史上洗不清的罪惡，其中最為殘暴的人就是法蘭西斯·皮薩羅。

　　1531年，皮薩羅在取得西班牙國王特許權後，率領著二百多名士兵，乘坐著三隻帆船，隨船帶有兩門大炮和五十噸燃料，直入印加國的心臟地區。印加國王得知西班牙入侵的消息後，帶領三百名印加士兵做好了戰鬥準備。一天，印加國王正在轎子裡坦然穩坐，經過精心挑選的士兵正在操練，國王一如既往地向太陽神禱告：「神力無比的太陽神，請保佑我們戰勝敵

皮薩羅

人。」突然，從樹林中走出一位西班牙神父，他手中拿著一本祈禱書，向印加國王走來，說道；「君王，這塊土地是上帝賜給西班牙總督皮薩羅的，您必須聽從上帝的安排。」

　　印加國王感到莫名其妙，說道：「這裏的土地是我祖父、父

親傳下來，自古就是我們的領土。我們這裏信奉太陽神，世界萬物都是太陽神創造的。上帝是什麼？」「上帝是世界萬物的主人，世界是由上帝創造的！你必須相信上帝！」西班牙神父堅持說。「你們有什麼證據？」印加國王問道。「有！」西班牙神父說著，遞給了印加國王一本《聖經》，「就是這個！」這又能說明什麼呢？」印加國王隨手把《聖經》扔到了地上。神父一見這種情況，轉身便跑，對著隱蔽在樹林中的西班牙士兵高呼：「這些異教徒造反了，快來進攻他們！」這是西班牙人慣用的伎倆，他們總是藉口印第安人不相信上帝而侵略他們。隱藏在樹林中的皮薩羅馬上命令士兵們用火炮襲擊印加。1532年，皮薩羅帶著200名士兵闖進了秘魯，活捉了當時的印加國王，勒索了一房間的黃金，然後又將印加國王殺死。

　　因為印第安人早有準備，所以皮薩羅並沒有佔上風。皮薩羅見此情景，心中非常驚慌，因為他的士兵只有二百多人，不能這樣和印第安人僵持下去。他環顧四周，突然想出了一個惡毒的主意。他找到印加士兵的一個缺口，趁人不備，突然竄到印加國王的轎子旁，一把把國王從轎子上拉了下來，西班牙士兵立即圍攏過來，把印加國王捆了起來。皮薩羅對印加國王的隨從說，只要用黃金和白銀堆出一個房屋的樣子來，才會把他們的國王釋放。印第安人相信了皮薩羅的話，於是，從早到晚，一隊隊印加人背著黃金、白銀向侵犯者的住處走去，很快，一個房屋就堆砌而成了。看著這些虔誠樸實的印加人，皮薩羅暗笑道：「看來是該動手的時候了。」皮薩羅當著印加人的面，處死了他們的國王。印加人頓時嚇得四處逃散。皮薩羅並沒有放過這些印加人，對他們進行了野蠻的大屠殺。一座座城鎮的印第安居民，無論男女老

少，都成了皮薩羅刀下的犧牲品。原來肥沃的田地荒蕪了，繁榮的城市變成了一片廢墟，整個印加國屍橫千里，慘不忍睹。皮薩羅開了西班牙人在美洲大屠殺的先例，從此西班牙殖民者在美洲製造了空前的災難，有一千多萬的印第安人成了西班牙殖民者的刀下冤魂，數不清的黃金、白銀流進了西班牙，印第安人的屍骨鋪滿了南美洲的草原，鮮血染紅了亞馬遜河。「殖民罪人」的稱號對皮薩羅來說，一點也不過分。

　　義大利文藝復興的先驅波提切利（西元1444年－1510年）就是這種藝術生活的實踐者和成功者。他出生於義大利的佛羅倫斯，幼年時隨金銀匠學藝，後成為僧侶畫家利波利比的門徒。著名藝術家馬薩喬對他也有較深的影響。當時的人們描繪波提切利是一個陰鬱的人，有著深邃的眼睛、突出的鼻子、敏感多肉的嘴唇和濃密的頭髮，經常穿戴著紫帽、紅斗篷和綠色的皮帶。誰能想到這樣一個人，竟然創作出許多細緻精巧的畫作。據載，波提切利大約在西元1470年開始開設作坊，並受到當時的美第奇家族洛倫佐等權貴的贊助。他在很多家庭中畫了很多裸體的婦女，並因此被指控生活嚴重的不軌。人文主義者和動物精神確實曾使他迷上享樂主義哲學，但是他從中感受更多是人類生命力的旺盛與珍貴。因此，他在作品中主要追求生命力和詩意的表現，把古代人們想像的奧林匹斯眾神按照文藝復興思想展現給人們。他的蛋彩畫《維納斯的誕生》就是這種藝術追求的代表作。

　　維納斯是愛與美的女神，掌管著人類的愛情、婚姻、生育及一切動植物的繁殖生長。關於維納斯的出生，根據希臘神話，當克洛諾斯把父親烏拉諾斯的生殖器閹割了投入海裏時，從海水的泡沫中就誕生了維納斯。又一說，她是宙斯和俄狄涅的女兒。此外，在維納斯的身上還有一條可以迷惑人的玉帶，連天后赫拉都曾借用來迷惑宙斯。在生活中，維納斯的風流韻事很多，她與戰神阿瑞斯有私情，被丈夫發現，同時還愛戀著赫耳墨斯和美少年

阿爾多斯。她還製造了許多天上和人間的是是非非，像是宙斯變成牛追逐歐羅巴；許願給帕里斯王子有最美的女子做妻子，使地上的人和天上的神都捲入了那場殘酷而持久的特洛伊戰爭。就是這樣一個愛與美的女神，在波提切利的《維納斯的誕生》中卻別有一番風韻。

波提切利的代表作《維納斯的誕生》。

這幅《維納斯的誕生》長17.5公分，寬27.8公分，創作於西元1486年。據說取材於波利齊亞諾於西元1475年寫的一首長詩。畫中裸體的維納斯從海水的泡沫中出世，踩著一片海貝，神態羞澀。翱翔在天上的風神鼓起翅膀，向她吹風把她吹往塞浦路斯島。島上，迎接她的果樹女神從林中走來準備為她披上花衫。在廣闊的天空與淡藍色海洋的襯托下，維納斯的一頭長髮閃爍著金色的光輝，溫柔的海風把它梳理得具有一種特殊的韻律感；纖長的身體略顯柔弱，那似乎毫無重量感的雙腳營造出一種輕盈飄忽

的境界；面容帶著無邪的稚氣，一雙出神的大眼睛充滿了迷茫和哀傷。據藝術史專家們研究，波提切利在創作這位多愁善感、肌膚細膩的維納斯的姿態時，曾經參考了美第奇家族收藏的古代雕刻《羞怯的維納斯》，而相貌則帶有當年紅顏薄命的佳人茜蒙奈塔的影子。這位美人十六歲嫁給佛羅倫斯的委斯普琪，不久被佛羅倫斯的統治者美第奇家族的朱里安諾看中，據爲己有。二十二歲時，她在美第奇家族舉行的選美大會上一舉奪魁，不幸卻在第二年暴病身亡。

出殯時她躺在沒有棺槨的車上，車周圍撒滿了鮮花，市民們觀看後無不哀歎惋惜。兩年後，朱里安諾又被政敵暗殺。波提切利在創作《維納斯的誕生》時，這些事變僅僅過了兩三年，在青春的歡樂和豪華享受背後所隱藏的暗影，很難從畫家的心中迅速消失。文藝復興時期，大部分畫家熱中於解剖學和透視學的研究，波提切利卻不太重視這種科學的眞實性。在他的

波提切利的「完美女人」。

筆下，維納斯的頸部和手臂，依照解剖學看都過長，卻增加了優雅的魅力。海波、樹木和衣服上的花朵都傾向於圖案化，極富裝飾之美。他沒有強調立體和透視感，人物均以明晰的線條造成浮雕式的效果，特別是那頭金色的長髮蜿蜒迴旋，隨風飄展，展示了運用線條的出色藝術功力。在他的筆下，線條是一種穿透性很強的武器，富有可塑性，它使畫面上的人物、景物猶如浮雕一樣在畫面上突出，光潔無比而又十分堅實。正是憑藉這種筆法，波提切利把維納斯塑造成一位赤裸含羞的聖女。

除《維納斯的誕生》外，波提切利的《聖·塞巴斯蒂安》、《春》以及爲但丁《神曲》所畫的插圖均顯示出獨特的藝術個性，那溫柔靜謐的主題是對古典藝術的新理解，那些優美的線條蘊涵著一種魅力無窮的節奏。但是由於悖離古典主義傳統，在他死後幾百年中，其藝術一直不受重視，直到19世紀浪漫主義運動中，人們才開始推崇他的線描風格和高度的幻想式情感。人們不再津津樂道於他的肉欲主義，開始認識到他像我們一樣有許多人格，會根據情況的要求而顯出另一個自我。這個自我就是對人體美感的獨特理解和匠心獨韻的處理。

　　達文西出生於義大利佛羅倫斯六十英里外一個叫芬奇的小村子裡。生母是一個農家女，在他出生後不久就與另外一位手工業工匠結婚了。父親是一位稍有資產的律師，在達文西出生那年新娶了一個與他有同樣社會地位的女人。達文西在鄰近一所學校上學，喜歡算術、音樂，特別喜歡繪畫。為了畫得更好，他好奇而有耐性地研究所有事物的本質。當他年滿十五歲的時候，他的父親把他送到當時享有盛譽的畫家、雕塑家韋羅基奧畫室學畫。他在這裏接受了多方面的訓練，不僅有繪畫和雕刻，同時也包括機械製作技術。在這期間，年輕的達文西在他的老師韋羅基奧的聖壇畫《基督受洗》上所畫的兩個披衣的天使，就表現出勝出老師的藝術才華。據說，他的老師為此放棄了繪畫，潛心致力於雕刻。

　　也正在這個時期，達文西的父親發達起來了。他帶著財物舉家搬到佛羅倫斯，而且先後娶了四個妻子，第二個僅僅比達文西大十歲。他父親娶進第三個妻子時，還帶來一個孩子。為了緩和家庭的擁擠，達文西就搬出去與韋羅基奧同住。達文西是個私生子，從小就在沒有母愛的情形下被撫養大，與後母的

達文西創作了三幅最著名的女子肖像，這是其一的《吉拉弗拉德.本齊》。

關係很不融洽。當他日漸成人時，父親卻忙於娶親忽略了他的存在。由於私生子這個特殊的地位和家庭的特殊環境，達文西開始厭惡女人，因為他覺得是女人使他淪落到沒有情感寄託的地步。

在當時的義大利同性戀很普遍。但是達文西卻因為同性戀行為而受到公訴，甚至被拘捕，這使他至死都難以釋懷。就在他二十四歲生日的前一周，他和三個年輕人被佛羅倫斯領地一個委員會傳喚，出庭答辯對他們同性戀行為的指控，出庭的結果無人知曉。西元1476年6月7日，有關他同性戀行為的指控再次被提出，該委員會只得將達文西暫時監禁起來，隨後因為沒有證據，就撤消控訴釋放了他。達文西之所以因為同性戀行為而引起法律問題，可能是他的行為過於猖狂，確實有傷風化的緣故。但是他並沒有因為這兩起公訴而有所收斂，只要他擁有自己的畫室，他就找了很多英俊的青年人跟他在一起，並帶著他們中的一批從一個城市遷移到另一座城市。有人根據達文西筆記中的幾節，斷定他厭惡任何形式的兩性聚會。其實，達文西與這些年輕人的關係相當密切。在筆記中，他這樣寫道：「同時他們將猛烈地追求最美麗的東西，佔有和使用他們最卑賤的部分……這生殖行為和其從事者是如此地令人厭惡以至於如果不是為了美麗的臉龐和當事人的令人鍾愛以及壓抑的衝動，大自然會失去人種。」

從這段記載中，我們可以看到達文西畢竟是人，儘管他因為家庭和私生子的身分而有些變態，但是當他面對那些鮮活的年輕面孔時，他還是無

《達文西的自畫像》

法抑制內心的騷動，難以避免地從事那些令他厭惡的生殖行為。就像我們前面所說的，達文西的同性戀生活並不是天生的。在經歷了沒有感情滋潤的早年生活後，他需要接受與施與感情。而這些他在日後網羅英俊的年輕人時獲得了滿足。同每一位藝術家、作家及同性戀者一樣，他有著不尋常的自負、自覺和敏感。他認為「假如你是孤單的，那麼你是完全屬於你自己的；如果與一位同伴在一起，那麼你就只有一半是屬於你自己的了」。

當然同性戀的生活還不能完全說明達文西對女性沒有任何興趣。儘管在他的全部手稿中，他對於婦女的愛與溫柔隻字未提，但是他非常瞭解許多階段女性的特點，在描繪處女的纖美、母親的憂慮和女性的精妙上，無人能凌駕於他。在他的素描中，也出現了很多的女性的形象。如有一百位小姑娘的豐腴而多褶紋的大腿，陳列在他的草圖中；有一百位青年，其中半數以上是熱情的婦女；有一百位端莊溫柔的美麗少女，秀髮在風中波浪起伏。這就是一個真實的達文西，一個並非天生的同性戀者，一個崇尚孤獨但仍對異性有著複雜感情的奇特的繪畫天才。

文藝復興是誕生巨人的時代，米開朗基羅（1475～1564）就是其中的一個。他兼具畫家、雕塑家、工程師、建築師和詩人等多種身分，是一個多才多藝、全面發展的人。

米開朗基羅之所以終身未娶，有人認爲是由於他醉心於藝術，他把自己的整個身心都用在了藝術上，他性欲上的

《米開朗基羅自畫像》。

發洩幾乎全在藝術的創作上用完了。他的朋友皮翁博曾經說：「你這種令人擔心的行徑對別人並無害處，只是因爲你浸淫於那偉大的工作，才使你讓人覺得可怕。」皮翁博所說的「那偉大的工作」當然是指米開朗基羅的藝術創作。正因爲他對藝術全心的投入，他穿舊衣裳，經久不換，直到那件衣服幾乎成爲他身體的一部分爲止。他不洗澡，只是把身子擦乾淨而已。他雖然有錢，但卻過著窮人的生活，好像沒有閒暇的時間來享受藝術給他帶來的巨大財富，創造藝術就是他最大的享受，因此他經常就近取食，有時甚至靠啃麵包皮過日子。

在博洛尼亞時，他跟三個工人同居一室，同睡一床。他往往和衣而睡，甚至連那高筒靴也不脫。在某些季節裏，由於他穿靴不脫過久，以至於一脫下來，連皮也跟著皮靴脫落。也許正像人們說的那樣，他不想脫掉只因爲還得再穿上。在卡拉拉時，他整

天從清晨起就騎在馬鞍上，指揮採石匠和築路工人；晚上就在小屋裏的燈光下研究計劃，計算花掉的和需要的經費，準備明天的工作。他有時也會顯得懶散，之後又是創意勃發，把一切都拋於腦後，即使羅馬城陷了也不顧。當有的教士對米開朗基羅未婚無子感到遺憾的時候，他回答說：「我在藝術上有個很好可是受不了的妻子，她已經給了我夠多的麻煩。我的孩子就是我將留下的那些作品，即使他們不很值得的話，至少也會存留一段時間。」

也有人認為米開朗基羅之所以終生未婚，是由於其貌不揚，導致他有很強烈的自卑情結。在文藝復興這麼一個講究容貌漂亮和儀容的時代，米開朗基羅是個最不受人喜歡的人物。他中等身材，雙肩寬闊，軀體瘦削，頭大眉高，兩耳突出面頰，臉孔長而憂鬱，鼻子低扁，眼睛雖銳利卻很小。可以說，他的長相非常糟糕，不討人喜歡。他不怎麼喜歡漂亮女人，屋裏有女人他就受不了。他也畫女人，但總是畫成熟的女人，而不是那種嫵媚的少女。當時很多藝術家都認為女人的肉體是美的體現和源泉，他卻對女人的肉體美無動於衷。

與他曾經保持一段友誼的是在西元1542年他結識的維托利亞·科

米開朗基羅的傳世傑作——《大衛》。

米開朗基羅（前排右一）在向保羅四世
教皇解說它設計聖彼得大教堂方案。

隆納。那時，米開朗基羅已經六十七歲，科隆納是五十歲。但是科隆納認為自己仍然屬於已經死去十七年的丈夫，這就注定了他們之間的交往只是一種精神上的友誼。她在給米開朗基羅的信中寫道：「我們的友誼是不變的，我們的愛情也是眞摯的，它有基督教的結加以束縛。」她送給他一百四十三首詩，他的回答充滿愛慕和熱情，但也充滿了文學的幻想。他們碰面時，討論藝術和宗教，使他長期存在的悲觀情緒消失了。她爲他祈禱，希望他永遠不再是他們相遇前的他。西元1547年，科隆納死了，從此以後米開朗基羅有很長一段時間裏好像是精神錯亂，甚至消沈，他自責在她生命的最後時刻，他沒有吻她的臉和手。

看來，儘管米開朗基羅相貌醜陋，有自慚形穢的心理，但並不代表他不喜歡女人，他喜歡的也許是能與他的精神世界溝通的女人。在他對女人一直漠不關心的時候，科隆納闖入了他的精神世界。殘酷的是，他們的精神友誼持續的時間並未久長。還有人認爲米開朗基羅之所以終身未娶，是由於他是個同性戀者。

不錯，由於他對女人有一種

米開朗基羅的代表作《杜利聖家族》。

天生的畏懼心理，他寧願與男的做伴或畫畫，以致於有人懷疑他是同性戀者，但這證據並不充足。有的人還舉出米開朗基羅詩集中有一首獻給年輕人的情詩，以此來證明他是個同性戀者。這個年輕人叫托馬索・卡瓦列里，是一個以繪畫當消遣的羅馬貴族。大約在西元1532年，他來到聖安傑洛學習，並以自己英俊的外表和優雅的儀態迷惑住了米開朗基羅。米開朗基羅愛上了他，寫情詩給他，坦率地吐露自己的愛慕之情，致使後人將米開朗基羅與達文西並列爲歷史上最著名的同性戀者。其實，在文藝復興時期，這種男人對男人示愛的情形很普遍，女人之間也是一樣。他們所使用的語言是當時詩知書達體的一部分，我們很難就此斷定米開朗基羅是個同性戀者，並確信這是他終生未婚的主要原因。

7　西班牙女王伊莎貝拉一世爲何被稱爲「瘋子」

伊莎貝拉一世

伊莎貝拉一世出生於1479年11月6日，她的外祖母伊莎貝拉就是一個悲劇性的人物。伊莎貝拉是一位葡萄牙公主，因爲政治上的聯姻，嫁給了西班牙國王胡安二世，成爲他的妻子。雖然胡安二世把伊莎貝拉迎娶過來，但並沒有眞正地愛過她，他把伊莎貝拉放在了一個幽暗的城堡裏。在那兒，伊莎貝拉常常好幾天坐在古堡裏，凝視著牆壁發呆，憂鬱積壓，精神失常，漸漸地發瘋，在西班牙歷史上便以「瘋子伊莎貝拉」聞名。伊莎貝拉一世的母親也叫伊莎貝拉，是西班牙歷史上最著名的女王——伊莎貝拉一世。

有些專家從病理學分析，認爲伊莎貝拉一世的異常行爲，是受其外祖母伊莎貝拉的遺傳；而有些專家認爲，是愛情折磨得她發瘋了，這一切都源於一個不忠實的丈夫。1496年，在比利時的一個小村子裏，十七歲的伊莎貝拉一世邂逅相識了一位奧地利的王子，這位王子就是奧地利神聖羅馬皇帝馬克西米連一世的兒子——腓力王子，當時也只有十八歲，這位王子相貌出眾，英俊瀟灑，曾是有名的「美男王」。伊莎貝拉一世被腓力王子迷倒了，她迫不及待地與他結了婚，幸福地享受著腓力王子給她帶來的一

切，可她沒有想到正是這位腓力王子讓她痛苦地度過了下半生。

腓力王子很瀟灑，也很風流，他對伊莎貝拉一世的愛並未太久。在伊莎貝拉一世懷孕期間，他常拈花惹草，有一次，他竟然要把妻子留在西班牙，單身返回奧地利。伊莎貝拉女王堅決不同意女婿的無理要求，而這位王子便策劃從都城逃走，未果作罷。脆弱的伊莎貝拉一世根本無法阻止腓力王子的不軌行為，每一次懷孕都使她精神過度緊張，她總是擔心腓力王子會拋棄她尋找別的女人。1502年，由於兄、姊的相繼去世，伊莎貝拉一世成了西班牙的王位繼承人，風流的腓力王子這才有所收斂。但好景不長，1504年伊莎貝拉女王去世後，伊莎貝拉一世的保護傘沒有了，她喪失了最後的政治保護人。

伊莎貝拉一世的父親斐迪南是西班牙阿拉貢國王。有政治野心的腓力悄悄與岳父斐迪南達成了一項秘密協定：由於她精神失常，所以不能讓她掌握西班牙的政治實權，只能讓她有名無實！伊莎貝拉一世本人並不關心政治，也並不重視這個秘密協定，但宮廷貴族出於自身利益而擁戴伊莎貝拉一世為女王，使腓力的陰謀沒法得逞。

1506年，腓力王子到西班牙的布林戈斯參加盛大宴會，伊莎貝拉一世因身懷六甲不能陪丈夫前往。腓力在宴會後又跑去騎馬、打球。不料從馬背上跌落下來，被抬著回宮。已經懷孕六個月的伊莎貝拉一世不分晝夜地照料丈夫，丈夫還是在她的面前死去了。痛苦的伊莎貝拉一世接受不了這個現實，她拒絕在丈夫的死亡書上簽字；晚上守靈時，她不准任何一個婦女單獨站在棺材旁；當丈夫下葬時，抬棺材的人想中途休息一下，當她打聽到休息的地方是一個女子修道院時，便命人馬上把丈夫的棺材抬走，

她害怕丈夫的亡靈會和這些修女們鬼混。丈夫下葬三個月後，伊莎貝拉一世生下了第六個孩子，是個女兒。

那是1507年的冬天，西班牙寒風刺骨，伊莎貝拉一世派人到丈夫的墓地，把丈夫的遺體從棺柩中取出，放在擔架上抬回了宮，安放在她和幼女的身旁。由於天氣寒冷，丈夫的面容沒有什麼改變，她抱住丈夫的屍體不放。後人根據伊莎貝拉一世的這些行為判斷她是一位「瘋子」。確實，丈夫生前在生活上的不檢點，對伊莎貝拉一世刺激太大，她心有餘悸。何況，丈夫死後，她處於一種精神恍惚的狀態，仍把丈夫當活人對待，生怕有別的女人會接近丈夫。她對腓力王子確實是愛得發瘋了，這種愛折磨著她，從這一點來說，伊莎貝拉一世是一位癡情的女子，也是一位可悲的女王。

　　拉斐爾於西元1483年4月6日生於義大利的烏爾比諾，西元1520年死於羅馬的時候也是4月6日。拉斐爾似乎爲藝術而生，他雖在盛年而逝，卻留下了極其豐富的藝術遺產，他的繪畫在生動優美之上又有高度的理想加工，奠定了西方繪畫的典範風格，有「畫聖」之稱。

　　他擅長畫聖母像，《西斯廷聖母》就是其中的代表作。該畫繪於西元1512年至1513年間，是一幅長達二點五六米、寬近兩米的布面油畫，畫中的人物和眞人大小相仿，是類似祭壇畫的聖母像。其內容來自於當時基督徒臨死前所念的一段禱詞，大意是：「我們在天上的辯護人（指聖母），請用您那雙充滿同情心的眼睛再瞧瞧我們一眼。我們死後，請把我們的靈魂帶到您的兒子基督那兒去吧。」

拉斐爾的代表作《西斯廷聖母》。

　　畫面右邊，聖芭爾芭拉跪在聖母的旁邊，目光下垂，虔敬裏透著羞怯，更加強了她賢淑的風度。她曾被囚禁在一座高塔中，後被解救出來，是人們死亡時的守護神，將人們的靈魂從土地的禁錮中解救出來。畫中聖母瑪利亞懷抱聖嬰基督，自雲中冉冉降

落。豐滿而健美的體型、儉樸的穿著和赤裸的雙足，使人感覺她是人間的一位慈母；深沈而慈祥的大眼裏充滿哀傷悲憫的目光，托起懷中的嬰兒似乎準備把他獻給這個多災多難的人間，整幅畫中的聖母既像慈母又像女王，充滿優美、慈祥與嚴肅的憂慮。除《西斯廷聖母》外，拉斐爾還創作了許多聖母像。

在文藝復興時期，由於生產力的發展，自然科學也在經歷了中世紀的黑暗之後，以意想不到的力量一下子重新興起，並以神奇的速度發展起來。然而科學的發展並沒有立刻改變人們的宗教信仰，把人們從愚昧的宗教信仰中解放出來，宗教信仰仍然是15、16世紀歐洲人生活中的重要部分，只不過人們需要的是一種更近乎人性和人情的基督和聖母。聰明絕頂的拉斐爾把基督教的神與古典的美綜合統一在一起，創作出迎合當時人們的審美情趣的聖母形象。這些聖母形象既是來自現實生活的典型的賢妻良母或飽含溫柔的母性，又經過作者按照人文主義的觀念加以理想化。她們具有米開朗基羅雕塑的那種堅實的血肉之軀，同時又在堅實飽滿中顯得靈動柔軟。這種被稱作秀美的風格，不僅傾倒了當時的人們，而且延續四百年之久，爲後世所難以企及。

拉斐爾秀美的繪畫風格肯定與他交往的女人有關。有人曾問他，他所繪的那些美女到底是在哪裡尋到的模特兒時，他回答說，他是從不同的女人中綜合她們的特質，然

《拉斐爾的自畫像》。

後根據自己的想像力創造出來的。他有好幾個情婦，深爲她們的嬌媚所吸引。於是這位醉心塵世的年輕人，過著王公般的生活，貪戀女色而用情不專度過一生。

9 拉伯雷的《巨人傳》是抄襲的嗎

如果問自有故事出現以來，最有趣、獲利最多的故事是哪個呢，你也許會說是這個故事，他也許會說是那個故事，但幾乎沒有人會提到《巨人傳》。如同這部書問世時所產生的效果有些出人意料一樣，它是最有趣、獲利最多的故事可能同樣出乎您的預

拉伯雷

料。這本奇書的作者就是文藝復興時期法國著名文學家拉伯雷（約1483～1553年）。

拉伯雷同時他本人還喜歡與在田園或街道上遇到的人親切地交談，欣賞他們的玩笑、誇大的故事和下流話。他從他們那裏聽到了當時流行於農村地區的一個故事：說一個仁慈的巨人，名叫高康大，擁有洞穴般的胃口和無窮的力量。當他走過時，從他籃子裏隨處掉下小山和圓石。拉伯雷把這個故事記錄了下來，並在西元1532年在里昂出版。沒想到這個故事非常受歡迎，銷路極佳，於是他又接二連三地寫了這個故事的續篇。這就是被譽為世界文學史上重要文化遺產的長篇小說《巨人傳》。

拉伯雷創作《巨人傳》耗費了近二十年的時間。該小說共分為五部。第一部敘述烏托邦王子高康大由於受經院式的教育變得愚蠢，後來改接受人文主義的教育，到巴黎學習。不久，列爾內王畢克羅壽侵略烏托邦，高康大從巴黎回到國內，遇見約翰修

士，結爲朋友，共同抗擊侵略，反對封建掠奪戰爭。第二部描寫高康大的兒子胖大官兒在法國努力學習科學，後來渴人國侵略烏托邦，胖大官兒回來，抗擊侵略並征服了渴人國。第三部描寫胖大官兒在渴人國推行仁政，深受人民愛戴，接著又敘述胖大官兒的朋友巴呂奇害怕結婚後妻子不貞，對結婚一事猶豫不決，請教了各式各樣的「哲學家」，他們都提不出合理的建議，於是決定跨海到燈籠島去尋訪神壺。第四、五部描寫胖大官兒和巴呂奇等尋訪各島，最後終於找到了象徵眞理的神壺。

拉伯雷利用民間故事中的巨人形象，透過他們的事件，嚴厲批判封建社會及其意識，尖刻地諷刺教會和教士；強調人的自然本性，主張人應該有全面而和諧的發展；堅決反對中世紀禁欲主義、經院派的神秘主義和迷信；書中也提出了作者理想的君主制度、理想的教育和社會結構。這部小說用漫畫、誇張的筆調寫成，在揭穿當時封建社會的假面具時，作者運用了大量的戲謔文字，甚至對俚俗的描寫。書中充滿了成語、格言、笑料、雙關語、俏皮話，這種通俗而樸實的大眾語言更有力地表現了作者反教會、反封建的思想。也正因爲書中所蘊涵的這些思想，拉伯雷受到教會的迫害，經常被迫遷徙。

但是有不少人認爲拉伯雷的《巨人傳》是抄襲品，說好聽點兒是眾多別人作品的集大

食量驚人的高康大

成者。無庸諱言，他在這部作品中借用了大量同時代或以前時代的東西。如他自行取用了德意志人文主義者伊拉斯謨斯的諺語集中成百條格言式的片段，並仿效了愚者的讚美或箴言集。他吸收了蒲盧塔克作品中半百的專案。他把盧奇安的《天堂對話》和弗倫戈的《自溺之羊》的故事據為己有。當時流行一個喜劇，說的是一個男人治好了他妻子的啞巴後，反而後悔了。拉伯雷把這個故事作為自己作品的題材之一。他還有成百的題材是從中世紀的法國流傳下來的故事詩和插曲得到暗示的。在描寫巴努支航海時，他依靠的是新世界和遠東探險者出版的著作。

但是，即便拉伯雷借用了這眾多人的作品，那些指責者都不否認，沒有哪位作者比拉伯雷更富有創造性，因為他偷竊而來的這些東西，一經過他的手就更臻完善，他都能讓它們服務於他那種不虛飾、不文縐縐的、自然、簡易、流暢的敘事風格。不僅如此，拉伯雷的作品對後世法國著名作家伏爾泰、巴爾扎克、夏多布里昂等人有巨大影響，對斯特恩、斯威夫特、特羅洛普和金斯萊等英國作家有重要影響。這大概也是那些指謫《巨人傳》是抄襲品的人所無法迴避的。

　　他因敢於用文字抨擊權貴，被稱作「鞭打王公的鞭子」。這位王公們的剋星，直到死後才使那些備受辱罵、諷刺的人鬆了一口氣。有位聰明人曾為他寫了一首詩，其中有兩句是這樣寫的：「他罵盡世人，只有上帝未遭其殃，他的理由是，『我從不認識他』。」可見除了上帝以外，幾乎所有的人都難以擺脫他的辱罵。這個人就是彼得羅・阿雷蒂諾（1492～1556）。出生於義大利阿雷佐一個窮困潦倒的家庭裏，父親是個鞋匠，母親則被他的敵人稱為娼妓。但是阿雷蒂諾予以否認，說他的母親非常漂亮，曾為畫家們當聖母瑪利亞的模特兒，只是在與一位名叫巴切的貴人邂逅時，不小心才懷了自己。不管怎樣，阿雷蒂諾並不是一個出身高貴的人。

　　由於這樣的家庭環境，阿雷蒂諾從小就得為生存而四處奔波，沒有機會享受正規的教育。十二歲時，他就開始外出打天下。他在佩魯賈找到了一份做裝訂書籍助手的工作，從中學到了很多有關藝術的知識，為他後來成為一名很好的批評家和鑒賞家打下了堅實的基礎。他幾乎做過任何工作，在羅馬當僕役以賺取三餐，在維琴查做街頭賣唱者，在博羅尼亞做飯店的掌櫃。有段時間，他在船上工作，後來又當一座寺院的傭人，但因生活浪漫而被革職。西元1516年，他再度回到羅馬，充任銀行家戚基的隨從。在這期間，阿雷蒂諾寫了刻薄的諷刺文章，描述僕人的生活：「掃廁所、擦尿壺，為廚子和僕役們擔負些淫蕩的工作，他

們很快地就注意到他全身都染上了花柳病。」他把自己的作品拿給戚基的一些朋友看，博得了他們的稱賞。幾乎一夜之間，他就成了羅馬最尖刻、最富有智慧的諷刺家，他的作品開始風行起來。阿雷蒂諾終於發現了自己竟然擁有這樣的天賦，於是他開始不安分奴僕的職位，做起了文字劊子手的勾當。

在羅馬，當紅衣主教集會籌選教皇的繼承人時，阿雷蒂諾寫文章諷刺選舉人和候選人，並把這些文章貼在帕斯基諾的雕像上。由於諷刺了太多的高官貴人，他在羅馬很快就沒有了朋友，成為不受歡迎的人，不得不逃往佛羅倫斯。受了挫折的阿雷蒂諾改變了作風，他寫了三首讚美詩，一首給新任教皇克里門特七世，一首給自己的敵人、教皇的書記官吉貝爾蒂，一首給曼圖亞國王貢薩加二世，由此被教皇封為有薪俸的羅德武士，成為教皇的座上賓。在擁有了靠山之後，他惡習難改，又一如既往地拿起了筆，把手中的匕首無情地投向他厭惡的對手。人們經常可以看到他走過羅馬城，儼然就像個公爵。他參加顯貴們所有的野宴，用巧妙的文字綴成的侮辱作為報酬。他善於辭令，知道城中每件譏諷的趣聞，埃斯泰和貢薩加家族的人都聽他閒談。他知道他不能為所欲為地對待所有的權貴，所以他對他們畢恭畢敬，對其他的人則倨傲無比。他的諷刺天賦眾人所恐懼，人們稱他尖酸刻薄、厚顏無恥的誹謗者，他卻因此沾沾自喜。

阿雷蒂諾幾乎萬惡俱備，但他又是一個極其慷慨的人。他把得到的薪俸、津貼、禮物和賄賂的大部分贈與他的朋友和窮人。他放棄所出版的信箚的版稅，使價格更便宜，因而獲得更崇高的名譽和更高的價值。他每年都因送聖誕禮物而瀕臨破產。他的諷刺文章被譯成法文，在英格蘭、波蘭和匈牙利等地也備受歡迎，

有些作品甚至在出版的當日就銷售一空。他的諷刺文章大多侷限於一個局部的事件，但是它們指出了眞正的弊端，敢於攻擊有權有勢的人。尤爲重要的是，他結束了古典學派對拉丁文正統的和優雅的信仰，將拉丁文從典範的鐵箍中解放出來。在他的作品中，他只接受用直接的最簡單的語文這一最高原則，把坊間的俗語用在文學上，獲得了豐碩的諷刺效果。例如，他公開宣稱娼妓是女人中最值得讚美的，因爲妻子和修女都忠實於她們的誓言，而娼妓則忠實於她們的職業，爲報酬付出一個夜晚的勞力。義大利人並不爲他的言語感到震驚，反而樂得心花怒放。當然，阿雷蒂諾並非總是寫一些看似下流的諷刺文章，他還創作了《禦馬長官》、《妓女》、《僞君子》、《達蘭達》、《哲學家》等五部喜劇和一部悲劇《奧拉齊婭》，被評爲當代最佳作品。在這些作品中，他除自創荒淫和諷刺的幽默外，還無情地揭露了朝臣的虛僞、趨炎附勢、謙卑和諂媚，表達了他對朝廷的憎惡。

在崇尚自由的義大利文藝復興時期，阿雷蒂諾的出現也並不值得奇怪。撇開他的語言的粗野不談，又有誰的作品在當時能夠產生洛陽紙貴的效應，爲權貴所恐懼，卻爲廣大民眾喜聞樂見的呢！當他被邀請到達帕度亞時，就受到了群眾潮水般的歡迎，猶如現在的青春偶像一樣。有誰在文藝復興時期享受過這樣的禮遇！

11　亨利八世的「離婚」鬧劇之謎

　　亨利八世是英國都鐸王朝的第二代國王（1509～1547在位），雖然亨利八世曾經組織了一個比較完善的政府，建立了一支強大的海軍，但他在任何意義上都不是一個偉大的人物。他雖處於領袖地位，卻不知把國家領導到何處去。後人津津樂道的不是他的偉績，而是他幾番波折的「離婚」鬧劇引起的宗教改革。

　　亨利的長兄是阿瑟，1501年11月14日，西班牙國王斐迪南與伊薩貝拉之女凱薩琳與阿瑟結婚，凱薩琳來英國，帶有一份多達二十萬德克（相當於美金五百萬）的嫁妝，1502年4月，還處在新婚中的阿瑟不幸病故。亨利即為王儲。英國為留下凱薩琳那筆豐厚的嫁妝，同時也不願終止與舉足輕重的斐迪南聯姻，於是在父親亨利七世的建議下，凱薩琳又嫁給了王儲小亨利。當時的亨利才十一歲，雖然不同意這門婚事，但由於大家勸他以國家為重，於是他才勉強答應。1509年亨利即位。即位後六個禮拜，才公開慶祝這個婚姻。

　　7個月後，凱薩琳生下了第一胎孩子。但孩子剛生下來就死了。一年後，她生了個男孩。亨利正為都鐸王族後繼有人感到慶幸時，孩子又不幸夭折了。其後，1513年及1514年凱薩琳又生了兩個男孩，都是剛生下來就夭折了。亨利失望之餘就開始萌生了離婚的念頭。1516年凱薩琳生了一個女孩——即後來的瑪麗女王。1518年凱薩琳又生了個死胎。這樣一來，不但亨利，就是全英國老百姓都感到緊張了。因為年僅兩歲的瑪麗，當時已許配給

法國皇太子，假定亨利無子，瑪麗將來變爲英國女皇，她的丈夫變爲法國國王，英國事實上即很可能淪爲法國的一省。

性格專橫暴虐的亨利八世。

亨利八世像歷代君主一樣，好大喜功，指望通過軍事冒險完成霸業。當時，法國和西班牙爲爭奪義大利而在歐洲大陸上打得不可開交，亨利八世於1512年參戰，支援他的岳父阿拉貢的斐迪南二世。但在實際戰鬥中，他並未表現出傑出的軍事才能。亨利八世十分器重沃爾西，使沃爾西一身兼任約克郡大主教、樞機主教和英格蘭大法官。沃爾西覬覦教皇之位，亨利八世也表示支援。但是沃爾西的內外政策均遭破產，使亨利八世大失人心。亨利八世企圖以自己的無嗣問題轉移視線，從1527年起不斷提出與凱薩琳離婚。他說與寡嫂結婚違犯上帝的旨意，兒子夭折就是上帝對他的懲罰，只有離婚才能得到上帝的寬恕。因爲這一婚姻原是教廷批准的，亨利八世就向羅馬教皇提出離婚申請。

當時的教皇是法國查理的俘虜，而凱薩琳是查理的姑母，教皇當然是不同意亨利離婚的。亨利又一次把自己的離婚案提交給教皇裁決，1529年6月21日，亨利八世與王后凱薩琳都到庭了。凱薩琳見了亨利即傾身下拜，她苦苦哀求亨利不要遺棄她。她請求亨利念她多年和他同甘共苦的感情。最後她問亨利，她到底有什麼得罪他。亨利把她扶起來對她說，他承認這是一項美滿婚姻，他之所以這樣做的理由，完全是爲了皇統和國家。當時主持裁判

世紀名人懸案大破解

的費希爾主教，出面為凱薩琳辯護，使這個案件無任何進展。

亨利八世的第二任妻子安布林。

事實並不像亨利所描述的那樣，他與凱薩琳離婚，完全是出於國家利益的考慮。其實，亨利八世這時正迷戀著凱薩琳宮中一個名叫安的女子。亨利對教廷審判恨之入骨，索性他開始把和安的關係完全公開化。處於激情狀態中的亨利八世為安寫下了膾炙人口的十七封戀愛信。這些充滿愛情意味的信件，現在珍藏在梵諦崗圖書館。安出於對自己地位的鞏固，也希望亨利儘快結束與凱薩琳的婚姻。見羅馬教廷不能審理自己的離婚案件，亨利八世就請英國國教會裁決，也未得到受理。亨利八世把這一切都遷怒於主教沃爾西，把為他效命十五年之久的沃爾西一腳踢開，沃爾西雖未被處死，卻被剝奪了一切財產和權利。

幾次離婚請求的失敗，使亨利產生了脫離羅馬教會的念頭。1539年克倫威爾上臺，主張英格蘭教會脫離羅馬。英國國會於1534年通過「至尊法案」，確定國王代替教皇成為英國聖公會的首腦，提高了王室在教會中的權威。至此，亨利八世達到了離婚的目的。離婚後的亨利與安結婚，但安並沒有給亨利生下皇子，遭到亨利八世的厭棄，後以通姦的罪名將她處死。1540年7月亨利八世又將扶他登上至尊地位的克倫威爾送上了斷頭臺。1530年以後，亨利八世的健康狀況日益惡化。1540至1542年亨利與年輕美貌的卡瑟琳‧霍華德姘居，後來又與溫順的卡瑟琳‧帕爾結婚。但因疾病纏身，不久死去。

　　成為僅次於提香的威尼斯畫派的偉大畫家。這個男孩子就是
被稱作小染匠的丁托尼托（1518～1594）。原名雅各布・羅布斯
提，因為父親從事印染業，於是得到了「丁托尼托」意思是小染
匠的綽號。離開提香後，他就再也沒有受過教育，但是他堅持勤
奮地模仿和試驗。他解剖身體，研究解剖學，如饑似渴地觀察他
所經歷的每一件事，決心要在他的每一幅畫中捕捉住所有的細
節。他用蠟燭、木頭或硬紙板做成模特兒，給它們穿上衣服，從
每一個角度去畫它們，在以美女做模特兒的文藝復興時代，丁托
尼托這種練習技巧的做法可以說是獨樹一幟，但也是情非得已。
如果他家財萬貫，他何嘗不願意畫那鮮活的人體，真正感受一下
造物主的偉大呢？除了採用這種辦法外，他還請人鑄造在佛羅倫
斯和羅馬的古代大理石雕像和米開朗基羅的雕像的模型，陳列在
自己的畫室裏，著迷地從各種角度去臨摹、揣測。他陶醉於因數
量、造型和光線的
變化所引起的各種
景象，感歎造化的
萬千變化。他用燈
光或燭光畫了一百
幅，逐漸變得喜歡
晦暗的背景和深度
的陰影，最終成為

丁托尼托的代表作《最後的晚餐》。

繪畫手部、臉部和帷幔、建築物、風景和雲彩明暗的專家。在他奮鬥的過程中，他幾乎用盡了他所能想到的所有方法。

丁托尼托的畫儘管已經幾乎達到了十全十美的境界，但是要得到公眾的認可也並非一件容易的事。在成年後的數年，他努力尋求機會。他畫家具、房子的門面，請求建築師以廉價的工資雇傭他繪製裝飾畫，還在聖馬司區賣畫。當丁托尼托發現奧托教堂有一面巨牆沒有畫時，他出價相當於一千二百五十美金的價錢，要求在原來空白的牆上潤飾壁畫。威尼斯的畫家都責怪他廉價出售、破壞生意，但是他依然決定這麼做。當丁托尼托三十歲的時候，他抓住了聖馬克學院舉辦的一次繪畫比賽，一舉成名。這次比賽的題目是「聖馬司救奴隸」。他把握住這個故事給他的每個機會，繪出的男人健壯而威武，女人則高雅大方。他研究光在東方絨、絲和頭巾上所產生的變化，並將這種情景浸浴在他老師提香創造的色彩中。他的畫採用絢麗的色彩、豐富的真實感和強烈的戲劇性，使學院的董事們驚愕。

隨著繪畫才華被認可，丁托尼托的聘書紛至杳來，十二座教堂、十二個貴族、六個君主和政府都要求他為他們作畫，他的事業開始走向輝煌。在不倦的創作中，他從不中止藝術探索。在耗費近十年的裝飾奧爾托聖母院的工作中，他實現了自己藝術術語的改革，即使用吸收光影的色彩而不是單純地依靠透視法揭示空間。他創作的《十字架上聖

丁托尼托的代表作《蘇珊娜和長者》。

彼得升天》和《聖保羅的免職》表現出特有的動感特性，畫面傳達出一種類似驟然下降或迅速升騰的動盪不定之感。他的心靈和作品從不安寧，他認為身體、心靈和精神的力量比外在更重要。他在為別人所畫的畫像中，保持著嚴謹的寫實的態度。

在義大利文藝復興時期的城市國家中，最突出的有佛羅倫斯、米蘭、那不勒斯、羅馬和威尼斯。人們又根據地域把當時的畫家分成佛羅倫斯派、羅馬派等一系列畫派，但在藝術上最有特色的是威尼斯畫派。威尼斯畫派興起於西元15世紀，比佛羅倫斯畫派約晚一個世紀。在16世紀中葉，當義大利經濟衰退、文藝復興運動在義大利其他地區行將結束的時候，威尼斯的文化藝術卻呈現出前所未有的繁榮。該地區的畫家充分吸收北方荷蘭畫派傳來的油畫技法和東方美術壯麗的圖案紋飾及阿拉伯美術精雕細琢的裝飾技藝，並把絢爛典雅富於裝飾效果的拜占庭藝術風格與哥德式藝術風格結合在一起，以金碧輝煌的裝飾性色彩和細膩寫實的表現技巧來讚美人生，歌頌現實生活。丁托尼托就是其中一位偉大的畫家。他透過自己不斷的探索，成為風格主義的代表性作家。

14 伊莉莎白女王為何終身不嫁

英國女皇伊利莎白女王為何終身不嫁？

　　在英國王室的歷史上，有一位傑出的女王——伊莉莎白一世，在她統治期間（1558～1603），英國國教制度最終確立，國內政治穩定、經濟發展；對外方面英國取得了海上霸權，在東方擴張勢力。而這位曾鑄造無數輝煌的女王，在個人婚姻方面卻始終「獨善其身」，一直是人們議論的問題。

　　伊莉莎白是英國國王亨利八世的女兒。1533年出生在泰晤士河畔的格林威治宮，她的母親原是亨利八世的宮女，這樁婚姻並沒有得到天主教會的承認。因而，伊莉莎白被認為是私生女。在伊莉莎白兩歲時，母親因被認為不忠而被亨利八世下令處死。年幼的伊莉莎白從小便飽嘗失去母愛的淒涼。但是她自幼聰慧，接受了良好的教育，博覽群書，通曉義大利、法蘭西和西班牙等國語言。1553年，亨利八世之女、伊莉莎白的異母姐姐瑪麗登上英國王位，這就是瑪麗一世。她摒棄了亨利八世宗教改革的成果，致力於恢復天主教。她因殘酷鎮壓新教教徒，人稱「血腥的瑪麗」。伊莉莎白也因涉嫌捲入新教運動，一度被關進倫敦塔，期間幾經風險。1558年11月17日，瑪麗在痛苦中死去，因無子女，由伊莉莎白繼任王位，稱為伊莉莎白一世。

　　伊莉莎白登基時，正值妙齡二十五歲，是一個風姿綽約、品

貌迷人的女王形象。伊莉莎白的美貌、才學，加上她頭頂上的王冠，使歐洲多少王公貴冑爭相拜倒在她的石榴裙下，渴望與她喜結良緣。最先向伊莉莎白求婚的，是她的姐夫——西班牙國王腓力二世。腓力求婚的真正目的是求得兩國王室聯姻，以保護西班牙的利益。但是，伊莉莎白對這椿婚姻卻顯得非常冷靜和慎重。瑪麗女王與腓力的婚姻曾經給英國帶來危害，人們記憶猶存。而且西班牙又是一個頑固的天主教國家，與伊莉莎白奉行的新教格格不入。但伊莉莎白並沒有馬上拒絕腓力的求婚，因為她初登王位，還不敢惹怒西班牙，相反，她此時需要利用西班牙在國際事務中的影響力以求自保。因為伊莉莎白私生子的身分，使她在即位以後，作為英格蘭女王的合法身分遲遲未獲國際社會的承認。伊莉莎白不動聲色，對腓力二世的求婚採取了曖昧的態度。

果然，在伊莉莎白獲知自己英格蘭女王身分已經合法化以後，便以宗教信仰不同，明確拒絕了腓力二世的求婚。這是伊莉莎白第一次以自己的婚姻大事為籌碼，周旋於歐洲各大國之間。在這之後，又相繼有法蘭西的阿倫伯爵、羅馬皇儲查理大公、瑞典國王埃里克等王侯貴冑的求婚。伊莉莎白並不為之心動，她或許根本不打算結婚，但是她將自己的想法深藏不露，她從不向各國王侯貴冑關上求婚的大門，而是閃爍其詞，始終讓他們對聯姻之事懷有希望。在當時歐洲各王朝之間盛行政治聯姻的年代，伊莉莎白幾次三番地將自己的婚姻大事變成了外交遊戲。

1562年，英國發生了一次王位繼承危機，女王的婚姻大事又一次被提出來。這一年，女王不幸身染天花，病情日甚一日，幾乎一病不起。雖然女王後來神奇般地康復了，但英國舉國上下感覺到王位繼承問題的嚴重性。因此在1563年，上下兩院皆擬訂請

願書，提請女王結婚並指定王位繼承人。伊莉莎白否定了國內流傳她欲獨身的說法，但也沒有明確表示她要結婚。女王婚姻與王位繼承問題又一次拖延下去。

伊莉莎白雖無意結婚，但也喜歡與男人交往，在國內也不乏她喜愛的人，其中最令她動心的便是達德利勳爵。達德利高大強健，英俊瀟灑。伊莉莎白曾一度想與他成婚成為伴侶。然前思後想，終於放棄了這個念頭。因為達德利在成為女王寵臣之前，就已是有婦之夫，他的妻子在某日突然死去，於是有好事者傳言，認為是達德利殺害了他的妻子，以剔除他與女王成婚的障礙。不管此事是真是假，人言可畏，女王深恐與達德利結婚，將會招致非議詆毀，有損君王尊嚴，始終未能跨出這一步。達德利後續娶她人為妻。1588年，達德利去世的消息傳至宮中，女王悲痛不已。她將自己囚在居室，神情恍惚，日不思飲食，夜不能寐，欲隨情人一起赴黃泉。後經大臣百般勸慰，才使女王漸漸回轉，擺脫痛苦的思念。

1578年，伊莉莎白已經是四十五歲了，仍然待字閨中。這時，法蘭西國王亨利二世的弟弟、年僅二十歲的安茹公爵又向她求婚。據說伊莉莎白女王曾一度答應了這椿婚事，但後來似乎考慮到英、法、西班牙之間複雜的國際關係，就在將要舉行婚禮的前幾天，女王突然變

朝臣們抬著童貞女王——伊莉莎白。

卦。她鄭重宣佈解除婚約，並表示要堅持獨身。她曾這樣向她的國民表白：「我無須再選佳婿結婚，因為我在舉行加冕典禮時，已將結婚戒指戴與我國臣民的手指上，意即我與全體臣民眾伴，將我的生命與貞節獻於英國。」因此，伊莉莎白在英國曾有「貞潔女王」的美名。1603年3月，伊莉莎白女王在執政四十五年後悄然離開了人世。

貌美、多情的伊莉莎白女王為什麼終身未婚，人們有種種猜測：有人認為，其父亨利八世三次殺妻、六娶皇后的行為，給年幼時的伊莉莎白造成了心理上的創傷，她對婚姻有一種與生俱來的恐懼感；女王的政敵則宣稱女王實際上是「一棵不結果的樹」，即她有生理缺陷，因而未能成婚；而另一些人則持相反意見，說她曾有過私生子；還有人認為，自古以來各國王室成員的婚姻，都不能由當事人自己做主。王室婚姻是國家政治、國際關係的附屬物，這種婚姻包含著太多的陰謀和利害關係。伊莉莎白女王當然明白這些。也許因為她看穿了，才會義無返顧地做出了獨身的選擇，把自己的一生都獻給了英國。

15 塞萬提斯究竟葬身何處

　　說起文藝復興，人們往往覺得這場思想、文化運動僅限於義大利。其實，文藝復興是西元14－16世紀反映西歐各國正在形成中的資產階級要求的思想、文化運動。它最初發源於義大利，16世紀擴展到德意志、荷蘭、英國、法國和西班牙等地。

　　塞萬提斯（1547～1616）就是西班牙文藝復興中湧現出來的文學巨匠。塞萬提斯出生於西班牙埃納雷斯堡城一個沒落的貴族家庭。父親為外科醫生，他在童年就跟隨父親行醫到過西班牙的一些大城市。因為家境貧寒，他沒有機會上大學，但他刻苦自學，即使街上的廢紙片也撿起來閱讀。經過艱辛的努力，他終於成為當時西班牙人中讀書最多、求知欲望最強的人之一。

偉大的作家塞萬提斯。

　　西元1600年至1603年他開始了《唐吉訶德》的創作。該書最初被構思成一部滑稽諷刺作品，旨在反對當時文學作品中盛行的騎士小說，其內容如實地描述了一位老騎士，由於讀了騎士小說而頭腦糊塗，騎上老馬羅西南特，帶著崇尚實際的侍從桑丘‧潘沙，出門尋找冒險。它不僅顯示了作者豐富的創造力、想像力和幽默感，而且表現了他對現實和人生

的洞察力。西元1605年1月，《唐吉訶德》的第一部正式在馬德里出版，全名爲《奇情異想的紳士唐吉訶德‧德拉‧曼卻》。作品問世後立即獲得成功，成爲當時最流行的小說。西元1615年，塞萬提斯又出版了《唐吉訶德》的第二部。在此期間，他還完成了《訓誡小說》、長詩《巴納斯遊記》等作品，但是眞正使他成爲與莎士比亞齊名的作品還是那部《唐吉訶德》。

　　塞萬提斯的創作雖然進入了黃金時期，但由於所得報酬不多，他的生活依舊很艱辛。雪上加霜的是，他又屢遭不幸，如因其宅外有人被刺而涉嫌被捕，又因其女與女婿之間的財務問題而陷入一系列法律糾紛。就在他創作《唐吉訶德》第二部時，又有人化名發表了冒名頂替的《唐吉訶德》第二部，極力歪曲唐吉訶德和桑丘的形象，並對他進行惡意的人身攻擊。這使得處在貧困之中的塞萬提斯心神俱疲。由於數度入獄，使得他的身體受到極大摧殘，他在西元1616年因水腫病在馬德里的寓所中逝世。

　　但是歷經坎坷的塞萬提斯死後究竟被埋在什麼地方，至今仍然是個謎。有人說這位大作家於西元1616年4月23日死於馬德里，第二天就被人埋葬在位於甘太倫那斯街的「三德派」的一個教堂的墓園裏。有人認爲，西元1633年，塞萬提斯被改葬於米拉特羅街。有人認爲塞萬提斯死後被人草草安葬，教會對他恨之入骨，連一塊墓碑也不許爲他樹立，因此

這是塞萬提斯在《唐吉訶德》中描寫大風車的地方。

人們至今找不到他的墳塚。

　　西班牙人民爲紀念這位偉大的作家，於西元1855年在馬德里爲他樹立了一個紀念碑。還有人認爲，塞萬提斯一直生活於貧困中，在他逝世前不久才得到其保護人托雷多大主教贈送的一筆款項。他死後被葬在一個修道院的墓地裏，除了他的妻子外沒有人參加他的葬禮，其墓地裏無一塊碑石。西元1635年，修道院遷移到另一條街道上，墓地裏的屍骨都被掘出進行火葬，所有骨灰都被掩埋在一起，但掩埋在何處卻不得而知。

傳統觀點中的莎士比亞的父親為皮手套工匠，曾被選任本地市長，母親為望族支系後裔。據猜測，他在本地拉丁文法學校讀書，沒有上過大學。西元1592年，倫敦文學界第一次提到他，當時他已經是新崛起的受歡迎的劇作家。大約從西元1594年開始，他是宮廷大臣劇團的重要成員，

莎士比亞

既是劇作家，又是股東。西元1603年，伊莉莎白一世死後，詹姆斯一世即位，該劇團改為國王供奉劇團。當時該團擁有英國最佳演員伯比奇、最佳劇場和最佳作家莎士比亞。大約在西元1611年，莎士比亞回故鄉居住，原因不詳，逐漸退出戲劇活動。莎士比亞一生創作了三十七部戲劇、一百五十四首十四行詩和兩首長詩，其中《哈姆雷特》、《羅密歐與朱麗葉》、《奧賽羅》、《威尼斯商人》等都是世界劇團普遍推崇的名劇，均以情節生動、內容豐富、形象突出、語言精煉著稱。

如果這些作品不是莎士比亞寫的，那又是誰寫的呢？有人認為莎士比亞劇作的真正作者是英國的伊莉莎白一世。專家們認為，通觀莎士比亞作品的精彩語言與豐富劇情內容，只有伊莉莎白女王才具有那些傑作的作品所特有的廣博的學識、凝練的語言和對人們感情意志的高度洞察力。尤為湊巧的是，在伊莉莎白女

王去世的西元1603年以後，以莎士比亞爲名發表的作品數量明顯下降，在質量上也明顯較前大爲遜色，專家們認爲這可能是女王早期的不成熟之作，而在她死後由別人收集、整理後出版的。

也有的人提出了針鋒相對的意見，認爲莎士比亞劇作的眞正作者應爲英國著名哲學家法蘭西斯·培根。他們把哲學家培根的筆記內容和莎士比亞初版作品進行比較分析，發現兩者有相似之處。他們認爲當時上流社會和達官顯貴認爲編劇演戲是有傷風化的事情，但是在康橋和牛津大學的一些知識份子仍然有人暗地裡寫戲演戲。迫於社會壓力和輿論譴責，劇本的撰述人培根就虛構了一個莎士比亞的筆名。他們認爲莎士比亞劇作生活豐富，劇本情節生動感人，語言準確優美，全景式描繪了西元16至17世紀英國社會各種力量的衝突，提倡個性解放，反對封建束縛和神權桎梏，人物栩栩如生。這種傳世之作應該出自造詣精深的哲人培根之手更合乎情理。

正當專家學者爲莎士比亞的生平爭論不休的時候，西元1796年初，年僅十八歲的英國人威廉·艾爾蘭自稱發現了大批莎士比亞的手稿以及有關莎士比亞的文件。威廉·艾爾蘭出生於英國倫敦一個較爲殷實的家庭，其父是倫敦著名的雕刻家，同時也從事珍本書籍和古董的買賣。艾爾蘭訪問過莎士比亞故居史特拉特福，他瞭解到莎士比亞手稿和有關其生平的文件奇缺，就產生了僞造莎士比亞手跡的構想。

他僞造的第一件作品是一份莎士比亞的房地產租約。他在一本伊莉莎白時期的地租帳簿中找到一張空白的羊皮紙，接著將訂書用的溶液沖淡，使之像褪了色的棕色墨水，然後根據一本書上印有的莎士比亞的簽名用心描摹，直到能流利地寫出。這樣一份

16世紀的莎士比亞的房地產租約就被精心地偽造了出來。第一件偽造的作品成功後，艾米爾的發現可以說是源源不斷，這些發現包括莎士比亞的一份三百字的「信仰基督教的聲明」、與伊莉莎白女王的日常

莎士比亞的故鄉斯特拉特福，有一座莎士比亞的紀念碑。

信函、《李爾王》完整手稿和《哈姆雷特》的部分原文，甚至還發現了他的遺作。西元1796年4月2日，英國文化界公開上演了莎士比亞的遺作《沃蒂傑恩》。一時間人們趨之若鶩，但是該劇拙劣的台詞，使人很難相信那是莎士比亞的作品。隨著事態的發展，艾爾蘭終於露出了馬腳，他造假的劣行終於大白於世。

迄今為止，莎士比亞作品的真正主人究竟是誰，仍然是眾說不一。有人認為是伊莉莎白一世，有人認為是法蘭西斯‧培根，有人則在二人之外提出了另外的人選。但是要完全駁倒這些懷疑論者也並非易事，如同要否定莎士比亞的著作一樣困難。不過，那些不朽的作品早已在英國和全世界人心目中牢牢紮下了根，成為人類共有的精神財富，這一點是無庸諱言的。

莫里哀

1673年2月17日，在法國巴黎皇家大劇院裡，劇場內座無虛席，盛況空前，正在上演的新戲《沒病找病》緊緊抓著觀眾的心。穿著阿爾貢的戲裝的演員被抬回位於黎塞留街的住所。四個小時後他停止了呼吸。這位抱病登臺的演員就是法國17世紀著名的喜劇大師莫里哀（1622～1673），他是法國17世紀古典主義文學最重要的作家，古典主義喜劇的創建者，也是法國最偉大的劇作家，是繼莎士比亞之後成就最大、影響最深的戲劇家。

　　莫里哀生活在資產階級日漸蓬勃、封建統治日趨衰亡的文藝復興時期。他同情勞動人民，筆鋒所揭露的是昏庸腐朽的貴族，坑蒙拐騙的僧侶，無病呻吟的地主，冒充博學的「才子」，還有靠剝削起家而力圖「風雅」的資產者，利欲薰心、一毛不拔的高利貸者……他從各個側面刻劃出了剝削階級的醜惡形象。但他還沒有注意到正在形成的工人階層，因此他筆下的正面人物，常常是那些被嘲諷者的僕人、佃戶、工匠，這些人總是以高妙的手段使對方當場現形，讓剝削者在觀眾的哭聲中受到批判。

　　1673年2月17日，莫里哀的新作《沒病找病》，在巴黎皇家大劇院上演，他親自飾演劇中主角。巴黎人爭相購票，希望一睹為

快。此時的莫里哀已經五十一歲了，而且是抱病演出。在演到第四場的時候，文章開頭的那一幕出現了。莫里哀死後，教會拍手稱快，由於他們百般阻撓，莫里哀的葬禮十分冷清。不少人認為，莫里哀的猝死是因為得了一種怪病，但這怪病到底是什麼病一直沒有定論。而更多的人則認為莫里哀是累死的，因他一生坎坷，在1671年冬天，因為積勞成疾感染了肺病，並且因為病情嚴重而病倒了好幾個月。1672年2月，在他的健康情況剛剛有所好轉的時候，他又接二連三地在精神上遭受了沈重的打擊：他的老朋友、與他在戲劇事業上長期合作的瑪德隆‧貝紮爾去世；他的愛子也不幸夭折，這些噩耗使莫里哀悲痛不已，加重了他的病情。在這種情況下，他仍堅持寫戲、演出，最終倒在舞臺上。

還有一種觀點認為莫里哀不是死於單純的肺病，他的死因是多方面的。他身兼數職，肩負著整個劇團的重任，長期的創作、緊張的排演和疲勞的巡迴演出，激烈的競爭、艱辛的生活、痛苦的流浪、家庭生活的不幸，錯綜複雜的政治角逐，特別是因為在1672年冬他與他的老朋友、音樂家呂理發生爭執，致使國王對他的寵信日減，並被國王路易十四免去了文藝總管的職務，這一切使晚年的莫里哀不勝重負，大大加重了他的病情，再加上肺病在當時的醫療條件下是一個很難治癒，最終導致他死於中年。

18 彼得大帝秘訪西歐之謎

彼得大帝秘訪西歐，從此振興了俄國。

　　彼得大帝的成功，某種程度上得益於他對西歐各國的考察，這是一次巧妙的秘訪，留給後世一段佳話。彼得大帝親政後，對內要鞏固和加強自己的統治，對外要打敗土耳其、瑞典，奪取黑海和波羅的海的出海口。然而，這需要強大的國力，為此，他決定向西歐先進的國家學習，以便全面改革。1697年3月2日，他派遣使團出使西歐各國考察學習，使團共有250人，其中有35名貴族志願兵專門學習航海、造船和外語，有意思的是為了掩人耳目，當時年僅二十五、六歲的彼得大帝隱瞞了自己的身分，改姓更名隨團考察，他既是使團的普通一員，又是使團的實際領導人。

　　這個考察學習團經過瑞典的里加，普魯士的柯尼斯堡前往荷蘭、英國和奧地利。在荷蘭的阿姆斯特丹，他同10名貴族留學生一起學習如何造船；在英國，他繼續鑽研航海知識和造船術，儼然一位勤奮學習的年輕學生。在參觀訪問期間，他曾拜會過大名鼎鼎的英國科學家牛頓和其他一些專家。考察團歷時一年半，在1698年8月19日返回俄國。彼得大帝秘訪西歐，從此振興了俄國。

　　這次出訪不單是參觀、訪問和學習，還有一個秘密的使命，即鞏固和擴大同歐洲國家建立的反對土耳其的聯盟，經過種種努

力，這個使命沒有成功，但是，彼得大帝卻意外地發現有同波蘭、丹麥建立起共同反對瑞典的可能。於是，彼得大帝改變了原來的策略，把進攻土耳其，爭奪裏海出口，改爲先攻瑞典，爭奪波羅的海的出海口。考察歸來後，彼得大帝立即進行大刀闊斧的改革。在軍事方面，他改組陸軍、建立海軍，實行徵兵制。到他在位末年，俄國建立起二十萬人的陸軍和擁有四十八艘戰艦的海軍，大大加強了俄國的軍事力量。

在經濟方面，他學習西歐先進國家的辦法，通過貸款和提供勞動力等優惠措施，大力發展工業，尤其是冶金、紡織和造船業，他主持在烏拉爾建成了第一個冶金工業基地，爲俄國奠定了工業基礎。在政治方面爲了加強中央集權，他廢除了貴族杜馬，取消了按門第出身的升遷制，罷除了大教長，與此同時，他設立了樞密院，下設分管陸軍、海軍、外交和財政等事務的委員會，他把全國劃分五十個省，建立了統一的地方行政機構系統。他還建立了宗教院，把宗教控制在國家手裏，結束了教會與世俗政權分庭抗禮的局面。在文化教育方面，他更是不遺餘力地興辦學校，創立科學院，派出留學生，從貴族子弟

彼得大帝下令剪鬍開始向大鬍子所代表的保守勢力宣戰。

中培養軍政骨幹，作爲他依靠的中堅力量。他還開設了醫院、劇院、博物館圖書館，創辦了《新聞報》——第一份全俄報紙。彼得大帝的一系列改革，迅速改變了俄國的落後面貌，使俄國以嶄新的面目屹立於世界民族之林，成爲歐洲的列強之一。

　　丹尼爾‧笛福的小說《魯賓遜漂流記》中魯賓遜的漂流日記。在西方文學史上，魯賓遜的形象眾所周知，這位流浪荒島數十年的孤獨者成為了一個神話式的英雄。他航海遇險，一人漂流到南美洲某荒島，靠著雙手和簡易工具造房子、修田地、種糧食、養牲畜，還從土著的刀下救下了一個人，取名禮拜五，收為自己的奴隸……魯賓遜用二十八年的時間，把荒島建設成為

1719年，英國作家笛福的著名遊記《魯賓遜漂流記》出版。

一個世外桃源，最後又奇蹟般地回到歐洲，成為巨富。魯賓遜是按照西方資產階級文化的模式，獨自創造文明的英雄。笛福（1659～1731）也因此部小說而揚名世界文壇，而此書英國十八世紀四大著名小說家之一。

　　《魯賓遜漂流記》1719年，依笛福說是根據真人真事加以改編創作的。1704年9月，一個名叫亞歷山大‧塞爾柯克的蘇格蘭水手被船長遺棄在南美洲大西洋中的安‧菲南德島上，在這個荒無人煙的海島上度過了四年零四個月。當他被發現時已成了一個野人，甚至忘記了人類的語言。塞爾柯克的傳奇經歷引起公眾的關注，報紙上也刊登了一些關於塞爾柯克在荒島上的孤獨生活的情

況。笛福以塞爾柯克的傳奇故事為藍本，把自己多年來的海上經歷和體驗傾注在人物身上，並充分運用自己豐富的想像力進行文學加工，在他年屆六十時創作了這部妙趣橫生、雅俗共賞、老少咸宜的傳記體小說，為自己博得了「英國和歐洲小說之父」的美譽。此後的二百五十多年中，世人認定魯賓遜這一形象為一個不安於現狀、勇於行動、勇於追求、不畏艱險，按照現代文明的模式開闢新天地的創造者。

《魯賓遜漂流記》是英國文學史上第一部現實主義小說。作品一出版就風靡英國，特別是在水手、士兵、小商販、小工匠及其他小資產者中廣為傳閱。至十九世紀末，在英、法、德、意、荷等國家已有各種不同的版本、譯本甚至仿作達七百種之多，至今仍是雅俗共賞的世界名著。《魯賓遜漂流記》之所以會有那麼大的魅力，表面看來它只是以主人公的冒險生活情節吸引讀者，其實有著更深層的意義。18世紀，英國資本主義迅速發展，經過上個世紀的革命，資產階級和封建貴族達成妥協，建立君主立憲政體，政權和高官厚祿仍保留在貴族手中，但必須保護資產階級的利益。國家通過制定各種政策和制度為發展經濟服務，因此出現資本主義發展繁榮的局面。當時資產階級剛剛從封建關係中解放出來，但已基本具備了自我發展的歷史條件，精力充沛，滿懷信心，加緊進行資本積累，表現出這個階級在上升時期所具有的積極進取精神。

正如英國文學史家艾倫所認為的，該小說是一部包含每個人生活的寓言：「說實在的，我們每個人都是孤獨的，都遭受孤寂的折磨。笛福象徵性地描述孤獨，把魯賓遜和上帝一起拋到了荒島上，因此《魯賓遜漂流記》其實是描述了普通人的經歷感受的

寓言故事，因為我們都是魯賓遜，像魯賓遜那般的孤獨就是人的命運。」

　　此書最大的藝術成就是在歐洲文學史上真實而具體地塑造了第一個資產階級英雄形象。魯賓遜所處的時代正是資產階級大發展的時期，他冒險經商、流落荒島並對荒島開發和佔有的傳奇經歷、表現了新興資產階級上昇時期充滿野心、富於冒險、頑強堅毅、不屈不撓的進取精神。魯賓遜的成功使他自然成為了中小資產階級心中的偶像。魯賓遜樂觀、勤奮的開拓精神正是小說的價值所在。笛福晚年生活十分貧困，他臨死前為了躲債不得不離家出走，1731年他因病客死異鄉。

20 孟德斯鳩之謎

　　自由是做法律所許可的一切事情的權利；如果一個公民能夠做法律所禁止的事情，他就不再有自由了，因為其他的人也同樣會有這個權利。——孟德斯鳩。

孟德斯鳩畫像。

　　孟德斯鳩（1689～1775）法國啟蒙思想運動的代表人物、資產階級國家學說和法學理論的奠基者，是與伏爾泰並駕齊驅的啟蒙思想家。他出生於法國波爾多市附近的拉勃烈德城堡一個達官顯貴之家。自幼受過良好教育。他的祖父是法國西南重鎮波爾多法院院長，這是個世襲的職位。孟德斯鳩十九歲時獲法學學士學位，並出任律師。1714年開始擔任波爾多法院顧問。孟德斯鳩博學多才，對法學、史學、哲學和自然科學都有很深的造詣，曾經撰寫過許多有關論文。

　　孟德斯鳩生活在路易十四、十五時代，這時的法國封建專制主義發展到了巔峰。路易十四公開宣揚「君權神授」、「朕即國家」，集國家立法、司法、行政大權於一身。終身王位世襲。路易十四從登基到去世（1643～1715），在位共七十二年，恐怕是世界上王位時間最長的一個。孟德斯鳩對這種集權制和終身制十分不滿。他認為，「當立法權和行政權集中在同一個人或同一個機關之手，自由就不復存在」。他指出，「專制政體的原則是恐怖」；

「專制政體是既無法律又無規章，由單獨一個人按照一己的意志和反覆無常的性情領導一切」。他要求分權，主張立法、司法、行政三權分立。議會掌握立法權，法院掌握司法權，國王掌握行政權。互相制約，互相平衡，以防止濫用權力。孟德斯鳩的三權分立說顯然是代表新興的資產階級向封建統治者要求分享權力。他的這一思想在美國獨立戰爭和法國大革命中產生過深刻的影響。美國立國後把他的「三權分立」思想寫進了憲法；法國的《人權宣言》也明顯地體現了他的思想。孟德斯鳩的思想遺產很豐富，但影響最大的恐怕就是這個三權分立說。

但是，真正使孟德斯鳩成爲舉世聞名的資產階級卓越思想家的，還是他在1748年發表的重要著作《論法的精神》。這部書一推出就受到極大的歡迎，兩年中就印發了二十二版。在這部著作中，他不僅尖銳地揭露了封建專制制度，反對天主教和神學，更加重要的是，他在這部著作中完整地提出了資產階級國家和法學的理論。尤其是在這部書中他提出的「三權分立」的學說，即國家權力分爲立法、行政、司法三種，分別由議會、君主、法院三家掌管，各自獨立、相互牽制、彼此平衡，以維繫國家的統一。他的三權分立的學說，成了資產階級政治制度的基本原則。

孟德斯鳩反對神學，提倡科學，但又不是一個無神論者和唯物主義者，他是一名自然神論者。他承認「上帝是宇宙的創造者和保護者」。不過他不許上帝干預自然界的事務，認爲自然界有其固有的規律。他的世界觀充滿著矛盾。他最重要的貢獻是對資產階級的國家和法的學說做出了卓越貢獻，他在洛克分權思想的基礎上明確提出了「三權分立」學說；他特別強調法的功能，他認爲法律是理性的體現，法又分爲自然法和人爲法兩類，自然法是

人類社會建立以前就存在的規律，那時候人類處於平等狀態；人爲法又有政治法和民法等。孟德斯鳩提倡資產階級的自由和平等，但同時又強調自由的實現要受法律的制約，政治自由並不是願意做什麼就做什麼。他說「自由是做法律所許可的一切事情的權利；如果一個公民能夠做法律所禁止的事情，他就不再有自由了。因爲其他的人也同樣會有這個權利。」

1755年，他在旅途中染病去世。

的地方法院。並最終迫使法國政府爲卡拉平反。伏爾泰的堅決鬥爭喚醒了越來越多的法國民眾，摧毀了教會的威信，爲即將到來的資產階級民主革命鋪平了道路。由於伏爾泰的威信越來越高，封建統治者爲了迎合民眾的需要，不得不作出一些讓步。

　　1778年2月，路易十五駕崩，八十四歲高齡的伏爾泰重返闊別了二十八年的巴黎，當時巴黎全城轟動，人們紛紛擁上街頭表示歡迎。巴黎劇院首演他新寫的悲劇《伊蘭納》，演員們在舞臺上抬出了他的大理石半身像，並爲它舉行了加桂冠儀式。這一年5月底，他在佛爾納逝世。伏爾泰一直多病，經年累月地躺在床上。伏爾泰死後，先是葬於香檳省一個小禮拜堂內。1791年法國大革命期間，人民把他的遺骸運回巴黎偉人公墓隆重安葬。當時在他的靈車上寫有「他使人類的理性迅速發展，他教導我們走向自由」的句子。伏爾泰在他八十四年的人生中創作了許多著作，他反對封建專制、反對宗教迷信，宣揚自由和平等的原則，主張人們在法律面前一律平等。

思想家盧梭的憂鬱之謎

盧梭生於1712年，是法國啓蒙時代的思想家，他的理論著作《人類不平等的起源》和《民約論》等，對法國資產階級革命起了很大的影響。他在《愛彌兒》一書中關於教育問題的觀點，對人類教育理論的形成功不可沒。

被懷疑症折磨的思想家盧梭。

在《愛彌兒》中，盧梭指出：孩子天生是善良的，但社會的虛偽，破壞了他們的天性。他要求做父母的要親自撫養自己的孩子，並使他們養成與生活和自然界做鬥爭的能力，同時他還認爲對孩子的道德教育應該和體育、智育同時並進。盧梭還是一位文學家，他的《新哀洛綺絲》和《懺悔錄》，在世界文學史上都佔有很重要的地位。

正是由於盧梭提出的許多新思想問題，使他的名聲大振，同時也使他遭到了一場又一場的迫害。當時的巴黎高等法院曾判決燒毀他的書籍，又下令逮捕他。爲此他不得不拋下妻子，到歐洲各國去流浪。他先到德國，後來又接受哲學家休謨的邀請，到了英國。盧梭的一生，幾乎都是在這種不幸和放逐中度過的。由於長期受迫害，精神上的不安，盧梭患了嚴重的憂鬱症。有時發作起來，竟然到了精神錯亂的地步。

盧梭在滯留倫敦期間，就經歷了一次嚴重的憂鬱症折磨。有

一天，正在旅館休息的盧梭懷疑有人要逮捕他，他決定要趕快逃跑，但當時盧梭手中沒有足夠的錢付清旅館的費用，他便用一個很昂貴的銀勺子結帳，把行李交給旅館保管，隻身逃到海邊去了。在逃跑的過程中，盧梭弄不清方向，還以為自己已經落入敵人的陷阱。絕望的他只得爬上一個小山崗，用法語滔滔不絕地說起話來。由於他的聲音很大，舉止又很怪異，一下子聚攏了許多好奇的人，人們完全不瞭解這是怎麼回事，比手劃腳地議論起來，而盧梭卻以為人們被他的話語所感動，情緒更加激動，聲音更大了，就像一位站在山崗上的演講者。事情過後，盧梭也常常為自己的失態感到後悔，但當病情發作時，他一點都不能克制自己。

不久，盧梭回到了法國，他的懷疑症還是不時地折磨他，使他懷疑周圍的一切。直到1770年以後，一直流浪中的盧梭才在巴黎的波特利哀街定居下來，送走了他一生中的最後八年。在那最後幾年裏，當局對執行逮捕他的命令有所緩和，盧梭才享受了少有的安靜，他的懷疑症也有所好轉。1778年7月1日早晨，盧梭因急病死去。盧梭居住的這條街以後就以他的名字命名，這是人們對這位一生充滿精神折磨的思想家最好的紀念。

葉卡琳娜原名蘇菲亞·奧古斯
特，1729年出生於德國公爵家庭，
當時家境已經破落。在她十四歲那
年，幸運之神在向這位美麗的日耳
曼公主招手。原來自彼得大帝在
1725年駕崩後，俄國宮廷陷入長期
混亂之中。從1725年彼得大帝去世
到1741年伊莉莎白上臺，俄國共發
生了五次宮廷政變。宮廷深處腥風

彼得三世與葉卡琳娜。

血雨。葉卡琳娜一世、彼得二世、安娜·伊凡諾夫娜、伊凡六世
都是匆匆而逝的過客，然而伊莉莎白卻統治了俄國二十年。她在
位期間，她的臥室成了國家政策的工具，俄國宮廷浸泡在令人瞠
目的奢靡中——奢華的舞會、無窮的夜宴、縱情的狂歡，可與凡
爾賽的舞榭歌台相媲美。

在她成為女皇後，伊莉莎白馬上就把尋找繼承人做為首要大
事。她的姐姐安娜遠嫁德國的一個小公爵，留下一個兒子彼得·
費多羅維奇。伊莉莎白上臺不久，就把彼得·費多羅維奇召到了
彼得堡，宣佈他為俄國大公，俄羅斯王位的繼承人，他就是後來
的俄國沙皇彼得三世。這個從小生活在德國的彼得，是普魯士軍
事制度和德國文化的狂熱崇拜者，而對自己的祖國卻毫無感情。
他甚至公開宣稱：俄國是一個令人討厭的國家，自己對治理這個

國家毫無興趣。對俄國的蔑視，對德國的崇拜，使彼得在皇后人選問題上，將重心偏向了德國。而出生於德國的蘇菲亞·奧古斯特則受到了彼得的青睞。當得知自己被選定為俄國未來皇位繼承人的未婚妻後，少年的蘇菲亞·奧古斯特激動萬分，立即

在這幅1791年繪製的漫畫中，葉卡琳娜正跨過一群歐洲君主的頭頂，諷刺她擁有極大的情慾和野心。

在母親的陪同下，隨身帶著兩三套衣服、一打襯衣、一打襪子和手絹，經過長途跋涉來到了聖彼得堡。正是這位美麗的日耳曼小公主，改寫彼得的命運和俄國歷史。

　　1744年，蘇菲亞·奧古斯特到了俄國，改稱葉卡琳娜。1745年8月，彼得與葉卡琳娜完婚。為了能當一個稱職的皇后，葉卡琳娜開始拼命學習俄語，大量閱讀書籍，還改信了東正教。據說當她用標準的俄語虔誠地朗誦東正教誓言時，竟使在場的大主教和教徒都感動得流下了眼淚。而與她形成鮮明對照的彼得卻是一個不學無術、才能平庸、頭腦簡單、狂妄自大的人，彼得全部的時間幾乎都是在僕役的圈子裏消磨掉的，他讓人們在他的房間裏玩傀儡戲，還把他的侍從編成一個團隊，每人都領到一支火槍，玩各種打仗的遊戲。他對錫製玩具兵器有一種狂熱的嗜好。在公開的場合，他也經常不拘小節，表現出一種傲慢的姿態。俄國人永遠都不會忘記，在女皇伊莉莎白的國葬日中，彼得無所事事，漫不經心，公開表示蔑視那些毫無意義的繁文縟節。但葉卡琳娜卻

葉卡琳娜除了喜愛權力，還酷愛騎馬。

一直身著喪服，顯得心情沈痛，並嚴格遵守教會的祈禱和齋戒制度。葉卡琳娜的溫和寬厚，得到了眾人的愛戴；而彼得的粗暴猥褻，則受到宮廷內外的非議和鄙視。

1761年，彼得繼承皇位，是為彼得三世。對俄國毫無感情的彼得三世，經常以自己一時的好惡，隨意改動俄國現行的制度和法令，推行一系列損害貴族和教會利益的政策，人們紛紛表示不滿。彼得的對外政策，使俄國許多到手的利益付之東流，引起了政界和軍界的強烈反對。而頗有心計的葉卡琳娜皇后則開始物色和營建私黨，在禁衛軍中有一批忠於她的小集團。1762年，彼得三世離開彼得堡到奧拉寧堡，準備發動對丹麥的軍事進攻。皇后看準時機，發動宮廷政變。她趕到近衛軍團駐地，用葡萄酒和金錢鼓勵士兵為她而戰。在一片「女皇萬歲」呼聲中，葉卡琳娜身著戎裝，率領裝備精良的近衛軍團浩浩蕩蕩地開向彼得堡。

當彼得三世聞訊匆忙趕回時，一切已成定局。新女皇拒絕了與彼得三世平分政權的建議，懦弱無能的彼得三世即位不到一年就不得不宣佈退位。這個無能的短命沙皇只要求歸還他的情人、猴子和小提琴，作為消遣了卻殘生。7月18日，葉卡琳娜正式宣佈就任俄國皇帝，史稱葉卡琳娜二世。也就是在同一天，傳來了彼得三世暴死的消息。人們紛紛傳說，彼得三世的死亡和葉卡琳娜

二世有直接或間接的關係。還有一種說法認為，彼得三世不甘心皇位被奪，無可奈何下終日以酒澆愁，因飲酒過度而亡。儘管彼得死亡事件撲朔迷離，但人們不得不承認，正是彼得的不成材，才成就了葉卡琳娜二世的偉業。

葉卡琳娜二世即位後，開始她大刀闊斧的改革，首先她通過剝奪教會的財產來充實揮霍一空的國庫。在外交方面，葉卡琳娜二世與普魯士、法國和奧地利保持友好關係。她把昔日的情人扶上了波蘭的王位，從此解決了波蘭問題。1774年，俄國擊敗了土耳其。同年，格裏高利‧波將金成為葉卡琳娜的情夫。波將金扮演多方面的政治角色，曾經擁有無限的權力。1783年俄國兼併土耳其的屬地克里米亞，即是波將金的功勞。俄國佔領克里米亞汗國和取得黑海北岸地區之後，就有可能威脅奧斯曼帝國的生存和在地中海建立一個立足點。

1787年，在波將金的安排下，葉卡琳娜二世乘船到達克里米亞，這次航行使她的榮耀達到頂點。在天方夜譚般的節日氣氛中，這位女皇巡視該國一週。奧地利皇帝、波蘭國王以及各國的外交使節專程前來向她表示頌揚。到葉卡琳娜二世統治末期，俄國已經向西方和南方擴張二十萬平方英里以上的土地，俄國歷代統治者企圖進入博斯普魯斯海峽的願望已經成為即將實現的目標。1796年，統治俄國三十四年之久的葉卡琳娜二世死於中風。

24 大衛與《馬拉之死》之謎

馬拉是一位物理學家、醫藥博士，1774年發表了《奴隸制的枷鎖》一文，抨擊封建君主制度，提出武裝起義和革命專政的思想，因此受到當時法國政府的追捕和迫害。為了躲避密探和警察，他不得不長期棲身在窮苦人家的地窖裏，因而得了十分嚴重的皮膚病和關節病，發作起來，

大衛的代表作《馬拉之死》。

疼痛難忍。所以他常常不得不泡在很燙的熱水中或摻有硫化物的水中進行工作。1789年法國大革命後，馬拉成為職業革命家，是法國革命「三巨頭」之一（另兩人是羅伯斯庇爾和丹東）。他創辦的報紙《人民之友》，不斷揭露保皇黨人的反革命陰謀。由於人民對他和《人民之友》十分喜愛，所以都稱他為「人民之友馬拉」。對敵人他始終堅持要實行武力鎮壓。他在群眾場合出現，總是掛上兩把特大的手槍，以表示自己對武裝鬥爭的崇尚。正因為這些原因，敵人對馬拉恨之入骨。

1793年7月13日，保皇黨人買通了女刺客夏洛特·科爾黛，把馬拉刺死在浴盆裏。馬拉被刺後的兩個小時，大衛就趕到了現場，他怎麼也不相信，就在前幾天，他還拜訪過馬拉，當時的情景使大衛感到非常驚奇：只見平時在人們面前叱吒風雲的馬拉正

坐在浴盆中，身旁有個木墩，上面放著墨水瓶和紙。露在浴盆外面的手，正在書寫著關於人民福利事業的許多設想……。抑制著悲憤的大衛爲馬拉畫了頭像，並趕製了一個石膏面具。馬拉的被暗殺激起了法國人民極大憤怒和抗議，第二天在一次集會中，一個名叫希羅的代表在談及馬拉不久前的一幅名爲《勒普勒蒂埃之死》時，激動地說：「大衛，你在哪裡？你曾爲後代留下了爲祖國獻身的勒普勒蒂埃的形象，這裏有另一幅肖像畫要你去畫呢！……拿起你的畫筆，爲馬拉報仇。要讓敵人看到馬拉被刺的情景時發抖，這是人民的要求！」大衛在人群中大聲回答：「對，我一定再畫一幅！」大衛愛戴馬拉，崇敬馬拉，馬拉受到致命攻擊後的樣子深深打擊了他，一幅馬拉被刺的構圖很快就在他腦海中形成了。1793年10月14日，《馬拉之死》已經完成，法國人民爭先恐後地去觀看英雄的畫像。

在《馬拉之死》的畫面上，人們瞭解到了眞實的歷史，看到了身患風濕病的馬拉處理公務時的情景。在畫家的筆下，人們很少感覺到精心設計的均衡、對稱，以及古代雕刻的「典雅風格」，而是從一個眞實的形象上，體會到那個時代的氣氛。剛剛被兇手刺死的馬拉坐在浴盆中，鮮血從他的胸部順著浴盆往下流，握著鵝毛筆的右手無力地垂落下來，臉上是瀕於死亡的表情，但卻沒有痛苦。刺客慌亂中留下的兇器拋在地上。畫面的構圖單純而明確，佔據畫面一半的蘭灰色背景愈加襯托出前景人物的悲壯性，從上方射來的光線在暗面低沈的背景襯托下使得主人公顯得更加突出，強烈的明暗對比使得形象具有立體感。方形木墩就像紀念碑一樣起著穩定構圖的作用，木墩上寫著「獻給馬拉，大衛」的題字。畫面上的一些細節處理也是耐人尋味的：馬拉左手拿著兇

手給馬拉的短箋，上面清楚地寫著：「1793年7月13日馬麗・安涅・夏洛特・科爾黛致公民馬拉，我是十分的不幸，爲了指望得到您的慈善，這就足夠了。」木墩上附有的一張便條上寫著：「請將這五法郎的紙幣交給一個五個孩子的母親，她的丈夫爲祖國獻出了自己的生命。」這些細節加強了馬拉被刺時的眞實情景，也藉以表達了這位革命者的高貴品質和崇高的精神面貌。整個畫面結構簡潔而嚴謹，充滿著一種悲情和悲壯的色彩。大衛創作這幅畫時曾說過：「讓那些敵人看到馬拉已變的面容而失色吧！」畫家的目標確實達到了，他成功地把人物的肖像描繪、歷史事件的眞實性和革命人物的悲劇性恰當地結合起來了。法國浪漫主義大師德拉克洛瓦曾形容大衛的畫是「雄壯有力的散文」，他正是用他的作品敘述了革命者馬拉的光輝形象。

在這幅作品中，作者從希臘和羅馬雕刻中學會了怎樣塑造軀體的肌肉和筋腱，怎樣賦予軀體外形高貴的美，他也從古典藝術中學會了捨棄所有無助於主要效果的枝節細部，學會了單純。畫中沒有繁雜的色彩，也沒有複雜的短縮法。使這幅畫顯得質樸。這是感人至深的紀念。大衛成功地使畫面顯示出英雄氣概，卻又保持著一個警方記錄的現場細部。《馬拉之死》的命運十分坎坷，爲防不測，大衛爲這幅畫塗上了一層厚厚的鉛白顏料，法國國民大會曾決定把它懸掛在會議大廳的牆壁上，作爲永久紀念，無論任何情況下都不得卸下。但是，一年後雅各賓黨的專政被大資產階級熱月政變所推翻，《馬拉之死》也遭到了官方的拒絕。1825年大衛逝世後，法國復辟勢力拒絕收購它。直到1893年這幅稀世珍品才被比利時布魯塞爾博物館收藏。

路易十六是18世紀最為貪婪、
最為奢侈的君主。在他於1774年登上
法國國王寶座時，法國的統治已經危
機四伏，國內政治動蕩，社會極不穩
定，昏庸無能的路易十六竟然無視這
一切，仍然四處搜刮金銀財寶，過著
十分豪華的生活，這激怒了當時的資
產階級和廣大群眾，終於在1789年爆

法國國王路易十六。

發了資產階級革命。迫於無奈，路易十六表面上接受立憲政體，
實則力圖革命，1791年6月20日，路易十六偕同王室逃至法奧邊境
瓦倫，兩天後被群眾押回巴黎，歷時一千五百多年的法國封建王
朝從此崩潰，1792年9月，路易十六因陰謀復辟而被廢黜，次年1
月被處死在巴黎革命廣場（即協和廣場）。

　　他死之後，關於他的財寶眾說紛紜，至於藏匿金銀財寶之
處，至少有好幾個地方，有的在法國，有的在西班牙。據說，他
在行宮羅浮宮曾埋藏著一筆價值二十億法郎的財寶，包括金幣、
銀幣和一些價值連城的文物，在王宮的珍寶貯藏室裏，還存有九
千五百四十七顆鑽石，總值達三千萬法郎，其中有一顆法國王冠
上的雷讓鑽石，更是無價之寶。不過，流傳最廣的還是路易十六
隱藏在「泰萊馬克」號船上的財寶和鑽石下落之謎。

　　「泰萊馬克」號是一艘噸位達一百三十噸，長二十六米的雙

桅橫帆船，這艘船上有屬於路易十六的二百五十萬法國古斤黃金（約合95萬～137萬公斤）；瑪麗王后的一副鑽石項鏈和價值一百五十萬法國古斤的黃金；金銀製品有銀器以及朱米埃熱修道院和聖馬丁·德·博斯維爾修道院的祭典聖器；五十萬金路易法郎；五名修道院院長和三十名流亡大貴族的私財。1790年1月30日，這艘滿載財寶的「泰萊馬克」號偽裝成商用船，由阿德里安·凱曼船長駕駛，經塞納河從法國里昂向英國倫敦駛去，目的是把這筆財富轉移出國。然而，這隻船在法國瓦爾市的基爾伯夫河下游被潮水沖斷纜繩，而出事沈沒了。據說，「泰萊馬克」號沈沒的地點是在瓦爾市燈塔前17米深的河底淤泥裡。從1830年到1850年，人們都爭先恐後地來打撈這艘沈船，但是，在打撈作業中纜繩斷了，結果沈船又沈沒到水底。後來，在1939年，一些尋寶人都稱他們已找到了「泰萊馬克」號的殘骸，但是沒有確切的證據顯示，這些殘骸確實是「泰萊馬克」號上的。看來，想得到這筆財寶真不是一件容易的事。

　　更令人驚異的是，藏在珍寶貯藏室的鑽石竟多次遭竊，且下落不明。1791年6月，當路易十六被群眾押回巴黎，法國王朝崩潰之後，法國制憲議會的一位議員向公眾提出了警告：國內外敵人正在試圖奪取王冠上的鑽石。於是制憲議會組成了專門委員會清點了這批稀世珍寶。此後每星期一人們都可在保安警察的監護下，在陳列櫃前觀賞鑽石和珍寶。後來不知為什麼，看管這批珍寶十幾年的忠誠可靠的克雷西，換成是吉倫特派領袖羅蘭的心腹雷斯圖。次年9月，路易十六被廢黜後，法國處在危機之中，外部面臨歐洲聯盟的入侵；國內派系鬥爭激烈，到處是失業與饑荒、恐怖與暗殺。在這嚴峻時刻，珍寶貯藏室貼上了封條，但令人不

解的是，這眾多奇珍異寶，竟無人看守！

9月17日，內務大臣羅蘭在國民議會突然宣佈：「珍寶貯藏室被撬，鑽石全部遺失！」這是一起駭人聽聞的特大盜竊案，圍繞著這起盜竊案又引出了一連串令人莫名其妙的事情，令人費解。先是9月11日深夜至14日深夜，盜匪竟能三次光顧珍寶貯藏室，如入無人之境。他們第一次行竊時，約三十多人扮成國民禁衛軍的樣子，十分囂張。15日早晨，警察分局局長塞爾讓聽說街頭出現了賤價的鑽石，才到失竊現場大略地看了一下，並未做任何調查。直到16日，當盜匪第4次來行竊時，才被國民自衛軍抓獲。接著是內務大臣羅蘭與國防大臣丹東互相指責對方應對珍寶失竊案負責，展開了唇槍舌戰。再就是，9月22日，被判處死刑的兩名盜匪在囚車上供出藏在他家的一百多顆鑽石；不久，塞爾讓根據一封匿名信，在弗夫大街的陰溝裏找到了一大堆珍寶。但離失竊總數所差甚多。

後來警察又逮住了一個叫勒圖的盜匪，他供出了一個17歲的同夥，當後者的父親知悉兒子入獄時，聲稱要揭發一樁聳人聽聞的案子。不料，次日早上，父親被毒死，兒子也死在獄中。種種跡象表明，這起盜竊案是一場精心設計的大陰謀。事情還是起源於法普之戰，當時舉行了秘密會議，法國得花一大筆錢，以換取敵方撤軍。8月11日，法國特使答應付給敵人三千萬法郎，但對方說金額不夠。於是議員帕尼斯建議從珍寶貯藏室裏補足差額部分。他的建議被採納了。國防大臣丹東隨即策劃了9月11日夜間的入室盜竊，然後讓普通的盜賊進行幾次盜竊，以便把事情混淆。一切按預定的步驟進行。到了9月17日，羅蘭宣佈珍寶貯藏室失竊。一周後，法普雙方舉行了瓦爾密會議，於是出現了瓦爾密戰

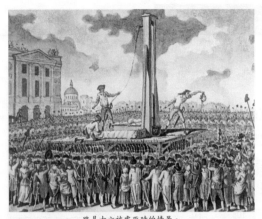

路易十六被處死時的情景。

役的勝利。說到此，此案是否眞相大白了呢？其實不然！

後來，另一起奇案令人們更是瞠目結舌。1805年，在拿破崙當上法國的終身執政的第六年，一個面臨死刑判決的偽造鈔票的犯人巴巴公然在法庭上宣稱：「如果我被判死刑，我將請皇帝（拿破崙）寬恕。沒有我，就沒有拿破崙的皇位！」他接著說自己就是珍寶貯藏室的盜匪之一，當時這些珍寶的所有權已被出賣。根據給他特赦的諾言，他提供了藏寶的地點。雷讓從那裏取出鑽石。後來，拿破崙執政後，因急需一筆資金，就把這些稀世之寶押給荷蘭政府了。此後，巴巴沒被處死，雖然被關在比塞特爾，但受到了良好的待遇。那麼，巴巴的話是眞是假呢？大概還是個難解之謎。

歌德是德國古典文學最主要的代表，也是世界文學史上最傑出的作家之一。恩格斯對歌德極為推崇，稱其為文藝領域裏「真正的奧林匹斯神山上的宙斯」。他是一位多才多藝、知識廣博的藝術家和科學家，在文藝理論、哲學、歷史、

一生浪漫的歌德

造型藝術及自然科學等領域，都為人類做出了寶貴的貢獻。他的一生經歷了德國文學史上狂飆突進運動、古典主義和浪漫主義三個階段，是德國歷史上少有的長壽作家。

1765年8月，在父親的堅持下，歌德違背自己學習古典文學的意願，到萊比錫學習法律。1768年因病輟學。1770年4月前往斯特拉斯堡繼續完成學業，次年獲法學博士學位。歌德的寫作生涯是從十歲開始的。1773年歌德寫了一部戲劇《鐵手騎士葛茲‧封‧伯里欣根》，蜚聲德國文壇。1774年秋，《少年維特之煩惱》的出版使他一舉成名。1775年11月，歌德來到威瑪，成了威瑪公國的重臣，開始了他近十年的官宦生涯，這一期間他歷任樞密顧問官、軍事長官，主持過稅務署等等。在他執政期間曾力圖進行一些改革。然而隨著各方面阻力的增強，加上他對科學研究與文學創作的愛好，兩種截然不同的生活狀態使他陷入一種矛盾的痛苦之中。1786年9月，他為了逃脫這種痛苦，拋開工作開始為期數

年的義大利之旅，這爲他日後寫作提供了豐富的材料。

1794年，歌德與席勒相遇，開闢了「以歌德和席勒的友誼爲特徵」的德國古典文學全盛時期。在十年的時間裏，他們在創作上互相幫助，以各自的創作把德國文學推向歷史上一個前所未有的新高度。歌德先後創作了小說《威廉‧邁斯特的學習年代》、敘事詩《赫爾曼與竇綠苔》（1797）。在席勒的促進下，歌德重新寫《浮士德》第一部。兩位文學巨人10年的相處與合作把德國古典文學推向了高峰，並使威瑪一躍成爲當時德國與歐洲的文化中心。

做爲德國「狂飆突進」運動的代表人物，歌德在他的一系列作品中呼喚自由，歌頌反抗。《少年維特的煩惱》發表後，立即轟動了全德和全歐，它表現了覺醒的市民階級知識份子在當時封建社會環境裏的精神苦悶。小說對封建道德、階級觀念的激烈反抗以及對個性解放、發展「天才」的強烈要求，喊出了當時覺醒的知識份子的內心呼聲，因此進步人士對之歡呼喝采。

歌德花了五十八年時間完成的詩劇《浮士德》則是其一生豐富思想的總結與藝術探索的結晶，是堪與荷馬的史詩、莎士比亞的戲劇媲美的偉大詩篇。當歌德於1831年最終完成此書時，他曾在日記中寫道：「主要的事業已經完成」，我以後的生命可以當做是純粹的賜予了。我是否做什麼或將做什麼已經完全無所謂了。

歌德一生的戀愛生活豐富而曲折，充滿浪漫主義色彩。1775年，他在法蘭克福與十六歲的莉莉‧斯溫曼訂婚，使他度過一段「一生中最激動、最幸福的時光」，但終因家長反對，兩人未能結成連理。1806年10月，經過多次戀愛挫折之後，歌德與克里斯蒂涅結婚，十年後妻子先他去世。歌德在晚年又經歷了一次傳奇式的愛情，在七十四歲時愛上了十九歲的萊維佐夫。社會輿論的反

對，使他的最後愛情遭到失敗。

1831年冬天歌德因受寒生病，1832年3月病情加重，臨終前，歌德說了一句話：「很好！春天到了，康復應該會容易許多。」但事與願違，就在那個春天，病魔奪去這位文學巨匠的生命。享年八十二歲。死亡證書上寫著「營養不良」。歌德為人類文明留下了豐富的遺產，他在美學、哲學、歷史以及地理學、生物學、物理學和天文學等方面，都有重要研究成果或發現。

27 貝多芬是被「酒」害死的嗎

由於貝多芬天賦過人，再加上後天刻苦的磨練，他在十二歲時就被宮廷聘為古鋼琴與風琴樂師，也從此擔負起養家的重擔。貝多芬在宮廷中很受重視，但他並未因此而感到滿足，而是心懷遠大，總是夢想著能在音樂上有更好的發展。1787年貝多芬辭去宮廷樂師的工作，遠赴維也納投靠音樂大師莫札

貝多芬

特。然而天不從人願，在他到達維也納不久就接到母親病危的消息，他急忙趕回家，母親見到他最後一面後便戀戀不捨地閉上了眼睛。母親的死給了貝多芬巨大的打擊，他又在波昂待了五年，直到1792年貝多芬才再度前往維也納繼續自己的理想。

1814年貝多芬的弟弟卡爾去世，他負起了監護養育侄兒的責任。但領養過程與事後侄兒給他帶來的問題讓他應接不暇。對於音樂以外的許多事情他始終處於「弱智」狀態，這些日常瑣事令他變得非常消沈，而身體的不良狀況則更加嚴重，經濟也變得十分拮据。那時他正全力創作兩大作品——《莊嚴彌撒曲》和《第九號交響曲》。尤其是《莊嚴彌撒曲》，那是為了魯道夫被任命為大主教登基典禮時用的。由於責任重大，他花了約五年的時光，於1823年完成。第二年5月他的《第九號交響曲》首演，將他的聲

望又推到新頂點。《第九號交響曲》的《快樂頌》合唱是採自席勒的詩歌《快樂頌》。他早就有寫此作品的念頭，經過了三十二年漫長的歲月，他終於完成了心願。

《第九號交響曲》的成功爲他帶來了一生中最大的榮耀與歡欣。在預演時貝多芬親自擔任指揮，但因耳聾使得場內秩序大亂，因此正式公演時由烏姆勞夫指揮。貝多芬則在舞臺上背對聽眾指導。當全曲演奏完畢，聽眾高聲歡呼，掌聲如雷，但貝多芬毫無知覺，在臺上演奏者的提醒下，他轉過身來看到那感人的場面，不禁熱淚盈眶。這是貝多芬最後一次公開露面，他不知不覺中患了肝病，並最後奪走了他的生命。在患病的那段日子裏，他那即將遠離塵世的心靈，日趨寧靜。這時的貝多芬好像在稀薄純淨的高空中，俯視自己即將啓開的世界，寫了五首最後的絃樂四重奏曲。這些室內樂是他最後的作品，也是貝多芬留給世人的遺囑。對後世證明精神可以克服痛苦，甚至可以克服死亡。對於貝多芬罹患肝病的原因，很多科學家進行了大量的研究。最後從他的頭髮中檢測到很高的鉛含量，由此推斷貝多芬在生命的最後幾個月裏受到了大劑量的鉛中毒。是有人下毒謀害他嗎？

1986年，維也納大學醫學史研究所的漢斯·班克和漢斯·耶塞雷爾合編了一部名爲《路德維希·馮·貝多芬的疾病》的書。書中列舉了貝多芬一生中一系列病症。1795年，這位二十四歲的作曲家開始經歷劇烈的腹痛；1798年，他第一次開始意識到聽人們說話時出現障礙，不久，他的耳朵裏就出現嗡嗡作響的鈴聲；1801年，貝多芬經常受到腹瀉、發熱和腹部絞痛的折磨，這些病痛持續了十年。1807年他拔掉了幾顆牙齒，希望這樣能減輕經常性的「痛風性頭痛」。他的聽力繼續減退，他常常不得不拿棉花塞

進耳朵裏，以降低「令人難受的瑟瑟聲」或耳鳴的干擾。雖然在1811年與1816年之間，他的腸胃病有所減輕，但是，過後又發作得更屬害了，就像「可怕的風濕病發作」時那樣。

在1820年那次因風濕病發燒，是最屬害的一次，使他臥床不起達六星期之久。1821年，貝多芬得了一次黃疸病和多次急性腹瀉與便秘。1822年，也得到「胸部痛風」。1823年，出現持續性的眼痛和許多次的「悲慘的腹部絞痛」，並且他的聽力已經非常弱了，以致人們與他交流時要用紙和筆來表達他們的意思。1824年他經常臥床不起。1825年，他的腸炎經常發作，鼻子出血，還時不時嘔吐。1826年，他的腹部開始腫脹，背部出現嚴重的疼痛，黃疸病發作得很屬害，到了末期，在不知不覺中病入膏肓，三個月後出現「肝昏迷」，終因肝功能衰竭而死亡。除了這些疾病外，他的脾氣變得急躁且行為古怪。1800年年初，他告訴朋友們，他吃飯時開始喝大量的葡萄酒，目的是刺激他近來日趨減退的食欲，同時也為了減輕疼痛。就從他異常的走路也能看出他已經受長期鉛中毒的影響。

根據對貝多芬的生活用品和習慣進行分析研究認為，貝多芬有可能是在1795年或其前後的時間，曾一次攝取過多劑量的鉛，這些鉛很快就沈積在骨頭裏，並在那裏存留很多年，同時，這些鉛又源源不斷地釋放到身體中。至於因何原因而攝取如此多劑量的鉛，現在仍無法鑑定。同時，貝多芬在他整個後半生中，可能也遭到同樣來源的鉛污染而中毒。雖然貝多芬在那些年裏經常性地搬家，但是，在他死後拍賣的所有遺物中，「有十四隻瓷盤，幾隻陶器，一個馬口鐵杯子，幾個玻璃杯、瓶子和碗，四個黃銅燭臺，一個黃銅研缽，一個紫銅浴盆，一隻旋轉式烤肉架，一隻

多用途鐵鍋和一隻平底鍋，以及其他廚房用具」。那幾只陶器肯定有含鉛的釉面；那些瓷器可能也有，而那個「馬口鐵」杯子和「鐵鍋」也可能是鉛污染的來源。假使他的許多住處都是以鉛為材料的自來水管，似乎不可能僅僅使貝多芬嚴重中毒，而使維也納的其他居民免受傷害。

但是，事實上，他喝了大量的葡萄酒，（那個時代的葡萄酒是經過「鉛處理」的，以此來減少酒中的苦澀味，這種做法當時也是受到強烈反對的，因為，喝了鉛化過的葡萄酒明顯地會導致「腹痛」）。可見，葡萄酒成為他體中攝入這種金屬的一個來源。另外，還有一個可以想到的罪魁禍首：貝多芬經常用鉛筆進行音樂的創作，他寫信、寫筆記都是用鉛筆。在他的聽力障礙變得嚴重後，他更是經常用牙齒咬著鉛筆的一端，然後將鉛筆的另一端壓在鋼琴上以幫助他聽到鋼琴的震動。

28 拜倫爲何憤世嫉俗

1788年1月23日，拜倫出生於倫敦一個蘇格蘭破落貴族家庭。由於他先天跛足，形成他非常敏感的性格。他幼年喪父，母親性情暴躁，使他處於一種陰鬱的家庭氛圍之中。這導致了拜倫抑鬱孤傲的性格形成。還使他繼承了母親那衝動、乖戾與狂暴的性情基因，同時還受父系祖先半瘋的家族

英國的浪漫詩人拜倫。

病的陰霾籠罩。因而，衝動、抑鬱、狂暴與感傷在拜倫身上形成了一種奇異的混合，造就成了一種獨特的「拜倫式的性格」。自己的過激予以否定，加以責怪。兩者互爲因果地連鎖反應，使得拜倫在走向憤世嫉俗的同時，內心陷入孤僻與寂寞。憤世嫉俗愈烈，孤寂感傷越深。

1816年，拜倫因私生活受到上流社會的排斥，在1816年4月永遠離開了英國，憤而移居義大利。當時社會上盛傳拜倫與他同母異父的妹妹有不倫之戀。一個傳記作者說他「被趕出國土，口袋和心靈都破產了，他離去了，永不再回；但他離去後，卻在諾恩河的激流之旁找到新的靈感，在義大利的天空下寫出了使他的名字永垂不朽的作品。」離開義大利後拜倫居住在瑞士，在日內瓦結識了另一個流亡的詩人雪萊，對英國反動統治的憎恨和對詩歌的共同愛好使他們結成了密友。

拜倫在旅居國外期間，陸續寫成故事詩《錫雍的囚徒》（1816）、歷史悲劇《曼弗雷德》（1817）、長詩《青銅世紀》（1923）等。巨著《唐璜》是拜倫這一時期最重要作品。《唐璜》的故事內容如下：在西班牙南部名城塞維爾，居住著一位名叫唐·何塞的大貴族。他十分富有，名聲很好。唐·何塞的夫人也出身名門，不僅美麗賢淑，還很有學問，能說多種外國語，在上流社會婦女中受到普遍尊敬。他倆十分恩愛，可是中年才生下一子，取名唐璜。不幸唐·何塞過早病死。他的夫人決心把兒子培養成大人物，教給他軍事、藝術、自然科學等等方面的知識，尤其是教育他要注重封建倫理道德。唐璜小時候就活潑可愛，長大成人是一表人才，在貴族子弟中非常少見。他生性風流，喜歡同姑娘們胡搞，道德規範對他不起作用。十六歲時，他就同貴婦唐娜·朱利亞發生性關係，使得上流社會輿論譁然。

　　唐璜的母親為了兒子的安全，只得把他送到歐洲去旅行。航船在駛往義大利的途中遭到了大風暴的襲擊，船隻破損，逐漸下沈。一些水手覺得沒有得救的希望，要求唐璜給他們大量的酒喝，以便醉昏後沈入大海中時少受痛苦。唐璜拒絕他們的要求，痛斥他們連畜生都不如，說男子漢應該像個男子漢一樣地死掉。他強迫並且監督水手們修理船艙，排除積水，在他的指揮和努力下，船終於沒有沈沒。他還奮力救起了落水的侍從，以及他父親遺留的小狗。得救後的航船在海上漂流十二天後，船上再也沒有可吃的東西了，水手們便開始吃人，老弱者成了首先被吃的對象，唐璜不忍心吃他的老師，被迫跳海離開了航船。他在海水中奮力掙扎，游到了西克拉提茲群島（通譯基克拉迪），被一位年輕貌美的姑娘救上了岸，把他藏在海邊一個山洞中。

這姑娘叫海甸（或譯爲海黛），是希臘大海盜蘭布洛的女兒，她平常見著的男子，都是海盜或者漁民，十分醜陋粗野，而如今眼前獲得的是一個年輕美貌的男子，這使她簡直像著迷一樣。很快他倆同居了。不久，傳來了蘭布洛在海上搶劫時出事身亡的消息。父親一死再無什麼顧慮，於是，海甸就決定公開同唐璜結婚。海甸同唐璜舉行隆重的婚禮。海盜和民眾熱烈祝賀，狂飲通宵。正當他倆攜手進洞房的時候，蘭布洛突然出現。他命令侍從把唐璜打倒捆綁上船，押送到土耳其大城市君士坦丁堡（通譯伊斯坦布爾，當時是首都）出售。君士坦丁堡有著世界上最大的奴隸市場，每天從早到晚拍賣來自歐、亞、非三洲的奴隸。所謂奴隸，全是海盜、殖民者、部落酋長和軍官們從各地抓來的平民、戰爭俘虜、旅客等等。

　　詩中通過唐璜的種種浪漫奇遇，描寫了歐洲社會的人物百態，山水名城和社會風情。詩歌所描繪的畫面廣闊，內容豐富，半莊半諧、夾敘夾議，有現實主義的內容，又有奇突、輕鬆而諷刺的筆調。第一、二章匿名發表後，立即引起巨大的反響。英國維護資產階級體面的報刊群起而攻之，指責它對宗教和道德進攻，是「對體面、善良感情和維護社會所必須的行爲準則的譏諷」，「令每個正常的頭腦厭惡」等等。但同時，它也受到高度的讚揚。作家華特‧史考托說《唐璜》「像莎士比亞一樣地包羅萬象，他囊括了人生的每個題目，撥動了神聖琴上的每一根弦，彈出最細小以至最強烈最撼動心靈的調子。」詩人歌德說，《唐璜》是徹底的天才的作品——憤世到了不顧一切的辛辣程度，溫柔到了優美感情的最纖細動人的地步。《唐璜》寫完第十六章，拜倫已準備獻身於希臘的民族解放運動了。在他寫給奧古斯塔的信

中，他說，「你問我為什麼到希臘人中來，我想很大程度上是為了他們的利益。」

拜倫確實的呼喚各民族的獨立與解放，同時，也不排除拜倫投身到行動中去的選擇，客觀上使他獲得了心靈的依附，他後期所獲得的這種支援，使他的心靈變得平靜了些，憤世嫉俗也有所減弱，他在朝著一個的方向發展。儘管如此，漂泊的拜倫那多變的情緒，使他擁有的注定是一顆飄忽不定的心。這是詩人一生最後的、也是最光輝的一頁。他既憎恨發動的「神聖同盟」對歐洲各民族的壓迫，也憎恨土耳其對希臘的統治。1824年，拜倫忙於戰備工作，不幸遇雨受寒，一病不起，4月9日逝世。他的死使希臘人民深感悲痛，全國致哀二十一天。

29 普希金是爲愛而死嗎

眾所周知，亞歷山大‧普希金是俄國的偉大詩人、近代文學的奠基人。很多人在中學時代就都讀過他的一些作品，如童話詩《漁夫與金魚的故事》，反映布加喬夫起義的小說《上尉的女兒》等。普希金出身於貴族家庭，他的父親有很多藏書，叔父又是名詩人，當時俄國的一些文化名流是他們家的座上客，因此他從小就受到文學的薰陶。

普希金是「俄羅斯詩歌的太陽」。

在他青年時期，由於受到資產階級啓蒙思想的影響，他的政治生活和文化生活都很活躍，寫出了許多令沙皇政府不安的作品，如《自由頌》、《致恰達耶夫》、《鄉村》、《短劍》、《高加索俘虜》、《強盜兄弟》和《巴赫切薩拉伊的淚泉》、《茨岡》等，並一度遭到沙皇政府的流放。十二月黨人起義失敗後新沙皇尼古拉一世赦免普希金，將他召回莫斯科。他的小說《驛站長》是俄國文學中第一篇反映「小人物」命運的作品。最終完成的詩體長篇小說《葉甫蓋尼‧奧涅金》（1823～1830），則被別林斯基譽爲「俄國生活的百科全書」。1831年2月普希金與莫斯科第一美人娜塔麗婭結婚，1837年2月因爲娜塔麗婭與法國流亡者丹特士決鬥，並在決鬥中被殺害。

對於普希金的死，歷來有很多不同的看法。有人說他是為愛情而死；有人說是因為他的詩歌和小說觸怒了沙皇，所以沙皇派殺手丹特士來殺他。而最廣泛流傳和最正面的說法，萊蒙托夫的詩歌證明了這一點。不論哪種說法，他的妻子娜塔麗婭都是故事的主角。普希金的妻子娜塔麗婭是莫斯科公認的第一美人，普希金在舞會上首次見到娜塔麗婭，頓時就被她的美麗傾倒。當時的詩人聲譽如日中天，而芳齡十八歲的娜塔麗婭猶如剛剛開放的玫瑰，鮮豔欲滴，清香誘人，普希金被她迷住了。雖然在此之前，有無數的女孩迷戀著詩人，但沒有一位像娜塔麗婭那樣使他魂不守舍。不得不拜倒在她的石榴裙下。在多次求婚遭到拒絕之後，終於在1830年實現了夢想。但正是這個美麗的女人為他招惹了殺身之禍。

　　說法一：沙皇嫉妒普希金的才華和娶了聖彼得堡最漂亮的女人，而使奸計令丹特士與之決鬥，並在決鬥中殺害了詩人。沙皇尼古拉一世只比普希金大三歲，他在位三十年，以殘暴專橫出名。他第一次見到「彼得堡第一美人」娜塔麗婭時，才三十七歲，他非常嫉妒詩人的天才，他又垂涎娜塔麗婭的美貌。為此他使用權利，冊封詩人為御前初級侍衛。這在詩人的日記中有所記錄：1833年1月1日奉詔充御前初級侍衛已三日，以我的年齡當此差使，實為恥辱。「我寧願做奴隸，卻永遠不願做弄臣！」既然身為侍衛，難免經常帶著妻子參加皇室舞會，詩人為此成了上流社會的笑柄，人家諷刺他「成天趕舞會，讓嬌妻招搖過市。」一時間，宮廷內外盛傳沙皇與娜塔麗婭有染。尤其是當丹特士認識娜塔麗婭後，開始瘋狂地追她，一時間謠言四起，最終導致詩人為名譽而戰。在與妻子共同生活的七年間，普希金曾經三次瀕臨

決鬥的邊緣，他都以堅韌的克制力忍耐住了。

每當普希金收到那些關於他妻子的匿名信時，他感到的不是妒忌，而是人格上的侮辱。據有關研究發現，在詩人與丹特士決鬥前，沙皇曾經問過普希金：「如果十二月黨人起義時，你在彼得堡將會怎麼辦？」普希金毫不猶豫地說：「我將在參政院的廣場上走，在起義者的隊伍中。」以後，詩人又寫了著名的詩篇《致西伯利亞囚徒》，更加引起了沙皇的嫉妒。於是沙皇設計讓丹特士去追求娜塔麗婭，引出緋聞，轉移視線，引起詩人的憤怒，「掩護」沙皇與娜塔麗婭的關係。對於沙皇垂涎娜塔麗婭的美貌，丹特士是一清二楚的。史料證實，在決鬥前，娜塔麗婭曾經跪著勸阻過普希金，求丈夫別去決鬥。普希金清醒地說：「我不是為你去決鬥的！」普希金曾屢遭沙皇軟禁監視，沙皇要殺他也是易如反掌的。但沙皇卻以如此卑鄙的手段殺害了詩人。普希金是為了維護人格的尊嚴而向丹特士挑戰的，監視、流放，政治上的迫害都沒像人格受侮辱這樣不可忍受，於是他奮起反抗社會的輿論。他並不是去尋求死亡，他是如戰士那樣視死如歸。

說法二：詩人與娜塔麗婭的婚姻從一開始就孕育著一顆不幸的種子，由於娜塔麗婭的輕佻行為，致使詩人蒙羞，導致詩人為愛情與名譽而死。對於普希金來說，詩歌是他生活的重要內容，是他的一切。除此之外，他一無所有。但對於娜塔麗婭來說，詩歌如同乏味的公文一樣，她根本不感興趣也不懂，普希金與妻子之間根本就沒有共同語言。因此結婚之後，普希金陷入了困境。身邊雖有一位美若天仙的妻子，這滿足了他的佔有欲和虛榮心。但要博得這位美人的歡心並非是一件輕而易舉的事，這需要大量的精力、時間和金錢。為了維持婚後的體面生活，普希金不得不

靠借貸來度日。以至於跳舞到很晚才歸來的娜塔麗婭還在床上睡覺的時候，門口就傳來了債主們前來討債的門鈴聲。而娜塔麗婭雖是家庭主婦，但除了陪普希金睡覺、生孩子之外，其他職責一概不問。

　　普希金在與娜塔麗婭七年的婚姻中，初始如獲至寶，備加呵護和炫耀，爲娶得這樣一個美人而感到驕傲和自豪。他憑藉自己天才詩人的名聲，將自己的妻子介紹給朋友，引見給皇后和沙皇，帶進彼得堡的上流社會，進入交際圈，引起人們的一片驚歎。詩人在爲之自豪的同時也遇到了煩惱，隨著娜塔麗婭參加的舞會越來越多，她那魅力的光環已經超過了丈夫的聲譽。在各種舞會上，人們談論的話題，已不再是普希金和他的詩，而是他的妻子和她的美麗。人們喜歡她、仰慕她、熱戀她，甚至渴望得到她。在如眾星捧月的生活中和不停地受到許多男人大獻殷勤之後，娜塔麗婭開始暈頭轉向。她潛意識地接受所有男人獻來的殷勤，毫無顧忌地在丈夫面前與他們打情罵俏。丹特士利用自己是外國人的身分，以及沙皇的信任和人們對他的寵愛，對娜塔麗婭窮追不捨。而娜塔麗婭也被他的青春魅力所吸引，對他的追求和放肆不但不加以拒絕和阻止，反而覺得很快樂，非常樂意接受。這種狀況持續了兩年之久，娜塔麗婭不知分寸的舉止越來越離譜。

　　1836年11月4日上午，普希金收到了一個紙袋。拆開一看，裏面裝著三封「綠帽子協會」寄給他的成員證書。證書上面這樣寫道：綠帽子最高勳章獲得者、騎士團長及騎士們會聚勳章局，在尊敬的納雷什金主席主持下，大家一致同意任命普希金爲主席的助手和獎章史研究家。落款是：常務書記——波爾赫。就在同

一天上午，維婭澤姆斯基、維耶爾戈爾斯基、瓦西里契科瓦等人也收到了同樣的匿名信。頓時，整個彼得堡流言蜚語聲四起，普希金成了上流社會談論的笑料，成了人們嘲笑的對象。甚至在一次晚會上，某個名叫多哥爾魯科夫的年輕人在普希金的腦後豎起了兩根手指，作羊角狀，即表示「戴帽子」的意思。收到匿名信之後，普希金為了捍衛自己的尊嚴和妻子的榮譽，毅然決定向丹特士發起挑戰——決鬥。對於普希金來說，榮譽高於一切。

但丹特士的義父，荷蘭公使老格爾恩通過多方斡旋，安排了丹特士與娜塔麗婭的大姐葉卡捷林娜結婚，從而給普希金收回挑戰書下了一個臺階，挽回了榮譽。然而，丹特士並未因此有所收斂，他利用自己是姐夫的合法身分，更加大膽放肆地追求娜塔麗婭。只要那裡有娜塔麗婭的身影，那裡就有他丹特士。不僅如此，他還約娜塔麗婭與自己單獨約會，訴說自己的愛情，並用自殺來威脅對方接受它。在丹特士的進攻面前，娜塔麗婭陷得越來越深，她沒有發現自己的這場遊戲有多危險及其嚴重的後果，她甚至不顧丈夫禁止她參加一切年輕人的聚會的命令，依然我行我素，四處招搖。最終致使詩人再次下了戰書並為此獻出了生命。

說法三：詩人的悲劇是由其妻娜塔麗婭一手策劃並與她的親朋共同謀劃的。近來一些研究普希金的學者根據與詩人相濡以沫的岡察洛夫和謝列緬傑夫的回憶錄中講述的一個故事，和普希金最後一段時光的某些生活細節，對詩人之死的原因有了新發現。據說新婚燕爾時，普希金便對還沈浸在幸福中的嬌妻炫耀自己與眾多女友的交往，這對娜塔麗婭自然是一個很大的刺激。普希金逝世前曾在鄉下的秋日莊園逗留了一個半月，而且是在眾多女人的陪伴之下度過的。

普希金是個性情暴烈的人，而娜塔麗婭則是一個工於心計的美麗女人。岡察洛夫和謝列緬傑夫曾在回憶錄中講述到：一次，娜塔麗婭當著賓客們的面，讓詩人在她的影集上寫點什麼。普希金回答說，他不是在像冊上撰文的專家。娜塔麗婭聽後惱羞成怒，大喊大叫。詩人強壓怒火，同意為影集題詞。第二天，在普希金家賓客如雲的聚會上，女主人拿出了有詩人題詞的影集，普希金讚美妻子的詩句被當場吟詠。詩人這首獻給妻子的情詩寫得相當華美。娜塔麗婭在聽詩時兩眼放光，流露出極度的滿足。一小時後，一位客人在反覆吟詠後不禁高聲叫喊起來：「我的天，這是什麼？」當這位客人將他的發現指點給女主人看時，娜塔麗婭憤怒地將影集拋向門外。原來，普希金在詩後並未寫上當天的日期，而是寫上了愚人節的日子——4月1日。

以娜塔麗婭的品性，她一定要普希金為此付出代價。有人依此認為，詩人的悲劇是由其妻一手策劃並與她的親朋共同實施的。即使是在普希金死後，這個聖彼得堡的美女也未能掃除心中對詩人的仇恨。當她得知奧得薩一座詩人雕像落成後，狂叫著說，她要到奧得薩去，向普希金的雕像吐上一口。這一點也成為持上述看法者的證據。事實到底如何，只有當事人自己最清楚。對於世界而言，是過早地失去了一個偉大的詩人。讓我們用詩人在1815年寫的詩歌《我的墓銘》來結尾吧。這兒埋下了普希金；他一生快樂，盡伴著年輕的繆斯和愛神；他沒有做出好的事，不過老實說，他的內心卻是個好人

德拉克洛瓦

德拉克洛瓦生於1798年4月26日，從兒童時代起，德拉克洛瓦就生活在充滿藝術氣氛的環境裏，並且受過多方面的教育。他的父親是律師和外交家，母親是工藝家的女兒，非常喜愛音樂，德拉克洛瓦就是在音樂聲中成長起來的，他崇拜貝多芬，和蕭邦、羅西尼等當代的音樂家都是很好的朋友。音樂給德拉克洛瓦的繪畫創作賦予了許多靈感，他曾自述到：當他聽到美妙的音樂時，就控制不住地想畫畫。德拉克洛瓦還具有很高的文學修養。他讀但丁、莎士比亞、拜倫等人的作品，後來還幫歌德的《浮士德》畫插圖，受到歌德的高度稱讚。他是一個富有激情和奔放個性的畫家，只要一拿起畫筆，他的情感就會像火山噴發一樣，隨著畫筆流瀉而出。

德拉克洛瓦是在1807年九歲時開始學習素描，1816年進美術學院格倫畫室學習。在格倫畫室學習的時候，德拉克洛瓦認識了浪漫主義繪畫的先驅熱里柯，熱里柯對德拉克洛瓦一生的創作影響很大。熱里柯是法國浪漫主義繪畫的創始人。法國浪漫主義的藝術興起於19世紀20至30年代。拿破崙下臺以後，波旁王朝的王公貴族們又回來執掌國家大權；當年推翻王權的革命黨與拿破崙黨，都受到迫害和鎮壓，這是一個腐敗、混亂和倒退的年代。

在這個年代出現的浪漫主義藝術，一開始就帶有呼喚革命風暴的氣魄。熱里柯的《梅陀薩之筏》是法國19世紀浪漫主義先導的第一張繪畫。它是一幅描寫現實題材的浪漫主義繪畫作品。1816年夏「梅陀薩號」帆船戰艦從法國開往美國，由於法國政府的過失，7月7日帆船觸礁沈沒，大部分船員乘救生艇得救，來不及乘救生艇的一百四十九名船員乘木筏由救生艇拖曳著，後來由於纜繩斷裂，木筏在海上漂了十一個晝夜，最後只有十幾個人生還。法國政府逃避承擔責任，嚴禁輿論聲張。二十六歲的年輕畫家熱里柯勇敢地面對現實，用了十八個月的時間創作了這幅大畫，震動了整個法國。作為浪漫主義的開山之作，首先是畫中洋溢著的激情，和遵循穩重的古典主義藝術是截然不同的。古典主義偏愛水平和垂直線，而這幅畫的構圖卻是三角形的，木筏是斜著的，給人的第一視覺就是一種緊張感。古典繪畫的色彩是柔和均勻的，而這幅畫中的每個人物，都因強烈的明暗對比顯得形體突出，人物的造型也擺脫了古羅馬雕刻式的標準形式，具有鮮明的個性和奔放的姿態，增強了觀賞者對每個人物的聯想和想像。

當熱里柯創作《梅陀薩之筏》時，德拉克洛瓦為這幅畫作了模擬。他深受熱里柯創作激情的感染，以致每次走出畫室時，心情都難以平靜，只能像發瘋一樣跑回家，來宣洩自己的緊張情緒。受《梅陀薩之筏》的啟發，德拉克洛瓦1822年創作了《但丁的小舟》，這幅畫取材於但丁《神曲》的第一部《地獄》第八篇。描寫了義大利詩人維吉爾引導著但丁乘船遊地獄的情景，表達了在險惡的政治氣候下人們所感受到的重壓和苦悶。德拉克洛瓦不但在色彩上運用了熱里柯的暗色，在畫面構思和人物形象的安排與表情上也受到了《梅陀薩之筏》的影響。畫面上鬱悶的環境和

沈重的色調所形成的緊張、恐怖的氣氛，給人一種喘不過氣來的壓抑感。

當這幅挑戰性的作品在沙龍中展出時，引起了巴黎藝術界的巨大震撼。圍繞著這幅作品，浪漫主義和古典主義進行了激烈的爭論，給那種只重類型不重個性、只重形式不重感情和只重素描不重色彩的古典主義藝術以有力的衝擊，給法國的浪漫主義運動的發展開闢了一條新的道路。但德拉克洛瓦對他的這幅作品並不十分滿意。1824年他又創作了《希阿島的屠殺》，這是1821年爆發的希臘人和土耳其人戰爭的真實再現。在這幅畫裏，在金字塔形的兩組人物中間有規律地交錯著明暗對比，作者為了表現痛苦的情感和緊張的氣氛，在畫面的底色上先塗上一層陰暗的基調，然後加上明朗的色彩，加上光影的巧妙處理，使人物的情緒對比效果更加鮮明。1815年，拿破崙被歐洲聯合起來的封建勢力趕下臺，逃亡在外的路易十八重返法國登上王位，這就是歷史上的波旁王朝復辟。1824年路易十八病死，其弟查理十世即位。

1830年7月26日，查理十世頒佈法令，即臭名昭著的「七月敕令」：解散議會，禁止群眾集會，取消出版自由；並規定只有封建貴族才有選舉權。把幾十億法郎發給革命時被沒收了土地的地主，作為補償金。這一系列的法令，是對法國資產階級革命的全面清算，嚴重侵犯了廣大人民的權利。「七月敕令」剛一公佈，整個法國都被激怒了，7月28日，巴黎的工人、手工業者、學生、商人等八萬人在街上築起街壘、拿起武器，和國王的軍隊展開了激烈的戰鬥。7月31日人民佔領了王宮，查理十世逃往英國。這就是法國歷史上有名的「七月革命」。1830年7月23日，作家大仲馬在街上遇到過德拉克洛瓦，大仲馬回憶說：「激烈的事變，

使年輕的畫家十分震驚。」人民英勇行為和封建王朝的崩潰，深深感動了畫家，因此德拉克洛瓦於當年就完成了《自由領導人民前進》的創作。

在這幅畫中，畫家大膽地把寓意和現實結合起來，使得浪漫主義和現實主義交織在一起，畫面中心是虛構的自由女神，她一手握著槍、一手揮舞著象徵共和的三色旗，色彩鮮明，氣氛強烈。她的腳下是彈痕累累塌倒的街壘，同她並肩前進的有高舉戰刀的工人、雙手拿槍、高喊前進的男孩和知識份子；在自由女神的右邊是一個受傷的女工正在與死亡搏鬥，仰望著自由女神。畫面的中景是隱現於煙霧中的洶湧澎湃的人群，背景是瀰漫著硝煙的天空。《自由領導人民前進》中的主要人物形象，加上死者一共才七八個人。但由於相互掩映、有虛有實，加上光暗的對比效果，突現陰影的造型手法，使畫面生了遍地烽煙的宏大氣魄。人和物的界限都有虛實的地方，加以背景的煙霧騰騰，在畫面上產生了一種「氣氛」，它不僅使畫面增強了真實感，而且有助於運動感和情緒的表達。

在創作《自由領導人民前進》以後，年僅三十二歲的德拉克洛瓦已經是法國浪漫主義藝術的首領了。只要拿起畫筆，他的浪漫主義激情就像火山一樣迸發出來，發出巨大的呼嘯，他畫畫就像獅子吞食獵物一樣，一氣呵成，所以人們稱他為「浪漫主義的獅子」。在表達感情的深度與力量方面，除了林布蘭特外，沒有人能與他相比，在表達動作的激烈和氣勢方面，除了魯本斯外，很少有人能達到他那動人心弦的程度，在把抽象的冥想和寓意的東西變成藝術形象上，除米開朗基羅外，沒人具有他那樣的才能。1863年8月13日，這個「浪漫主義的獅子」在巴黎逝世。

31 愛默生熱愛自然之謎

　　拉爾夫・沃爾多・愛默生（1803～1882），美國19世紀著名的思想家、散文作家、詩人。1803年5月25日生於波士頓一個拓荒者的家族——貧窮但自信、自由。「我的美國祖先，辛勤地勞動，吃粗茶淡飯，住木屋，但他們有和平與自由……」。愛默生的一家並不是富裕的，但卻有良好的教育傳統。1811年，他的父親去世了，母親開了一家小客店以維持全家的生活。也正是從這時開始，愛默生學會了去瞭解和熱愛別人，同時也學會了在貧困中保持樂觀態度。

　　愛默生的童年沒有遊戲玩耍的快樂，然而在童年的每一個夜晚他都很快樂。星期天他去教堂聽佈道，同時瀏覽法國哲學家巴斯加爾的《思想錄》。這本書他總是隨身攜帶著。就這樣，他的心靈在美國人的常識和抽象的哲學哺育下成熟起來。1817年，母親將他送進了哈佛大學，在那裏，他讀了莎士比亞、斯賓諾莎和蒙田。由於母親的期望，1826年他進入哈佛神學院學習，次年被獲准講道。1828年他成為波士頓第二教堂牧師，屬於當時在新英格蘭居優勢的惟一神教派。後因不贊成這一教派的某些教義，放棄神職，於1833年赴歐遊歷，先後拜訪了浪漫主義運動的先驅人物蘭道爾、柯立茲、華茲華斯等，與卡萊爾結為知己，並深受康德先驗論哲學的影響。自1836年開始，愛默生、阿爾科特、里普利等人在波士頓的康科德不定期地聚會討論「神學與哲學的不良狀況」，這可以說是超驗主義運動的起點。他們創辦評論季刊《日規》

（1840～1844），發表文學作品和主張改革教育、倫理、政治等方面的論文。愛默生一度擔任主編，是超驗主義運動的主要代表。回國後於1836年出版《論自然》一書。

愛默生一生都熱愛自然，認為人和自然之間有一種精神上的對應關係，精神存在於自然之中。在《論自然》裏，他把商品、美、語言、紀律、唯心主義、精神都和自然聯繫在一起。比如他認為商品不僅是自然對人類提供的物質，也是它對人服務的過程和結果。自然界的每個部分的相互協作，撫育了人類，反過來人類又利用自然的恩惠創造了文明和藝術。大自然對人類心靈的影響具有首位的重要性。在所有的人中，學者受自然的吸引最大，他把古代的箴言「認識你自己」與現代的格言「研究大自然」合併為一，憑藉心靈的良知去發現真理，表述真理，發揮獨創性。真正的學者是「思想的人」和「行動的人」。

1838年7月15日，愛默生在康橋的神學院發表題為《神學院致辭》的著名的演講，遭到新英格蘭喀爾文教派、唯一神教派等勢力的抗議和攻擊。愛默生的哲學思想中保持了唯一神教派強調人的價值的積極成分，又吸收了歐洲唯心主義先驗論的思想，發展成為超驗主義觀點。其基本出發點是反對權威，崇尚直覺；其核心是主張人能超越感覺和理性而直接認識真理。這一觀點有助於打破當時神學和外國的教條的束縛，建立民族文化，集中體現了時代精神，為美國政治上的民主主義和經濟上資本主義的發展提供了理論根據。1837年8月31日，愛默生在美國大學生聯誼會上以《論美國學者》為題發表演講，抨擊美國社會中靈魂從屬於金錢的拜金主義和資本主義勞動分工使為物的現象，強調人的價值；提出學者的任務是自由而勇敢地從皮相中揭示真實，以鼓

舞、提高、引導人類；他號召發揚民族自尊心，反對一味追隨外國的學說。這一演講轟動一時，對美國民族文化的興起產生重大的影響，被霍爾姆斯譽為「我們思想上的獨立宣言」。

他文學上的貢獻主要在散文和詩歌上。他認為美的藝術目的在於創造，詩人不能脫離自己的時代和國家，他號召美國作家寫美國題材、創造出明顯的美國風格，對同時代的作家如梭羅、惠特曼、愛密莉·狄金森等產生較大影響。他的哲學思想和著作對20世紀的美國作家如德萊塞、佛洛斯特等人的影響也很明顯。他的詩簡潔、精闢、富有高度的哲理性。

超驗主義是愛默生在美國發起的第一個本土哲學思潮。「我來到這個世界，在宇宙之間傳遞我的自我……我永遠會把善德之海向人類澆灌。」愛默生在哈佛做的「美國學者」的演講被譽為美國「知識份子的獨立宣言」。愛默生一生都有寫日記的習慣，他有五十多年一直在日記裏寫下他的感想，然後從日記裏產生講演詞，從連串的講演裏產生了他的散文集。1882年4月27日，愛默生在麻塞諸塞州的康科德市去世。他是被所謂的「愛默生家族的瘟疫」——肺結核奪去的生命。這種疾病先後奪去了他的父親和兩個兄弟的生命，他感染肺結核也有十幾年了，這十幾年來在痛苦的殿堂他一直掙扎，與死神進行著頑強的搏鬥。

32 果戈里的「窮困」之謎

尼古拉・華西里耶維奇・果戈里，1809年4月1日生於烏克蘭波爾塔瓦省密爾格拉得縣索羅慶采鎮，他的童年時代是在恬靜的田園生活中度過。父親是個不太富裕的地主，博學多才愛好戲劇，曾經用俄文寫過詩，用烏克蘭文寫過劇本。他常帶著年幼

果戈里是俄羅斯現實主義文學的奠基人之一。

的果戈里去看戲，所以果戈里從小受到藝術的薰陶。他愛好繪畫，喜愛烏克蘭的民謠、傳說和民間戲劇。1821年至1828年，他就讀於涅仁高級科學中學，深受十二月黨人和普希金愛好自由的詩歌以及法國啓蒙學者著作的影響。上中學時，他開始嘗試寫劇本，在學校舉行的節日晚會上，果戈里還親自登臺演戲，他尤其善於演老年人的角色，老師們都說他有演員的天才。

1828年底，果戈里中學畢業後來到彼得堡，幾經周折，先後在國有財產及公共房產局和封地局謀得了一個小公務員的差事，飽嘗了世態炎涼和小職員度日的艱辛。也正是這份差事，使他看到了俄國官僚制度的黑暗內幕，上司貪贓枉法，同僚卑鄙庸俗令他反感透頂，很快他就辭職不幹了。但這段生活爲他後來的創作積累了豐富的生活素材。在聖彼得堡，果戈里有幸結識了當時的著名詩人柴可夫斯基和普希金，這對於他走上創作道路有很大的影響，特別是他與普希金的友情與交往成爲文壇佳話。

1835年底，果戈里根據普希金提供的素材，寫成了五幕諷刺喜劇《欽差大臣》。1836年初開始上演，引起了轟動。但卻遭到沙皇和官僚們的痛恨，他們寫文章惡毒攻擊作者，還威脅要把果戈里流放到西伯利亞。果戈里不得不離開俄國，逃亡到義大利。

果戈里逃到義大利之後，在羅馬住了很長一段時間，並在那裏完成了他的長篇小說代表作《死魂靈》的第一部。由於遠離祖國，脫離生活，果戈里的創作發生了危機。他的世界觀中根深蒂固的宗教贖罪思想、神秘主義和害怕革命變革的情緒迅速膨脹起來。他竟然要回到宗教迷信和宗法制度中去拯救自己的靈魂和尋找社會的出路，並對過去發表的揭露社會矛盾的作品表示了公開的懺悔。這一切迷誤與倒退行徑理所當然地受到了以別林斯基為代表的革命民主主義朋友們的嚴厲批評。果戈里在極度的苦悶中將先後兩次寫成的《死魂靈》的第二部手稿，也先後兩度付之一炬。於1852年3月4日溘然長逝，享年四十三歲。

果戈里的死因，主要是因為營養不足，致使體質虛弱造成的。臨終前，果戈里在精神上已經完全被馬蒂厄神父所控制。馬蒂厄神父是他的導師，他成功地說服果戈里放棄文學，改獻身上帝。果戈里聽從馬蒂厄神父的旨意焚燒了《死魂靈》第二卷的手稿，在封齋戒期以常人忍受不了的方式守齋，每天只吃幾瓢羹燕麥糊和一片麵包。夜裏為了不讓自己做夢，他努力克制自己不睡覺。

守齋的結果是疾病接踵而至，他終於大病一場。生病期間，他非但沒有放棄苦修，反而是變本加厲。他成天穿著睡袍，既不洗澡又不剃髮，拒不飲食也不服藥，給人的印象是：他不是自然死亡，而是慢性自殺。醫生不得已試圖對他進行強制性治療：在

他身上噴灑冷水、泡溫水浴、鼻孔裏放螞蟥。他雙手被捆綁，嘴裏尖聲大叫，要別人放開他，讓他冷靜：「看在上帝的份上，請你們別折磨我！」2月20日，果戈里終於生命垂危。第二天上午，果戈里停止了呼吸，被葬在莫斯科新修女修道院公墓裏。

果戈里終身未娶，幾乎是在窮困中度過了短暫的一生。他在二十年的創作生涯中，以一系列的佳作豐富了俄羅斯文學的寶庫，成了19世紀俄國現實主義文學的一代宗師。在他的創作影響下，出現了涅克拉索夫、屠格涅夫、岡察羅夫、赫爾岑、杜思托也夫斯基等批判現實主義作家。誠如杜思托耶夫斯基所說：「我們所有的人都是從果戈里的《外套》中孕育出來的。」

33 華盛頓死因之謎

　　被美國人稱爲國父的喬治‧華盛頓，出生於一個富有的大農場家庭。由於父親早逝，他在十六歲時就開始踏上社會。他當過農場主人，當過軍官、州議員，在歷時七年的北美獨立戰爭中，華盛頓擔任大陸軍總司令，他以自己的聰明才智領導了一場對比懸殊的戰爭。在艱苦的環境下，他以驚人的自制力，克服了缺乏武器和糧食的困難，把一支匆促組成的民軍訓練成紀律嚴明的勁旅，終於打敗了裝備精良、訓練有素的英軍，結束了英國對北美大陸的殖民統治，取得了北美獨立戰爭的勝利，建立了美利堅合眾國，華盛頓當選爲美國第一位總統。在先後兩屆擔任總統期間，華盛頓致力於發展工商業和對外貿易，創辦合眾國銀行，頒佈司法條例，成立最高法院，表現出卓越的領導才能。當第二屆總統任滿時，他拒絕繼續連任，正式隱退，開創了美國總統不得連任兩次以上的先例，以其樸實無華的榜樣所表現的民主意識爲後人留下了永恒的精神財富。

　　然而，這位偉大的美利堅的開國元勳，在退休不到三年的一天，竟因感染風寒不治身亡，他死之後，雖然其主治醫生發表了公開聲明，向國人交待了醫治華盛頓的全部過程，但人

美國第一任總統喬治‧華盛頓。

們對華盛頓之死，仍心存疑慮。事隔兩百年之後，在華盛頓去世紀念日的這一天，美國媒體突然披露了一則消息——華盛頓之死竟然與當時診斷不當、醫療疏失有關。一時激起了軒然大波，華盛頓的死因成了人們議論的焦點。

人們不禁回憶起華盛頓夫人對當時華盛頓患病及治療情況的記述：那還是1799年12月12日，已經退休的華盛頓頂風冒雪騎馬來到了他的家鄉維爾農山莊，他的衣服都濕透了，但是仍興致勃勃地在外邊待了五個小時。第二天，他感冒了，喉嚨有些嘶啞、疼痛，可是還執意步行到林場裏轉了一圈，給決定砍伐的樹木標上記號。第三天（14日）凌晨，他開始發燒，全身發顫，喘氣粗重，呼吸很困難。當時，他效仿農奴治病的土辦法，讓管家爲他放血。後來，克雷格醫生趕來了，又對他做放血治療。

然後，他們做了一碗用黃油、蜜糖和醋等配製的藥劑，讓華盛頓漱口，結果，他每喝一口都引起劇烈咳嗽、呼吸困難，並引發了咽喉腫脹，差點窒息而死。上午10時，又讓他用撒爾維亞乾葉和醋泡成的水漱口，這時華盛頓又發生了嚴重的窒息，憋得臉色發紫，幾乎說不出話來，儘管服了消除嘔吐的酒石和化解咽喉膿液的甘汞，都沒能阻止病情的惡化。在整個治療過程中，醫生們爲他放了四次血，放血量相當於他全身血液的三分之一，到了晚上10點，這一切治療手段都無效，華盛頓在極度痛苦中離開了人世。

那麼，爲什麼說華盛頓之死與診斷不確、醫治不當有關呢？主要是因爲以莫倫斯教授爲代表的一些人提出了新的觀點，認爲華盛頓是因急性咽喉炎而導致氣管阻塞，最後窒息而死。大衛·莫倫斯是美國國家衛生研究所教授、當代著名的流行病學家，他

曾對華盛頓的死因作過深入研究。他在《新英格蘭醫學》雜誌上發表了他的上述觀點。他明確指出，咽喉炎的典型症狀是發作快、發高燒、咽喉疼痛腫脹、嚥食困難、聲音嘶啞甚至說不出話、煩躁不安。華盛頓患病的症狀，與此完全相同。因此可以說克雷格醫生確是誤診。

　　有一些學者則不同意莫倫斯的說法，認為華盛頓在出任合眾國軍隊總司令期間，為了應付與法國可能出現的一觸即發的戰爭，沈重的壓力使他心力交瘁，曾一病不起，痊愈後體重卻驟減了20磅，可能有癌一類的慢性消耗性疾病已經侵蝕著他的身體，後來，他感受風寒造成重感冒，並導致大葉性肺炎，加之不排除患有冠心病等隱患，以致心臟功能衰竭或心跳猝停而不治。上述兩種說法，互不相讓，因此，華盛頓死因之謎至今未能破解。

小說家狄更斯是個多產作家。

　　狄更斯於1812年2月7日誕生在英國一個中產階級家庭裏，從小就很會演戲，能隨口講故事，而且講得娓娓動聽，引人入勝。尤其是他的滑稽小調唱得特別好聽。父親對兒子的這一才能也頗爲自豪，常常在家中或在附近的小酒店裏，把他高高舉起，放在椅子或桌子上，當眾表演。

　　1833年，狄更斯開始以「博茲」的筆名給報紙雜誌撰寫短篇小說和小品文，這些文章引起人們的注意，後來被編成一本冊子，取名爲《博茲特寫集》。書中描寫了倫敦及其郊區「每天生活和每天碰到的人」，作者是在筆端飽蘸了個人感情，通過現實主義的手法來反映英國社會生活的。不久，狄更斯又寫成了第一本連載小說《匹克威克外傳》，一幅幅滑稽而驚險的畫面，牽動了國內外成千上萬讀者的心弦，他們在爲小說主人公的一連串奇遇捧腹大笑之後，很快便承認了這位未來大作家的文名。

　　狄更斯的作品很多，上面列舉的僅是其中幾個，而我們在這裏介紹的是狄更斯生活中的另一面——一位「天才演員」。上面已經介紹過，狄更斯生來具有演員的天賦，他在初步入社會時，就曾首先想要當一名專業演員，可惜未能如願。在以後的二十多年裏，他的這種興趣始終不曾衰退，他常常應邀參加各種家庭間或

公開的演出活動。然而，狄更斯對此並不滿足。可以說，舞臺的空氣和書齋的氣氛一樣，都是他生活中必不可少的要素。狄更斯在與妻子分居的最後十二年裏，平均每二至三年就要去外省甚至到大西洋彼岸的美國作一次巡迴演出。狄更斯是一個敏感和高傲的人，比誰都明白一個作家和一個演員在他那個社會裏都意味著什麼。可是究竟是什麼動力促使他去從事這項辛勞而又似乎卑賤的工作呢？

　　除了他一向對戲劇的強烈偏愛外，還有其他一些重要原因。英國的一個狄更斯研究者說過這樣一句耐人尋味的話：「他（狄更斯）和他的讀者的戀愛是他一生中最最有趣味的戀愛」。確實，當狄更斯站在鋪著紅絲絨的講臺旁，面對情緒激昂的無數觀眾，親耳聽到他們發自內心的、波濤洶湧般的歡呼聲，親眼看見他們在自己的支配下或戰慄或哭泣時，他就寬慰地覺得那是一種幽閉在書齋裏的作家永遠無法得到的享受。幾年裏，狄更斯總共演出了約四百七十一場次，遍及英、美各地，大獲成功。朗誦演出不僅證明了狄更斯的演員天賦，而且也充分顯示出他的小說藝術的重要特點，即易於上口和改編為劇本搬上舞臺。

　　但是長時期的朗誦旅行對一個四十多歲的中年人來說畢竟太不適宜了。一連數月白天趕路或準備，晚上打起精神上臺演出，緊張而勞累消耗了小說家的大量精力。他的健康狀況迅速惡化了。晚上朗誦結

晚年的狄更斯。

束後，由於過度興奮往往不能入眠，他就每夜服安眠藥，而過量的藥物又使他第二天昏沈，精神萎靡不振，以致晚上朗誦時間到了，他又不得不借助興奮劑來支撐自己。長久以來，他終於得了久治不癒的精神官能症。在寫作《遠大前程》時，他的顏面神經劇痛就時時折磨著他，後來左腳開始跛瘸。他的過早去世，都與他興奮、疲憊的劇場生活有關。

狄更斯，這個被稱為英國文學中的「第二個莎士比亞」的偉大作家，他不僅在作品中創造了形形色色的人物，而且通過在舞臺上的表演使這些人物深入人心。也只有他，才會在英國、美國的戲劇舞臺上，刮起一陣強大的「狄更斯旋風」。

35 米勒爲何被稱作「鄉下佬」

1814年10月4日，米勒出生在法國諾曼第半島附近的一個小村莊，他的父親是一個有藝術天賦的人，會做泥塑和木雕。他引導並發現了米勒的藝術才能，但貧窮並沒有使米勒過早地接觸繪畫，直到二十歲時，米勒才正式開始學習畫畫。

米勒是「鄉下佬」嗎？

1837年，渴望求得發展的米勒來到了巴黎，在巴黎度過了十二年的光陰。在這裏米勒接觸了許多浪漫主義的畫家，從他們身上學到了學院式的功夫。但他不能忍受浪漫主義畫家閉門造車式的繪畫風格，他開始到博物館和圖書館去直接學習那些他所喜愛的古代大師。1848年，米勒在沙龍展出了他的第一件重要作品《拾穗者》，眞實地表現了一個勞動者的形象。描繪自然和勞動者的藝術形象是米勒心中的追求，但繁華浮躁的巴黎不能給他創作的靈感。1849年米勒義無返顧地離開了巴黎，攜家遷往巴比松村，從此永遠定居在這裏，並開始了眞正農民畫家的生活：每天上午下田幹活，下午畫畫。在巴比松的歲月中，米勒不僅用自己的辛勤勞動養家糊口，而且用自己那佈滿老繭的雙手爲世人留下了一批藝術佳作。

爲世人所稱道的《播種者》就是米勒充滿創造力的作品之

一。畫面中的播種者頂天立地，佔據著畫面的中央，為了突顯人物，背景和道具減到了最小，遠處隱約可見的只有一個趕著牛耕地的農夫。這是米勒藝術語言的特點，他的繪畫構圖極其單純，樸實洗練。米勒筆下的人物大多不細畫五官，而是像雕刻家那樣，選擇最有表現力的大輪廓，運用樸拙的線條和豐富的光影，給人一種強烈的感染力。

尤其，米勒的畫筆描繪了法國農民最優秀的品質，他們最道地、最善良，是虔誠的基督教徒。在19世紀法國大革命時代，有的人曾錯誤地把米勒稱為「革命者」，把他的作品評論為射向富人的「憤怒的子彈」。其實米勒畫筆下的農民雖然貧窮困苦，為生計而勞作，但卻是那樣的心平氣和、順天安命。也只有米勒，才能看到和感受到別的畫家未必能看到和感受到的東西，與其說是米勒在畫農民，不如說是他在畫他自己。

米勒筆下的勞動者，不論是《擠奶女》、《砍柴人》、《牧羊女》、《葡萄工人》，還是《倚鋤者》，他們雖然多少都帶有某些傷感情緒，但他們決不是卑微可憐，而是具有一種渾厚莊嚴的美。這是米勒思想的體現，米勒認為，人們早出晚歸、不息勞動，就像海水的潮汐一樣，是大地的脈搏，勞動本身就是一種美，勞動還產生一切美的事物，包括米勒筆下的大自然。

米勒不僅描繪了勞動者的辛勤，還讓我們從他的作品中感受到了這些偉大勞動者的真摯、溫暖、深厚的情誼，以及由此而來的生活樂趣。在表達這些主題時，米勒彷彿運用了速寫式的簡練手法，不畫人物的眉目表情，而是通過人物的形態來傳達豐富細膩的感情，使那種真摯的親情充溢於整個畫面。可貴的是這些象徵的意味，在米勒的筆下毫無矯揉造作，是自然地流淌出來。表

現了米勒對人物和各種心理活動的熟知，也證明了作者構思的嚴格和周密。

　　1875年1月20日，米勒死於巴比松村。在巴比松村的歲月中，米勒的畫有一段很長時間都賣不出去，他的一生和他作品中的人物一樣辛勤的耕作，但在當時收穫甚微。

36 福樓拜的《包法利夫人》是淫書嗎

十一歲時，福樓拜進入盧昂中學，期間他認識了美麗的少婦愛莉莎，這樣的情感從一開始就注定沒有結果，於是他將自己的這份初戀感情在文字中釋放表達出來，開始進行文學創作。艾莉莎成為福樓拜一生中難以忘懷的摯愛。1841年，

福樓拜

他就讀於巴黎法學院，但學校的課程令他感到厭煩不已，而他對於文學創作的熱情卻有增無減。二十二歲時因被懷疑患癲癇病而輟學，於是他放棄了法律課程，此後一直住在盧昂，專心從事創作。

《包法利夫人》是福樓拜用了將近五年的時間於1857年完成的。這部作品開創了文學史上的一個新紀元，也成為他的代表作。小說最初是以在報紙上連載的形式出現的，因內容太過敏感而被指控為淫穢之作，被當局以有傷風化、誹謗宗教等罪名，由檢察官提出公訴。檢察官列舉書中四個段落為佐證。一，愛瑪在樹林裏委身於羅多爾夫，她因姦情而變得更加美麗：這是對通姦的頌揚。二，愛瑪病後用對情人的語言向天主傾訴。三，愛瑪與萊昂在賓士的馬車裏做愛（《巴黎雜誌》的編輯刪掉了這一段），然後是對他們幽會的旅館房間的「淫蕩描寫」。四，對愛瑪臨終場面的描寫違背宗教和道德原則，夾雜肉慾的聯想。這場官司最終

的結果，是《包法利夫人》成爲暢銷書。

　　福樓拜因此而聲名大振，成爲人們談論的主角。也在寫這部小說期間，福樓拜認識了美女作家柯蕾，倆人很有默契地維持著肉體關係，隨後他又創作了《薩朗寶》、《情感教育》和《三故事》。《包法利夫人》的故事很簡單，沒有浪漫派小說曲折離奇的情節，無非是一個「淫婦」通姦偷情，自食其果。女主人公愛瑪‧包法利（「愛瑪」是個浪漫的名字，「包法利」Bovary這個姓氏的詞根Bov包含「牛」的意思：福樓拜煞費苦心選定的這個姓名，本身就意味著想入非非的浪漫與平庸的現實之間的逆差）是殷實的田莊主人盧歐老爹的獨生女。她從小喪母，十三歲時，父親就爲她選擇了爬向上層社會的一種方式，把她送到虞徐村修道院讀書，學習貴族子女的談吐、儀態，接受貴族思想的教育。盧歐老爹把日後的希望都寄託在女兒身上。

　　起初，愛瑪不但不嫌修道院的生活沈悶，反而喜歡和修女們在一起相處。日子一久，她就不滿意修道院的生活了，她偷偷讀了描寫戀愛、婚姻等內容的作品後，心中激起了愛情的波瀾。她讀到史谷托的歷史小說時，更加崇拜古代貴婦人的生活，巴不得自己也住在一所古老的莊園，同那些腰身細長的女莊園主一樣，整天在三葉形穹窿底下，胳膊肘支著石頭，手托著下巴，遙望一位白衣騎士，騎著一匹黑馬，從田野遠處疾馳而來。與世隔絕的修道院生活，使愛瑪不瞭解法國的資本主義社會現實，完全沈醉於中世紀的幻境之中，成爲一個極力尋求刺激，追求愛情的少女。由於她後來不尊重修道院的共同生活，「好像修道院同她性情格格不入」，父親只得接她離開了修道院。

　　鄉村醫生查理‧包法利由父母做主，娶了一個寡婦——杜比

克婦人，包法利以爲結婚以後就可以自由了，但結婚後包法利醫生就像套上了枷鎖，因爲妻子對他管束極嚴，甚至經常隔著牆偷聽包法利大夫給女病人診病，不過她儘可以放心，她的丈夫一向是個老實人。但是，第二年開春，老新娘病死了。孤獨的包法利醫生依舊過著平靜的生活。而一次偶然的出診使他結識了盧歐老爹，並愛上了盧歐老爹的女兒愛瑪。此時的愛瑪已出落得很漂亮，她的頭髮黑亮亮的，她的臉蛋是玫瑰紅的顏色，她的眼睛很美，睫毛很動人，有一種天眞無邪的膽大的神情。不久，包法利醫生向愛瑪求婚了。這時盧歐老爹破產，只得把女兒嫁給不苛求嫁資的包法利大夫。

愛瑪對新生活的熱望和天眞使得她總處於幻想當中。但是，嫁給包法利醫生後，她的幻想成了泡影。包法利醫生是個容貌平凡、見解庸俗、談吐平板、安分守己的人。充滿浪漫、迷戀幻想的愛瑪大失所望，感受不到丈夫的歡愉、熱情和愛戀。她恨包法利醫生這種穩如磐石的安定、這種心平氣和的遲鈍，極力要擺脫這種平庸的生活與令人窒息的社會環境，尋找夢想的幸福，來滿足自己感情上的需要。

正當愛瑪苦悶不滿的時候，昂代爾維利侯爵邀請包法利夫婦去參加舞會。這次舞會是愛瑪生活道路上的一個轉捩點。舞會在侯爵家裏舉行。愛瑪對侯爵家豪華的氣派、高雅的客人以及珠光寶氣的舞會場面入迷了。她懷著羨慕的心情看著那些裝扮入時的貴婦人，幻想著自己也能過那樣的生活——而這時一個瀟灑的子爵邀請她跳舞，愛瑪覺得幸福極了。她一直跳到早上才依依不捨地離開了舞會。在回家的路上，她看見一個舞伴有意無意留下的雪茄盒，又引起了對舞伴的懷念。回到家裏，愛瑪竭力掙扎著不

睡，只是爲了讓舞會的感覺能在自己頭腦中多停留一會兒。從此，愛瑪由追求中世紀的愛情一變而嚮往腐化墮落、虛假庸俗的巴黎式的愛情了。同時，她的脾氣越來越壞，對丈夫更加厭煩了。她強烈要求搬到別處去住。包法利禁不住愛瑪的再三吵鬧，終於搬到了永鎮居住。第一天吃晚飯的時候，愛瑪遇到了一個金黃色頭髮的青年實習生——賴昂。愛瑪初次和他見面便很談得來，他們有共同的興趣，都愛好旅行和音樂。此後他們經常會面，討論浪漫主義的小說和戲劇，兩人逐漸熟識起來。

這時，狡猾的服裝商人勒內看出了愛瑪是個虛榮的婦女，就主動上門兜攬生意，並賒賬給她，滿足愛瑪的虛榮心。賴昂對愛瑪顯露了好感，但因爲年輕未免在行動上顯得畏縮；愛瑪也愛上了賴昂，同樣也不敢越軌。賴昂走後，愛瑪百無聊賴。有一天，附近一個莊園主羅道夫到包法利醫生家裏看病，這個風月場中的老手一眼就看穿了愛瑪的心思，產生了勾引這個標致的家庭主婦的念頭。恰好永鎮舉辦了一個展覽會，羅道夫就帶著愛瑪去參加。兩個人都不關心展覽會，只是藉此機會談情說愛，羅道夫抒發自己的痛苦以及對愛情的嚮往，深深打動了愛瑪的心。

展覽會後，羅道夫故意在六個星期之後才出現在愛瑪面前——他知道這樣會對愛瑪產生什麼樣的心理效果。果然，愛瑪順從地成爲了他的情婦。他們瞞著包法利醫生經常在一起幽會，愛瑪的感情發展到了狂熱程度，她要求羅道夫把她帶走，她情願放棄家庭和孩子同他一起私奔。然而，羅道夫只是一個逢場作戲的人。在厭倦了愛瑪的身體之後，他決定拋棄愛瑪而到盧昂去找另一個情婦。臨走他給愛瑪寫了一封信，表示爲了不傷害她，只好不辭而別了。愛瑪接到信後，氣得發瘋，但也只能眼睜睜地看著

羅道夫的馬車在夜幕的掩護下駛出了永鎮。之後她大病一場，病好以後，她想痛改前非，開始重新生活。可憐的包法利醫生為了讓愛瑪散散心就帶她去盧昂看戲，湊巧在劇場裏遇到了愛瑪曾為之心動的賴昂。於是，兩人舊情復燃，戲還沒有演完，愛瑪就找了個藉口同賴昂到碼頭上互訴衷腸。分別了三年，賴昂已經成為社會經驗豐富的人，他決不想放過這次機會，兩人終於圓了舊夢。

回到永鎮後，愛瑪每個星期都要去一次盧昂同賴昂幽會──她的藉口是去學鋼琴，而老實的包法利醫生從來也沒有懷疑過她。愛瑪把自己的全部感情都傾注到了賴昂身上，沈湎於愛情的快樂之中。為此，她從服裝商人勒內那兒賒欠了大量的服飾，債務越積越多。有一天，狡猾的勒內發現了愛瑪的秘密，他決定狠狠地敲詐愛瑪一筆。他上門逼債，迫使愛瑪瞞著丈夫把房產權抵押了債務。但是，為了保持她同賴昂的關係，愛瑪繼續從商人那兒賒欠服飾，這樣她不斷借債，不斷典當，很快就把家產揮霍一空。勒內上門逼債未果，就到法院起訴，把包法利家的東西全部扣押起來。

此時，愛瑪已經陷入困境，她求助於自己的情人。可是，賴昂利用謊言先騙了她，然後躲得無影無蹤；在羅道夫那裏，當她提出要借錢的時候，跪倒在她腳下的羅道夫安靜地站了起來，說：「我沒錢。」直到這時愛瑪才意識到：愛情不過是夢幻中的遊戲，當利益交關的時候，它就萎縮了。愛瑪絕望了。回到家裏，愛瑪吞下了砒霜，痛苦地離開了這個世界。包法利醫生為了償清債務，把全部家產都賣盡了。在承受了太多的打擊之後，這個可憐的老實人也死了。他和愛瑪的女兒被一個遠房姨母收養，

後來把她送進了一家紗廠。

　　作者的本意也不是講故事，他爲小說加了一個副標題：《外省風情》。他爲我們展示19世紀中葉法國外省生活的工筆畫卷，那是個單調沈悶、狹隘閉塞的世界，容不得半點高尚的理想。婦女在這個社會中更是弱者，福樓拜自己就說過：「就在此刻，同時在二十二個村莊中，我可憐的包法利夫人正在忍受苦難，傷心飲泣。」1880年5月8日，福樓拜因腦溢血去世，葬於盧昂的摩紐曼塔墓地。

37 杜思妥也夫斯基爲何是「罪惡的天才」

杜思妥也夫斯基的作品中那些震撼
人心的悲慘畫面，他以非凡的藝術力量
塑造的那些莊嚴的、悲劇性的痛苦形
象，都深深印在所有讀過他作品的人的
心中。「如果說時間能熄滅愛情的火焰
和人類的所有其他感情⋯⋯那麼對於眞
正的文學作品，時間卻會創造不朽。」

杜思妥也夫斯基

杜思妥也夫斯基的作品正是世界文學中這種不朽的作品之一。費
奧多爾・米哈伊洛維奇・杜思妥也夫斯基（1821－1881）是19世
紀俄國著名作家，由於他的名作《罪與罰》、《白癡》、《卡拉馬
助夫兄弟》以心理刻畫見長，描寫了鮮明的、別具一格的衝突，
被西方文壇譽爲現代主義的鼻祖。

杜思妥也夫斯基生於莫斯科一個貧民醫院醫生的家庭裏。
1843年畢業於彼得堡軍事工程學校。畢業後不久就專門從事文學
創作活動。1846年發表的《窮人》爲他帶來了極高的聲譽，在文
學界引起了注意。《窮人》顯然受果戈里《外套》的影響，在思
想上他接近當時平民知識份子的先進代表人物。在1821年到1866
年期間，他曾參加空想社會主義者彼特拉舍夫斯基的小組，爲此
被捕，並被判處死刑，後被赦免改判流放，在鄂木斯克監獄服四
年苦役。後來他根據獄中的經歷寫成了《死屋手記》。《死屋手記》
傾倒了整個俄羅斯，連沙皇都被它感動得落淚，青年人更是狂熱

地崇拜他。

　　四年流放使他思想上發生了很大的轉變，認爲在當時的社會上，反抗毫無意義，他只看到壓迫、道德基礎的崩潰、資產者的勝利、貧窮、賣淫、饑餓……而看不到出路何在。

　　1861年廢除了農奴制。這曾使杜思妥也夫斯基充滿希望。他覺得，對於俄羅斯來說，一個新的時代開始了。但無情的現實粉碎了杜思妥也夫斯基天眞的幻想，同樣也使一部分正在尋找改革道路的青年感到失望，使他們又落進了懷疑的深淵。正是這種失望情緒往往促使某些知識青年進行個人主義的、毫無結果的反抗。《罪與罰》的主題就是在這樣的時代背景下產生。《罪與罰》最早發表在1866年的《俄羅斯通報》上。

　　對於杜思妥也夫斯基的評價，歷來看法不一。德國作家托馬斯曼則稱杜思妥也夫斯基爲時代的怪物：「杜思妥也夫斯基揭示了人心中最隱藏、最罪惡的衝動。……要寫出這樣的一部小說，他缺少的不是知識，而是良心。」

　　而高爾基則抨擊杜思妥也夫斯基，稱他是俄羅斯罪惡的天才，一個反動派，一個對壓迫逆來順受的辯護士。馬克思在論及他時也持很大的保留態度。在史達林統治時期，他幾乎沒有立足之地。他們把杜思妥也夫斯基分成好的或壞的。好的是人道主義的、進步的杜思妥也夫斯基，作品主要指《罪與罰》以前並包括《罪與罰》時期；壞的是反動的、迷信宗教的杜思妥也夫斯基，作品以《罪與罰》以後的爲主。

　　蘇聯作家們能贊同作爲沙俄的批評者和革命預言家的杜思妥也夫斯基，但是他們因爲他後來的政治觀點而忽視他和譴責他，把他的宗教和哲學當成「神秘主義」和「非理性主義」加以嘲

弄；他們可以讚賞他是一位俄國生活的現實主義報導者和社會典型的創作者，但他們又貶低或忽視他的象徵主義、他的不斷離經叛道、偏離現實主義。甚至連盧卡契這樣有思想的馬克思主義者也主張用簡單的二分法來對待杜思妥也夫斯基，從而忽視了他的一大批創作，而這些創作，往往是他最成功的藝術作品。

1881年，杜思妥也夫斯基死於一個工人區四樓的一角陋室之中，整整五十六個困苦年頭，他都與疾病、貧困和災難為伍，最終被疾病奪去了生命。

38 南丁格爾之謎

　　在19世紀以前，護士被視為最最卑賤、最最污穢的工作，除了天主教會中遵循教義從事醫護工作的修女外，沒有一個護士有熱切的心腸和仁慈的情懷。護士全由年老體衰、行動遲緩或殘疾不全、酗酒成性的男人擔當，他們做事馬虎、粗魯、令病人生畏。直到19世紀中葉，一個英國貴族女子率領三十八名經過訓練的護士，奔赴戰場去護理傷兵，以她的偉大愛心贏得「天使」的美譽，從而徹底扭轉了護士的形象，使護士職業成為受人尊敬的神聖的職業。這位偉大的女性就是佛羅倫絲・南丁格爾。

　　南丁格爾出生在1820年5月12日。她的家族是在英國漢普夏郡安希里堡和德貝古州裏哈斯特數一數二的大地主，非常顯赫富有。她的父親是一位典型的英國紳士，風流瀟灑，仗義疏財，母親則是一位賢惠的婦女。其外祖父曾任國會議員。南丁格爾的父親非常重視對女兒的教育，除了聘請優秀的家庭教

白衣天使南丁格爾是護士教育的創始人。

師講授宗教、歷史、英語、美術、政治學知識外，還親自教授她希臘語、拉丁語等外國語言，另外他還經常帶領孩子遊歷歐洲和北非各國，以增長她們的見識、鍛鍊她們的能力。在這種良好的生長環境中，南丁格爾出落成高貴典雅、學識淵博的淑女。但

是，南丁格爾卻選擇了一條爲貧苦大眾服務的艱辛的道路，並且爲此而終生未婚。

　　1851年春天，南丁格爾總算獲得父母的同意，來到德國凱撒維斯的護理學院學習護理，成爲那裏的第一百一十二位學生。三十三歲時，因偶然的機會，她到倫敦一家療養院從事督察工作，開始了另一個生命里程。1853年10月，俄國對土耳其發動戰爭。第二年3月，法國和英國組織的聯軍開往克里米亞，協助土耳其對抗俄國。這就是著名的克里米亞戰爭。10月9月、12月、倫敦《泰晤士報》先後刊載了前方記者發表的關於遠征軍醫療設備狀況的報道。報導中說，英國的政府沒有準備任何爲傷兵服務的醫療設備，醫護人員不足，設備奇缺，許多受傷和生病的士兵，因無法得到有效治療而喪生。這幾篇報導令英國國內人士大爲震驚和悲憤。人們呼喚有服務和犧牲精神的偉大女性挺身而出。在此危急時刻，南丁格爾主動請纓，率領三十八位婦女組成救護隊前往克里米亞戰場。她把傷病員當成自己的兄弟，爲改善他們的處境，使他們早日恢復健康四處奔波，甚至慷慨解囊。美國詩人將其譽爲「提著油燈的天使」。南丁格爾贏得了士兵們乃至全體英國人的尊敬，維多利亞女王親自設計了美麗的胸針以示褒獎。她的同胞們還發起設立了「佛羅倫絲基金」，以資助她建立一所護士學校。

　　1856年3月，克里米亞戰爭結束，南丁格爾避開人們的歡迎，悄悄

1908年時的南丁格爾。

回到國內。儘管她這次赴戰地服務只有二十一個月，但這創舉性的行動卻揭開了婦女戰地服務的新篇章。它不僅打破了長年以來對婦女和對護理工作的社會偏見，同時也帶動了社會公益事業的發展。國際紅十字會的發起者杜南就是受了南丁格爾的影響。此後，南丁格爾不顧身體的虛弱，積極投身到改善英國軍隊醫療設備的工作中。其中，她所寫《護士備忘錄》一書是近代護理方法的奠基之作，在減輕病人的痛苦，降低死亡率方面有顯著貢獻，被譯成多種版本，另一本《醫院備忘錄》也成了各醫院的必備參考書籍。1859年，以南丁格爾名字命名的護士學院正式成立，培養了一批批優秀的護理人才，同時也把南丁格爾精神傳播到了世界各地。1910年8月13日，這位19世紀最偉大的婦女走完了九十年又三個月的人生旅程。兩年以後，為了紀念她輝煌的功績及偉大的愛心，人們特別製造了代表護士最高榮譽的「南丁格爾徽章」。至今，南丁格爾徽章仍在評定之中。

　　縱觀南丁格爾的一生，可以看出支援她勤勉的一生，奉獻的一生的是一種為全人類服務的崇高精神，那麼，她是因何具有這種無私忘我的精神呢？有人認為，這是由於她家庭氛圍的影響。佛羅倫絲的外祖父特別關心貧困人民，熱中於慈善事業，她的父母也經常仗義疏財，送食品或衣物給周圍的貧民。這種為民眾服務的家風使她也養成了這種習

克里米亞戰爭中的南丁格爾。

性。

　1908年時的南丁格爾。也有人說，這是南丁格爾的天性使然。從很小時起，南丁格爾就富有同情心，熱愛小動物，關心幫助窮人，願意奉獻自己的時間與精力去解除爲生的痛苦。十歲時，她曾爲了救助一條受傷的小狗，而整日守在牧羊人的小屋中爲它熱敷。她不關心自己的生活享受，認爲造化對自己的恩賜已經很多，只希望奉獻自己的才華和畢生精力做些對社會有意義的事，特別是減輕那些在床上呻吟的病人的痛苦。正是由於這種仁慈與博愛的胸懷，使她日後成爲一個拯救千萬人生命的偉大的白衣天使。

　另一種說法是，南丁格爾堅定虔誠的宗教信仰使她走上救助別人於苦難的路。她既不抱持出世的信仰觀念，也不贊成一些人離群索居、獨善其身的生活方式，而是一位徹底的實行主義者，也就是將自己的宗教信仰與爲全人類服務精神緊密結合在一起。而護士所做的工作是有益於人類，使人類健康的工作，她們才是眞正的天使。有時候，南丁格爾自己也感到困惑：「爲什麼我的思想和別人有這麼大的不同呢？我始終無法瞭解……自從我懂事以來，它一直跟隨著我，我知道我說出我的心願，一定會遭到人們的取笑，但我卻無法改變我自己……」

如果你經常喝牛奶，一定會注意到幾乎在所有的奶製品包裝上都印有「本品採用巴氏殺菌法」。那麼巴氏殺菌法到底是怎麼一回事呢？

巴氏殺菌法就是以法國微生物學家、化學家、近代微生物學的奠

巴斯德

基人巴斯德的名字命名的一種細菌消毒法。路易斯·巴斯德，醫學史上最重要的傑出人物。1822年12月，出生於法國東部多爾鎮的一個家境貧寒的工人家庭。當他在九歲的時候，因為親眼目睹了一位同村的農人，被瘋狗咬死後的慘狀，這一情景在他的腦海中留下了很深的印象。也激發了他從事科學研究的決心。從二十歲起，他就開始研究病菌，經過四十餘年不斷的努力，終於奠定了人類細菌學的基礎，創造了醫學的新時代，像牛頓開闢出經典力學一樣，巴斯德開闢了微生物領域，並且使全人類從中受益。

巴斯德一生進行了多項探索性的研究，取得了重大成果，他用一生的精力證明了三個科學問題：（一）每一種發酵作用都是由於一種微菌的發展，這位法國化學家發現用加熱的方法可以殺滅那些讓啤酒變苦的惱人的微生物。很快，「巴氏殺菌法」便應用在各種食物和飲料上。（二）每一種傳染病都是一種微菌在生物體內的發展，由於發現並根除了一種侵害蠶卵的細菌，巴斯德

拯救了法國的絲綢工業。（三）傳染病的微菌在特殊的培養之下可以減輕毒力，使它們從病菌變成防病的藥苗。他意識到許多疾病均由微生物引起，於是建立起了細菌理論。

巴斯德在大學裏學的是化學。由於他不到三十歲便成了有名的化學家，法國里爾城的酒廠老闆便要求他幫助解決葡萄酒和啤酒變酸的問題，希望巴斯德能在酒中加些化學藥品來防止酒類變酸。巴斯德與眾不同的地方是他善於利用顯微鏡觀察，這使他在化學上有過前人沒有的重要發現。所以在解決葡萄酒變酸問題時，他首先也是用顯微鏡觀察葡萄酒，看看正常的和變酸的葡萄酒中究竟有什麼不同。結果巴斯德發現，正常的葡萄酒中只能看到一種又圓又大的酵母菌，變酸的酒中則還有另外一種又小又長的細菌。他把這種細菌放到沒有變酸的葡萄酒中，葡萄酒就變酸了。於是巴斯德向釀酒廠的老闆們指出，只要把釀好的葡萄酒放在接近50℃的溫度下加熱並密封，葡萄酒便不會變酸。釀酒廠的老闆們開始並不相信這個建議。巴斯德便在酒廠裏做示範，他把幾瓶葡萄酒分成兩組，一組加熱，另一組不加熱，放置幾個月後，當眾開瓶品嘗，結果加熱過的葡萄酒依舊酒味芳醇，而沒有加熱的卻把人的牙都酸軟了。從此以後，人們把這種採用不太高的溫度加熱殺死微生物的方法叫做巴斯德滅菌法。

因為解決了葡萄酒變酸問題，巴斯德在法國的名聲大振。正好這時法國南部的絲綢工業遇到了很大的困難，因為用做原料的蠶繭大幅度減產。減產的原因是一種叫做「微粒子病」的疾病使蠶大量死亡。人們又來向巴斯德求助了。1865年，巴斯德受農業部長的重託，帶著他的顯微鏡來到了法國南方。經過幾年的工作，期間他還得過嚴重的腦溢血病，但是，他發現微粒子病的病

根是蠶蛹和蠶蛾受到了微生物的感染。針對病因，巴斯德向蠶農們表演了如何選擇健康蠶蛾的方法，要求他們把全部受感染的蠶和蠶卵，連同桑葉都燒掉，只用由健康蠶蛾下的卵孵化蠶。蠶農們依照巴斯德的辦法，果然防止了微粒子病，挽救了法國的絲綢工業。為此，巴斯德受到了法國皇帝拿破崙三世的表彰和人民的熱烈稱頌。

　　研究葡萄酒和蠶病取得巨大成功之後，巴斯德開始主張傳染病是由微生物引起的。正因為微生物能夠通過身體接觸、唾液或糞便散佈，便可以從病人傳播給健康的人而使人生病。這種觀點後來被許多醫生的觀察和治病經驗證實了。其中德國醫生科赫和他的老師貢獻最大。為此德國聘請巴斯德擔任波恩大學教授並授予他名譽學位，可是，這時普法戰爭已經爆發，法國大敗，熱愛祖國的巴斯德拒絕了德國給他的榮譽。1873年，巴斯德當選為法國醫學科學院的院士，雖然他不是醫生，連行醫的資格都沒有，但歷史已經證明，巴斯德是最偉大的「醫生」。

　　19世紀70年代，巴斯德開始研究炭疽病。炭疽病是在羊群中流行的一種嚴重的傳染病，對畜牧業危害很大，而且還傳染給人類，特別是牧羊人和屠夫容易患病而死亡。巴斯德首先從病死的羊血中分離出引起炭疽病的細菌——炭疽桿菌，再把這種有病菌的血從皮下注射到做試驗的豚鼠或兔子身體內，這些豚鼠或兔子很快便死於炭疽病，從這些病死的豚鼠或兔子體內又找到了同樣的炭疽桿菌。在實驗過程中，巴斯德又發現，有些患過炭疽病但僥倖活過來的牲口，再注射病菌也不會得病了。這就是它們獲得了抵抗疾病的能力（我們今天叫做免疫力）。巴斯德馬上想起五十年前詹納用牛痘預防天花的方法。可是，從那裡得到不會使牲口

病死的毒性比較弱的炭疽桿菌呢？

　　通過反覆試驗，巴斯德和他的助手發現把炭疽桿菌連續培養在接近45℃的條件下，它們的毒性便會減少，用這種毒性減弱了的炭疽桿菌預先注射給牲口，牲口就不會再染上炭疽病而死亡了。1881年，巴斯德在一個農場進行一次公開的試驗。一些羊注射了毒性減弱了的炭疽桿菌；另一些沒有注射。四個星期後，又給每頭羊注射毒力很強的炭疽桿菌，結果在四十八小時後，事先沒有注射弱毒細菌的羊全部死亡了，而注射了弱毒細菌的則活蹦亂跳和健康如常。在現場的專家和新聞記者歡聲雷動，祝賀巴斯德偉大的成功。巴斯德的成就開創了人類戰勝傳染病的新世紀，拯救了無數的生命，奠定了今天已經成爲重要科學領域的免疫學的基礎。

　　巴斯德並不是病菌的最早發現者。在他之前已有基魯拉、包亨利等人提出過類似的假想。但是，巴斯德不僅熱情勇敢地提出關於病菌的理論，而且通過大量實驗，證明了他的理論的正確性，令科學界信服，這是他的主要貢獻。人們經常將巴斯德同英國醫生愛德華・金納比較。金納發展了一種抵禦天花的疫苗，而巴斯德的方法可以並已經應用於防治很多種疾病。由於長期的辛苦工作，巴斯德患了尿毒症，在與疾病進行了一段時間的抗爭以後，1895年9月28日下午，這位一直把「造福於人類」作爲一生奮鬥目標的偉大科學家與世長辭。

托爾斯泰的畫像。

　　托爾斯泰生於1828年8月28日，他的家鄉是莫斯科附近的雅斯納亞‧波良納。其父母親的家族是古老而有名望的大家族。母親是著名詩人普希金的遠親，使托爾斯泰從小就受到文學藝術的薰陶。在托爾斯泰不到十歲時，他的父母就亡故了。1844年，托爾斯泰考進喀山大學東方學系，一年後轉入法律系學習。在校期間，他受到法國啓蒙運動思想的影響，開始對沙皇專制制度不滿。1847年，他退學回家，在自己的土地上嘗試改革，設法改善農民的處境。從1851年起，托爾斯泰到高加索的沙皇軍隊中當下級軍官，曾親自參加過克里米亞戰爭。幾年的軍旅生活不僅使其進一步看到俄國農奴制度的腐朽和反動，而且爲以後在《戰爭與和平》中生動描繪戰爭場面打下了基礎。

　　1855年，托爾斯泰從軍中退役，在彼得堡發表了處女作──自傳體小說《童年》，從此走上文學創作之路。爲了探求俄國社會的出路，托爾斯泰先後於1857年、1860年兩次到歐洲旅行考察；1862年後，他繼續以自己的方式嘗試改革俄國社會。1862年，他與一位莫斯科名醫的女兒索菲亞‧安德烈耶芙娜‧別爾斯結婚。在此期間，他還創作了《一個地主的早晨》、《瑞森》等作品。結

婚後，托爾斯泰將主要精力放在文學創作上。1864年至1869年期間，托爾斯泰創作了著名的長篇小說《戰爭與和平》。該小說以庫拉金·羅斯托夫·保爾康斯基和別竺豪夫四大貴族家庭的生活為情節線索，氣勢磅礴地反映了1805年至1820年俄國社會的重大歷史事件，描繪出當時俄國從城市到鄉村的廣闊生活畫卷。小說結構宏大、人物眾多、形象鮮明，被法國著名作家羅曼·羅蘭稱為「我們的時代最偉大的史詩，是近代的《伊里亞德》」。該著作的完成，是托爾斯泰創作歷程中的一個里程碑。

　　1873年至1877年，托爾斯泰經過十二次修改，完成了他第二部里程碑式的長篇巨著《安娜·卡列尼娜》。在該小說中，托爾斯泰以驚人的洞察力和鮮明的藝術形象，精確而深刻地揭示了19世紀60、70年代俄國錯綜複雜的社會矛盾和急遽變化的歷史特點。托爾斯泰因此獲得了「藝術之神」的美譽。《列夫·托爾斯泰畫像》。寫完《安娜·卡列尼娜》後，托爾斯泰從1881年起遷居莫斯科，直到1901年一場大病痊癒之後，才又重新回到雅斯納亞·波良納，在此期間，俄國正處於階級矛盾時期，一方面是封建農奴制度進一步瓦解，資本主義急遽發展；另一方面是人民反抗鬥爭日趨高漲，形成俄國資產階級民主革命的高潮。托爾斯泰積極參加救濟災民的活動，參加貧民區戶口調查，訪問監獄、法庭、教會、修道院等，更深刻地認識了資本主義的矛盾和沙皇機器的反人民本質。

　　同時，他也加緊對哲學、宗教、倫理等問題進行深一步研究。客觀上社會的急速變革和人民革命運動的高漲，主觀上緊張的精神探索和思想矛盾的進一步深化，促使其世界觀由貴族地主向宗法制農民的轉變。這段時期他創作的作品主要有劇本《黑暗

的勢力》、中篇小說《伊凡·伊里索之死》和《哈澤·穆拉特》、短篇小說《舞會之後》、長篇小說《復活》。其中，《復活》是托爾斯泰長期思想藝術探索的總結，也是作家對俄國地主資產階級社會批判最全面、深刻的一篇不朽巨著。托爾斯泰的社會活動和文學創作產生了十分廣泛的社會影響，引起了全世界人類的敬仰。列寧稱其為「俄國革命的鏡子」，高爾基認為他是「十九世紀所有偉人中最偉大、最複雜的人物」。1910年10月28日，托爾斯泰離家出走。當時他年已八旬，究竟是什麼原因促使這樣一位德高望重、耄耋之年的老人離家出走呢？

　　一種說法是，托爾斯泰經過長期緊張的精神探索和激烈的思想鬥爭，最終決定擺脫貴族生活，棄家出走，以實現自己「平民化」的夙願。我們知道，從年輕時候起，托爾斯泰就受法國啓蒙運動思想影響，不滿沙皇專制，認為俄國應建立自己的理想社會，同時身體力行，嘗試在自己的莊園中進行改革，改善農民的處境，對農民子弟普及教育，並努力維護農民利益。到了晚年，他的思想認識又進一步深化，形成宗法制農民的世界觀。他辭去貴族的職務，拒絕擔任法庭陪審員，從事體力勞動，力圖按照農民的生活方式生活，決心和資產階級決裂。

　　1910年的離家出走，只不過是托爾斯泰向農民轉化的一個重要舉措。另一種說法認為，托爾斯泰與妻子發生了爭吵之後而出走。蘇菲亞和托爾斯泰結婚後，一直幸福美

托爾斯泰和他的吉普賽妻子。

滿，曾被俄國文壇傳爲佳話。但是托爾斯泰進入晚年後，一心要實現「平民化」，他解散自己的莊園，把財產分給窮人，蘇菲亞因此不滿。1910年夏，托爾斯泰又背著家人立了一份遺囑，表示在他死後，要將作品的著作權交給無償出版。由於遺囑問題，蘇菲亞與丈夫發生了激烈的衝突，最終導致托爾斯泰在一個陰冷的雨夜離家出走。

還有人認爲，托爾斯泰的悲劇應由一個名叫切爾特科夫的退伍軍官負主要責任。是他導致了托爾斯泰夫婦的爭吵。切爾特科夫出身於貴族家庭，儘管肚子裏沒有多少墨水，但掌握了一套見機行事，誇誇其談的本領，他常常裝出一個哲學家的樣子，將他認爲合理的理論渲染到極端。在托爾斯泰於19世紀末20世紀初思想轉變不爲人們所理解、甚至遭到社會輿論責難和沙皇當局摧殘時，切爾特科夫乘虛而入，贏得了托爾斯泰的信任。他的目的就是爲了得到托爾斯泰那筆豐厚的文學遺產。

爲了達到目的，切爾特科夫處心積慮地挑撥托爾斯泰同妻子及子女的關係。他一方面在托爾斯泰面前說盡蘇菲亞的壞話，一方面利用托爾斯泰放棄私有財產的善良願望，讓托爾斯泰立遺囑將其所有文稿、著作、信件等由其小女兒繼承並移交給切爾特科夫出版，由此引發了托爾斯泰與妻子失和，蘇菲亞與其女反目。在這不能止息的家庭爭吵漩渦中，托爾斯泰爲了求得安寧而離家出走，最終客死他鄉。對此，蘇菲亞曾說過：「我的一切不幸都是從切爾特科夫來訪開始的。」托爾斯泰離家出走之謎，因其不久便逝世，至今不能解開。

42 洛克菲勒是「吸血鬼」還是「善人」

美國的百萬富翁洛克菲勒。

　　1839年7月8日，洛克菲勒生於美國紐約州的摩拉維亞鎮。他的父親販過鹽，推銷過草藥和皮毛，經營過木材，後來做了江湖醫生，行爲比較浪蕩。母親勤勞而善良。父親給洛克菲勒最大的影響是對金錢的認識和對任何人包括父親，都不能信任的理念，他從小養成的對人際關係的謹愼態度，對友誼和利害關係的嚴格區別，也成爲他後來致富的訣竅之一。

　　1853年，十四歲的洛克菲勒隨父母移民到伊利湖畔的克利夫蘭。他結識了好朋友馬克‧漢納，後來這個人成了鐵路、礦業和銀行方面的實業家和國會參議員。在他面前，洛克菲勒說出了自己賺錢的偉大理想。1854年洛克菲勒開始生平第一次也是惟一的戀愛，他與那位女孩的愛情一直持續到老。1855年6月，還在讀高中二年級的洛克菲勒便中途退學了，三個月後的9月26日他被一家叫休威‧泰德的公司錄用爲簿記員（相當於會計），從此開始了漫長的輝煌的賺錢生涯。從領第一周薪水後，洛克菲勒就開始盤算如何使用它。他準備了一個本子，詳細記錄著他的收入和支出情況，這個習慣一直持續到他的終生並繼續流傳給他的子孫。從數千萬美元到一毛錢，一概記得清清楚楚，充分顯示出他的條理分

明的作風。進公司不久，洛克菲勒就展示出過人的精明和機敏。十九歲時，他離開了那家公司，開始同一個名叫克拉克的英國人合夥成立一家穀物和牧草經紀公司。他看準商機，一下賺得幾千美金（這在當時可不是小數目）。南北戰爭爆發後，洛克菲勒預見到食品和日用品將會因短缺而升值，提前買進大量食品和日用品，獲得了可觀的效益。

1864年，德雷克上校首次在賓西法尼亞州以工業和商業性質鑽井打出「黑色黃金」——石油，從而改變了美國開拓史。人們紛紛向這裏湧來。在經歷了深入考察、細緻思考後，洛克菲勒決定資助安德魯斯進行精煉油的研製。他看準了煉油廠的前景，便義無反顧地幹下去，他的同夥克拉克不敢冒這個險，最終二人分道揚鑣，克拉克撤出股份。洛克菲勒從此正式踏上石油業的道路。這一年他二十六歲。洛克菲勒接管公司後，將其更名爲洛克菲勒—安德魯斯公司。他迅速擴充了煉油的設備，使其成爲克利夫蘭最大的一家煉油企業。幾年後，該公司正式更名爲美孚石油公司。1867年，他又找了另一位合夥人亨利·弗拉格勒，二人日後維持了幾十年建立在商業業務上的友誼。洛克菲勒將弗拉格勒的作坊和一部分資金納入到石油公司。

南北戰爭結束後的幾年內，洛克菲勒充分認識到石油在家庭照明、潤滑方面的作用，著手開拓歐洲市場，並開始壟斷下游的煉油業、銷售業。他想到了鐵路運輸的重要性，便主動同兩位大名鼎鼎的鐵路霸主凡德畢爾特和顧德爾談判，最終達成了一個互惠協定。1870年1月，洛克菲勒的有限合夥經營公司改爲「股份有限責任公司—美孚石油公司」，其資本額爲一百萬元，安德魯斯、弗拉格勒和洛克菲勒的弟弟另得一千三百美元，洛克菲勒一人持

有二千六百六十七股。這一年，他三十歲。到1872年底，洛克菲勒已控制了五十家煉油廠中間的二十六家。歷史學家們指出，洛克菲勒是美國最早的併購先驅者。他出價收買和他競爭的各個煉油廠的頭頭們，將他們的合同一口吞下，並以這種方法避免了廠房設備、勞動力和同一市場的不同。

美孚石油公司的建立，標誌著洛克菲勒正式開始了大規模的競爭和掃蕩。這隻巨大的「章魚」向四面八方拋出吸盤，並緊緊抓住他的俘獲物，直到吸乾這些捕獲物的血。一家家煉油廠倒閉或被兼併，許多人被逼瘋或跳樓自殺，許多家庭被逼得妻離子散。對洛克菲勒的譴責和聲討從未間斷過。在弗拉格勒幫助下，洛克菲勒開始走向壟斷之路。他準備先壟斷鐵路運輸，進而壟斷克利夫蘭的煉油業，然後再控制東部，稱霸整個美國的石油工業，最終形成托拉斯這一企業統一聯合體。1871年，洛克菲勒聯合十二家石油企業成立了一家控股公司——南方改良公司，同鐵路運輸業聯盟一起，使賓西法尼亞州的煉油業和鐵路運輸業走向了壟斷，致使許多小企業只有死路一條。幾乎在一夜之間，洛克菲勒就成了惡名昭章的大名人，許多人大聲呼喊「殺死大蟒蛇」、「埋葬章魚」、「吊死吸血鬼」的口號。

以亞吉波多麼為首的石油生產者聯盟向洛克菲勒提出了挑戰，對美孚等加入鐵路大聯盟的企業實行原油封鎖。同時，被他排除在外的煉油公司在紐約另立了一個煉油企業聯盟，在紐約報紙上大肆攻擊南方改良公司和鐵路大聯盟，一時間輿論朝著對洛克菲勒不利的方向發展。洛克菲勒依然沈著冷靜，在三個月的時間裏買下了克利夫蘭二十六家煉油廠中的二十家，贏得了最終的勝利。1873年，洛克菲勒吞併了克利夫蘭的所有煉油廠。到1878

年美孚石油公司的資產已達兩千萬美元，它像一塊巨大的磁鐵，將越來越多的石油企業吸引到自己身邊，不僅如此，洛克菲勒還多次擊敗競爭對手，並吞併許多鐵路公司和石油企業。

1882年，洛克菲勒的美孚石油公司形成了企業壟斷的最高形式——托拉斯。它網羅了四十家石油公司，其中有十四家的所有權直接屬於美孚石油公司。除了精煉油之外，他們還發展了石蠟、潤滑油、凡士林、口香糖等石油副產品，在電燈泡即將取代蠟燭的時刻，改變了現代工業能源機件的內燃機，把美孚石油公司推向一個意想不到的高度。洛克菲勒的財富和權勢增長之快，連洛克菲勒自己也受不了。他是美國第一個十億富翁。19世紀美國的首富。

1911年，美國議會通過了《禁止壟斷法》，美孚石油公司被分為三十八家公司，洛克菲勒辭去了在美孚公司的職務，但是他反倒比以前更富有，搖身變為三十四個石油公司最大的股東，美孚一些公司的股票也直線上漲，均被看好。從19世紀最後兩年開始，洛克菲勒不再每天到美孚公司總部百老匯二十六號辦公了，而是委託亞吉波多做代理人，開始休閒養身。在閒暇的時光中，洛克菲勒開始考慮創設另一種機構。因為幾十年來，他雖賺了大錢，卻在人們的心中留下醜惡的形象，好像他賺的每一分錢都沾著別人的鮮血。他希望通過創辦慈善機構使他的子孫不致像他過去遭人唾棄。另外，幾十年來，他一直接到來自各國的伸手要錢的信件。

正是在這些思想的驅使下，洛克菲勒開始在賺錢的同時贈予別人金錢。從十六歲第一次領到薪水時，便幾分幾角地捐給浸禮會教堂，後來隨著收入的增加便打破教派、民族和膚色的界限，

捐贈越來越多的事業。19世紀80年代晚期，洛克菲勒曾陸續捐贈幾百萬元給教堂；1889年，他拿出六十萬美元在美國東海岸創建芝加哥大學，以後又陸續捐給芝加哥大學三千多萬美元。

　　1891年，洛克菲勒專門請了一個精明強幹的牧師蓋茨幫他處理慈善事務。洛克菲勒同意了蓋茨的建議，決定用那些錢去減輕人類的痛苦和負擔。1901年，洛克菲勒花二十萬美元籌建了一個醫學研究所，專門研究各種流行疾病和頑症。這個研究所的專家們取得了輝煌成績，其中有十二項獲諾貝爾獎金。在把財務責任移交給兒子之前，洛克菲勒共捐給該研究所六千萬美元。1903年，洛克菲勒又邀請鋼鐵大王卡內基擔任以南方黑人教育為目的的慈善機構——普通教育委員會領導職務，並帶頭捐款。合計捐給教育委員會的款項竟高達十二億美元。1909年，洛克菲勒衛生委員會宣告誕生。

　　1913年，洛克菲勒又成立了一個擔負世界性任務的慈善機構——洛克菲勒基金會。他一次拿出一億美元，作為該協會的基金，這個協會的宗旨就是「增進全人類的福利」。這位被人們稱做章魚、蟒蛇、吸血惡鬼的「大壞蛋」，成了享有盛名的慈善大使，魔鬼與天使的特性都在他身上得到了體現。1937年5月，九十八歲的洛克菲勒因心肌衰竭去世。在他死後，他的兒子小洛克菲勒以慈善家的面目，悉心經營各種慈善機構，擴大洛氏家族在社會方面的影響，並洗刷留在父親身上的罪惡。至今，洛克菲勒家族的影響依然舉足輕重。

43 莫內的「倫敦霧」之謎

　　莫內生於1840年10月14日，他的父親在海邊的一個小城做小買賣，莫內跟隨父親在海邊度過了他的青少年時代。莫內與大海有一種與生俱來的感情，莫內曾說：「我願永遠站在大海面前或波濤之巔，有一天我離開人間時，我希望埋葬在一隻浮標裏。」在莫內的筆下，他描繪著自己眼中的大海。《印象‧日出》就是莫內於1872年在家鄉阿弗爾港口所見到的景象。畫面上一切本來具體而堅實的物象，在光和霧的朦朧閃動中，似將融化。遠處港岸若隱若現，水面上的小船和船上的人影晃動蕩漾；水天一色，暈染著橘紅色的晨光與淡霧。大氣、水、陽光被交融成一片，光與色征服了一切。畫面上的色彩和氣氛尤其生動自然。莫內曾說：「我想在最易消失的效果前表達我的印象。」《印象‧日出》就是這一思想的形象體現。

　　水最能忠實反映陽光色彩的變幻，水賦予光生命，所以在莫內的繪畫中，水的題材很多。為了更真實地描繪水景，莫內曾造了一條附帶畫

莫內的代表作《印象.日出》。

室的小船，日夜不停地在塞納河上漂流。《印象‧日出》描繪了旭日初升霧氣迷濛的水；《塞納河的落日》描繪了夕陽西下，霞光如火的水；《遊樂場》描繪了濃蔭下波光粼粼、彷彿響徹人聲喧嘩的水。他晚年的《睡蓮》組畫，更是竭盡全力描繪了水的一切魅力。莫內從早期就迷戀陽光，他一生的精力主要花在外光的探索上。他用三稜鏡來分解陽光，得到原色，用強烈的原色作畫。在《巴黎，卡皮桑納大街》、《聖拉紮爾車站》、《草垛》、《盧昂教堂》、《泰晤士河景色》、《白楊樹》等系列佳作中，他對外光和空氣的氛圍作了淋漓盡致的描繪。這些風景忽視物象輪廓的寫真，側重用光線和色彩來表現瞬間的印象，追求光和色的獨立的美。他對光色的追求在《睡蓮》中達到高峰。雖然在創作《睡蓮》時，莫內已年邁體弱，視力衰退，但仍以極大的毅力從事這規模宏大的室內裝飾鑲嵌畫。《睡蓮》技巧純熟，筆法縱橫不羈，油彩塗抹自由，構圖極奔放，含有濃厚的詩意和音樂感，是油畫中的大寫意之作。

　　莫內在他的晚年寫道，他的功績只是直接描繪自然。力求把所感到的最短暫的印象表達出來。他甚至表示，但願生來就是一個瞎子，然後忽然獲得視覺，從而把他所看到的東西刻畫出來，而無須知道這些東西是什麼。倫敦的霧是全世界有名的，但在莫內之前，人們也只認為倫敦的霧是灰色的，但莫內有一雙了不起的眼睛，他曾到倫敦畫了幾十張倫敦霧的寫生，莫內敏銳的眼力使他能覺察到，在不同的天候和環境中，霧的色調是各具特色的，每張的色調都不同，有人看了莫內的畫後，感慨到原來倫敦的霧竟有如此豐富美麗和近乎奇幻的色彩。

44 柴可夫斯基被逼「自殺」之謎

在世界音樂的歷史長河中，彼得‧伊里奇‧柴可夫斯基（1840～1893），是一個既響亮又奇特的名字。他也許沒有「音樂之父」巴赫的地位崇高，沒有「音樂神童」莫札特的魅力永恒，沒有「音樂哲學家」勃拉姆斯的做法穩健，沒有「鋼琴詩人」蕭邦的風格雋永，他在創作中，不爲音樂而音樂，

俄國作曲家柴可夫斯基。

不爲技術而音樂，不爲他人的意志而音樂，不爲自己的成敗而音樂，而是追求眞實、美好和友善，追求那種發自內心深處的誠摯情感，追求與廣大聽眾之間的溝通。正因如此，柴可夫斯基成爲人們最喜歡的音樂家之一，被譽爲「俄羅斯之魂」。

1840年，柴可夫斯基出生在烏拉爾的一個沒落貴族家裏。父親是當地冶金工廠的廠長和礦山工程師，母親是法國流亡貴族的後裔，喜愛音樂。青少年時期，柴可夫斯基遵循父母的要求在彼得堡法律學校學習，畢業後進入司法部任七品文官，官場庸俗空虛的生活，使他日益渴望音樂。1861年，二十一歲的柴可夫斯基進入彼得堡音樂學院學作曲，開始了藝術生涯。1876年，他結識了富孀梅克夫人，在她的資助下，柴可夫斯基得以擺脫謀生的困擾及生活的煩惱，在錯綜複雜的社會矛盾中探索人生的哲理，用音樂來反映生活的道理和他對生活的信念。他創作了大量作品，

包括歌劇十部、舞蹈劇三十部、鋼琴協奏曲、交響曲、鋼琴曲一百多首及室內樂在內的大量作品，其中最著名的有歌劇《黑桃皇后》、交響樂《悲愴》、芭蕾舞劇《天鵝湖》、《睡美人》、《胡桃夾子》、《D大調小提琴協奏曲》、交響詩《羅密歐與朱麗葉》、音樂會序曲《1812年序曲》等等，深受俄羅斯和世界人民的喜愛。

　　1893年11月6日，柴可夫斯基在莫斯科郊外與世長辭。對於他的去世，人們除了深切的悲痛之外，也存有許多疑惑。官方報導說柴可夫斯基死於霍亂，但也有小道消息說他是自殺而死。當時，政府特意在《新時代》上發表由作曲家的醫生署名的《柴可夫斯基因病逝世》一文，對他的死進行專題報導。但這並不能打消人們疑慮。因為根據醫療規則，霍亂屬於傳染性極強的疾病，所以凡確診為霍亂病的人都要被隔離，而柴可夫斯基生病後，每天都有人去病房探望，且守候在他身邊的家屬也有十幾人之多，在其死後，有關部門也未對屍體進行處理，而是任憑人們吊唁。一些人在走過靈柩時甚至低身親吻他的臉。如此種種，實在不可思議，因此人們推斷柴可夫斯基之死另有原因。

　　20世紀80年代，一個名叫亞歷山大·奧爾洛娃的女學者聲稱，柴可夫斯基的真正死因是因同性戀行為服毒自殺。柴可夫斯基在帝國法律學院學習期間的同學，提供了一份1893年10月31日「榮譽法庭」對柴可夫斯基判處自殺的判決書。如此判決的原因是由於柴可夫斯基不可告人的同性戀行為。儘管柴可夫斯基創作了大量優秀的音樂作品，但他的家庭生活並不幸福。他的夫人是曾在音樂學院學習的安東妮娜·米尤科娃，是她極力追求柴可夫斯基甚至以自殺相威脅。於是柴可夫斯基同她結了婚。兩人婚後的生活極不快樂，給柴可夫斯基造成深深的傷害。與此同時，困擾

他的還有難以啓齒的同性戀傾向。要知道當時的社會環境，是絕對不能容忍這種醜事的。

1893年10月22日，柴可夫斯基到達聖彼得堡進行演出。他在帝國法律學院學習時的同學，時任俄國參議院公訴人的尼古拉‧亞科比收到一封顯赫貴族寄來的控告信。信中說，柴可夫斯基引誘他的侄子搞同性戀，要求亞科比將此信轉呈給沙皇。對此，亞科比感到左右爲難。當時，了解柴可夫斯基的很多人都知道柴可夫斯基的同性戀傾向，但出於對他音樂的熱愛，都避而不談此事。而如今有人直接點名揭發控告，如一旦事情傳到沙皇那裏並被公眾知道，將會給柴可夫斯基的聲譽帶來毀滅性打擊。

經過再三權衡，亞科比決定成立一個由七名帝國法律學院的同學組成的秘密「榮譽法庭」，對柴可夫斯基被控訴一事進行辯論，10月31日，榮譽法庭成員同柴可夫斯基進行了長達五個小時的辯論，最後作出了令柴可夫斯基自殺的判決，以保全他本人的榮譽，同時對控告人有所交待。於是，柴可夫斯基便稱病臥床，直至11月6日自殺身亡。據說，他自殺時服用的毒藥是「榮譽法庭」特別提供的。一個世紀已經過去了，柴可夫斯基的作品仍然被人作爲經典傳頌，關於他死因之謎也成了人們永無休止的話題。

45 羅丹雕塑背後的悲情故事

羅丹的雕塑《地獄之門》就是一件凝聚著痛苦的作品。在這些作品的背後，我們能深切體會到藝術家的悲情故事。

羅丹生於1840年11月，出生在一個貧窮的基督教家庭。他的父親是一名警務信使，母親是貧窮的平民婦女。

羅丹在想什麼？

羅丹從小喜愛美術，其他功課卻很糟糕。在姐姐瑪麗的支援下，失望的父親不得不把他送進巴黎美術工藝學校。姐姐瑪麗靠自己掙得的工錢來供給他食宿費，因此羅丹從小就深深地敬愛他的姐姐。正當羅丹在美術學校學習雕塑時，他的姐姐因失戀而入修道院。兩年以後，她柔弱的精神和肉體承受不了失意和清寒枯燥的生活，因病去世。羅丹的精神徹底崩潰了，他毅然走上姐姐的路，當了一名修道士。幸遇修道院院長的鼓勵，羅丹才重新走上了邊工作邊自學的道路。就在羅丹不得志時他認識了女縫紉工瑪麗‧羅斯‧伯雷，她年輕健美，成為羅丹喜愛的模特兒。很快他們就同居並有了孩子。羅丹不是憑著愛情而是憑著年輕人的熱情衝動組織了這個家庭，羅斯是善良的，可是她不理解羅丹和他的藝術。

1880年，羅丹接受了法國政府的一個重大委託：為當時即將動工建造的法國美術館的青銅大門做裝飾雕刻，這就是有名的

《地獄之門》。在此期間，羅丹愛上向他求教的女雕刻家卡蜜兒‧克洛岱爾。她比羅丹小二十四歲，年輕、漂亮、才華橫溢。在未認識羅丹之前，卡蜜兒雕塑作品的風格就酷似羅丹。他們好像命中注定在彼此尋找，所以一見鍾情。卡蜜兒熱愛和崇拜羅丹，在陪伴羅丹的十五年時間中，她當助手和模特兒，經常參與羅丹的創作，曾給羅丹提出過許多很有價值的意見。羅丹的雕塑作品《思》就是以卡蜜兒為模特兒創作的，從中我們可以看到卡蜜兒的容貌和風度。

羅丹在愛的浸潤下，以卡蜜兒為模特兒，做了許多象徵男女熾烈愛情的人體雕像，如《吻》、《永恒的青春》、《永恒的偶像》等。其中的《吻》簡直是一件完美無缺的作品。直截了當地描寫男女的肉體之愛。羅丹把愛情、藝術和美融為一體。令人驚歎的真實而優美的造型，使這些肉感的雕像震顫著人類熾烈而純真愛情的神聖旋律，每個觀賞者來到它們面前，都能在自己隱秘的心中聽到迴響。

卡蜜兒深愛著羅丹，夢寐以求地想和羅丹結婚。但是羅丹和羅斯雖然只是同居而沒有婚姻的法律約束，他卻不忍心拋棄她。他們曾經共患難，她一直用家庭婦女的勞碌來照顧這個除雕刻外什麼也無暇顧及的人。羅丹處在一種無法解脫的矛盾之中，他逃避最後的解決。卡蜜兒為此痛苦得精神錯亂，住進了瘋人精神病院。這是多麼悲慘的一場愛情故事啊！這樣我們就不難理解為什麼像《吻》這樣動人的愛情畫面會出現在《地獄之門》雕塑中了，這是羅丹感到內疚的矛盾心理的反映，也表達了羅丹那永無答案的痛苦思索：愛是人類欲望的一種表現，人的罪惡由不可克服的欲望而來，而欲望是由於人類對光明與歡樂的追求而來，因

此人類的欲望就是罪惡的淵藪，人類的歡樂就是導向罪惡的途徑，而人類的痛苦就是注定不可抗拒的，永無完結的。羅丹與卡蜜兒的愛情，對羅丹來說，是幸福的，也是痛苦的，他永遠也擺脫不了內疚與懊悔。卡蜜兒是個悲劇性的人物，她認識羅丹，是她藝術人生的幸運，而正因為她認識了羅丹，是她生活上的悲劇，她是一個生活在愛情煎熬中的人，這種煎熬讓她永遠地垮掉了。

　　1917年1月29日，在與羅丹同居五十餘年後，羅丹和羅斯舉行了婚禮。當時正值第一次世界大戰，物資緊缺，在嚴寒中無煤取暖，兩周後，為羅丹鞠躬盡瘁的羅斯凍死了。羅丹深受刺激，同年11月18日，羅丹去世。卡蜜兒繼續她的餘生，直到1943年去世。人們在欣賞羅丹的雕塑時，一定要記住雕塑背後的悲劇人物——卡蜜兒，正是她火一般的愛情，給羅丹創作的激情；正是她睿智的觀察力，使羅丹的雕塑更加完美。她是羅丹生活的一部分，也是羅丹雕塑的一部分。

在羅丹的雕像背後，有著怎樣淒美的愛情故事？

19世紀初，殖民列強對非洲的佔領尚未深入內陸。對於地處內地的蘇丹來說，侵略威脅來自想要掠奪黃金和奴隸的埃及。埃及在侵略小國林立、尚未統一的蘇丹時，不僅進兵順利，還建立了以掠奪爲目的的行政統治。1869年，蘇伊士運河的開通大大改變了整個東北非的局勢。英法爲控制運河展開了爭奪。埃及爆發了反對外來侵略的阿拉比起義。蘇丹人民不堪奧斯曼埃及的殘酷剝削和壓迫，利用埃及統治混亂之機，在馬赫迪主義旗幟下，發動了大規模反抗外來統治的鬥爭。英國侵佔埃及之後，又佔領了蘇丹。1881年蘇丹爆發了馬赫迪領導的反抗英國殖民統治的民族起義。

馬赫迪，真名叫穆罕默德・艾哈邁德。1844年8月12日生於阿巴島一個造船主家庭，後遷至卡拉里。他自幼離家，輾轉拜師，研習宗教，潛心苦修。由於深受回教徒世界正在廣泛興起的伊斯蘭復興運動的鼓舞和影響，他深深同情人民疾苦，痛感伊斯蘭教的腐化和墮落。據說他曾拒吃學校發的口糧，認爲那是反動政府從人民身上搜刮來的。他還在其教長爲兒子舉行的割禮儀式上，反對用女奴跳舞，認爲這有悖原始伊斯蘭教。被革出師門後，他經過痛苦的思索，決定淨化宗教並且拯救民族，並毅然宣佈自己就是眾所期待的先知——馬赫迪，從而擔負起變革社會現實的歷史使命。

1881年8月12日，馬赫迪率領一支由三百五十人組成的軍

隊、打著寫有「先知的哈裏發——穆罕默德‧馬赫迪」字樣的四面大旗與土耳其拉烏夫總督助手薩烏德率領的二百人作戰，揭開了馬赫迪武裝大起義的序幕。

　　初戰告捷，馬赫迪和他的信徒們非常高興，馬赫迪及時進行了戰略大轉移。他效法先知從麥加到麥地那的先例，把義軍從政府軍控制範圍內的、位於尼羅河上易受水陸夾攻的阿巴島帶向卡迪爾山區。此處地勢險要，政府力量薄弱，群眾基礎，多是逃荒而來的農民，有利於發動群眾，壯大隊伍，建立根據地。1881年12月9日，法碩達省督拉希德率領由三百五十名士兵、七十名非正規軍和一千名舒盧克部落民組成的軍隊，想出其不意消滅馬赫迪，但卻鑽進了義軍設好的埋伏圈，全軍覆沒。從此馬赫迪威名大振，通往卡迪爾山道路上擠滿了前來投降的人。1882年6月7日，散納爾省督沙拉利率軍三千人前來圍剿，馬赫迪指揮三千五百人在卡迪爾全殲來敵。卡迪爾之戰影響極大，群眾認為這簡直是個奇蹟，似有神助。義軍人數隨之迅速擴大到一萬五千人。

　　1882年7月，英國趁法國入侵突尼斯之機，炮轟亞歷山大里亞，9月攻陷開羅，擊敗了實際上與馬赫迪起義軍遙相呼應、默契配合的阿拉比運動。從此，埃及實際上淪為英國的殖民地，蘇丹也作為保護英國在埃及統治的屏障和向南擴張的必經之地而成為英國的進攻目標。同時，英國人第一次提出「必須著手解決蘇丹問題」。馬赫迪起義的矛頭指向也從以反奧埃統治為主變成反英埃侵略。1883年1月，起義軍攻下蘇丹第二大城市烏拜依德。英埃不甘心失敗，英國默許埃及政府用英國軍官訓練和指揮埃及軍隊消滅馬赫迪起義。1883年1月，英國軍官希克斯被任命為遠征軍總司令。9月，英政府派希克斯率領萬人大軍再次征伐起義軍，希克斯

除了一萬一千人的埃及遠征軍之外，還有十四門大炮、六挺機槍、五百匹戰馬和五千五百頭駱駝，規模龐大，氣勢洶洶。而馬赫迪僅有三萬人馬，力量懸殊。

1884年1月4日，英國政府向駐埃及總領事巴林發出撤退命令。1月16日，埃及政府命令喀土穆當局執行。幾乎同時，戈登從倫敦出發，於1月25日到開羅與赫迪夫會晤。戈登身負雙重使命：一是擔任蘇丹總督，負責處理撤退問題；二是組織一個蘇丹自治政府。2月18日，戈登到達喀土穆。他宣佈撤走軍隊，賦稅減收一半，允許擁有奴隸，還將舊稅冊、皮鞭和笞蹠等刑具抬到廣場當眾燒毀，企圖平息人民的憤怒。這純屬惺惺作態，因為他在致巴林爵士的信中建議：「如果要維持埃及的平靜，一定要摧毀馬赫迪。……現在可能是比較容易摧毀的時候。」他要求派印度軍隊前往摧毀馬赫迪。

與此同時，戈登還宣佈成立「地方自治政府」，他認為：「在蘇丹建立一個穩定的政府就能阻止馬赫迪勢力的擴張。」但戈登的陰謀破滅了，馬赫迪派出大將奧斯曼‧迪克納，切斷了從喀土穆到薩瓦金的交通線和喀土穆通往埃及的電話線，並於4月27日攻佔柏柏爾。這樣，喀土穆與外界聯繫的兩條主要通道都被堵死，完成了打援圍城的戰略佈署。英國政府見撤退不成，就在8月5日決定派出救援軍，並給埃及貸款三十萬英鎊作為戰費。

1885年1月8日，沃爾斯利的沙漠縱隊從庫爾提出發。馬赫迪決定先發制人，搶在援軍到來之前攻下喀土穆。1885年1月5日，馬赫迪軍隊攻下喀土穆之週邊重鎮恩圖曼要塞。馬赫迪給戈登發出敦促投降書。戈登困坐愁城，惶惶不可終日，但仍負隅頑抗。1月26日，馬赫迪命令發起總攻，戈登被憤怒的馬赫迪戰士用長矛

刺中身亡。這個雙手沾滿蘇丹及其他亞非國家人民鮮血的劊子手，終於得到了應有的懲罰。1月28日，援軍到達青、白尼羅河交匯處，但爲時已晚。1月30日，馬赫迪勝利入城。爲期四年的馬赫迪武裝起義宣告成功，他們建立了統一的伊斯蘭國家——馬赫迪王國。但不幸的是，馬赫迪6月22日病逝。其未竟的事業由他的親密助手穆罕默德‧阿卜杜拉來完成。馬赫迪則被蘇丹人民稱爲「獨立之父」。

47 尼采身後毀譽參半之謎

1844年10月5日，尼采（1884～1900）出生於普魯士的洛肯，他的父親是一個牧師，他的雙親都有沿襲已久的教士家世。由於父親過早去世，尼采從小就由信教的家庭主婦們來撫育，在這種環境中，他被嬌養成像女性一樣的脆弱敏感性格。他很厭惡鄰里那幫壞小子。他的同學們喚他「小

尼采

牧師」，其中有一個還把他描繪成「教學裏的耶穌」。他不喜歡合群，總是避開眾人，自個兒閱讀聖經，或者滿懷激情地把聖經念給人家聽，他喜歡看到人們聽得熱淚盈眶的樣子。

在預科學校的日子裏，他還對音樂產生了強烈的愛好。無論是自己演奏還是聽別人演奏，他都會如癡如醉，有如沈浸在夢境之中。實際上，他的夢幻生活正逐漸成為他的現實生活，他在幻想中發現了自己在現實中所不具有的活力。但他畢竟還是一個生活在現實當中的年輕人，他具有年輕人體驗世界的好奇心，在他離開蒲福達進入波恩大學後，他開始飲酒，說下流話，寫猥褻詩，偶爾還會去逛妓院。他讀了英國詩人拜倫的《恰爾德·哈洛爾德遊記》，他甚至還與人進行過決鬥。

然後他從波恩大學轉到萊比錫大學，埋頭研究語言。他的腦子裏充滿了無數個為什麼。大約在他二十一歲的時候，他無意中

得到一本叔本華的《作爲意志和表像的世界》，這一意外的發現使他猶如發現了「一面鏡子，我透過它照見了世界、人生和我自己那被描繪得無比崇高的本性。」他把書抱回住所，逐字逐句、如饑似渴地讀了起來。二十一歲時，尼采應服兵役。由於他眼睛近視，又是寡婦的獨子，本來是可以免服兵役的，但當時徵兵制度甚嚴，招兵買馬經常不夠，雖然尼采有很多理由可以不去服役，但是最終未能逃脫。在薩多瓦和色當的輝煌日子裏，就是哲學家也得去當炮灰。他的國家發生了一件很大的事情，德國與法國開戰了。

由於他的眼睛近視，他沒有被派上前線，而是被安排去照顧傷員。在戰爭的那幾個月中，他像惠特曼一樣，與那些瀕臨死亡的人在一起。他的心中充滿了厭惡，厭惡中又夾雜著同情。他的思想開始再次漫遊在先知和牧師們所說的那種生存的「永恒的榮譽」，難道不是一種永恒的痛苦？

戰爭結束時，他已被白喉病折磨了很久。他登上山巒，在清新的空氣中進一步思考這些難題。他的結論是，這個世界上所有的痛苦都有其存在的理由。因爲無論在什麼情況下，人應是一個不可戰敗的樂觀主義者。痛苦或許是一種有家的、甚至是神聖的體驗。這就是尼采的思想。他所經歷的一切可以說是一部悲劇。可是他從悲劇中得到的不是精神上的痛苦而是快樂。他又像以前一樣，遠遠地躲避世人，因爲他害怕他們。只有一個人強烈地吸引著他，那個人就是德國著名音樂家，古典音樂的主要代表人物理察德·華格納。因爲華格納在尼采的心中是個敢於盜取上帝的火種，並把它變成了人類音樂的普羅米修斯。1872年初，尼采出版了他的第一部著作──《悲劇的誕生》。除了華格納，尼采沒有

任何其他的朋友，與他作伴的只有他的黑暗和他那奇怪的哲學。他去了羅馬，並在米蘭遇到一位可愛的姑娘，他愛上了她，他向她求婚卻遭到了拒絕。尼采帶著痛苦和羞辱回到書齋。

不幸的失戀使他走向了另一條沈思之路——道德問題，善與惡的問題。失戀的痛苦讓他想隱居，他說：「與人相處太難了，因為沈默是不容易的。」於是他開始旅行。從義大利來到西爾斯——馬里亞，登上了阿爾卑斯山峰。現在他厭惡男人，也厭惡女人，只祈求超越人類。在那寂寥的山巔，他獲得了創作他最偉大著作的靈感。於是，他寫了《查拉圖斯特拉如是說》（1883年）。於是，他開始不停地旅行，從瑞士到威尼斯，從都靈到馬里安巴特，他總是馬不停蹄地奔走著。這時候他的視力已經變得很糟糕，他已經不能再寫東西，除了簡短的格言。但是他認為這些格言是神的啟示。

1889年1月，在都靈，最後的災難終於降臨了，他突然中風。起初，他們把他送進了精神病院，可是不久，他的老母親把他領走了，親自憐惜地照料他。1897年，尼采的母親死了，尼采被妹妹接去住在威瑪。在那裏，克雷默為他塑了一座雕像——一幅令人憐憫的模樣，表現出那種從前強健的心靈破碎了，無依無靠，屈服順從了。不過，他也不是完全不幸。健全時，他從未享受過寧靜安詳，現在卻有了，彷彿是上帝憐恤他，才讓他瘋的。一次，他見妹妹望著他流淚，就問道：「伊莉莎白，你為什麼哭？難道我們不幸福？」毫無疑問，尼采思維太活躍，因而過早地衰竭了。他與時代抗爭，結果，心理失去了平衡。到了後期，尼采的著作辛辣尖刻，他不僅抨擊思想，也抨擊人華格納、基督，還有德國人等等……。

1900年，他死了。他一生都是在追尋一種強有力的人生哲學來彌補自己內心深處的自卑。尼采的哲學打破了以往哲學演變的邏輯秩序，憑的是自己的靈感來做出獨到的理解。因此他的著作不像其他哲學家那樣晦澀，而是文筆優美，寓意雋永。有人稱，尼采與其說是哲學家，不如說是散文家和詩人。在他之後，人們再也不會像以前那樣理直氣壯地以「理性」動物、「道德」動物自居了，人的虛榮、鄙俗、偽善、平庸的一面被尼采毫不留情地剝落在人前，讓人無地自容。人們不得不面對自己的權力意志——這個被掩蓋已久、被壓抑已久的人性中最深刻的東西，無論你是去極力地否定它還是去勇敢地肯定它，你都會感到內心的震顫，這就是尼采哲學的威力所在。

　　與叔本華一樣，尼采在去世以後，其哲學才受到人們的重視，他的權力意志哲學和超人哲學對德國社會乃至世界都產生了巨大影響。在第一次世界大戰期間，開赴前線的德國士兵的背包中有兩本書是最常見的，一本是《聖經》，另一本是尼采的《查拉圖斯特拉如是說》。

48 汽車大王本茨成功之謎

　　19世紀是被日新月異的發現與發明充斥的世紀。汽車就是19世紀人類的偉大發明之一。在眾多汽車品牌中，「賓士」是高檔車的代表。當人們享受著乘坐汽車帶來的快捷、舒適與便利時，一般人還不知道現代汽車之父、賓士汽車的鼻祖就是德國人卡爾・弗里德里希・本茨。

　　1886年7月3日，德國《新巴登州報》刊登了一條不尋常的消息：「本茨有限公司萊茵發動機廠造出了一輛以燃燒石油為動力的自動車。今天早上在靈克大街上進行了試車。據瞭解，這次試車是成功的。」這輛自動車的發明者正是本茨有限公

早期的賓士汽車。

司的股東——卡爾・弗里德里希・本茨。本茨的發明宣告了一個新時代的來臨。那麼本茨是怎樣發明出這種自動車的？

　　1844年，卡爾・本茨出生於德國，他的父親是個火車司機，在卡爾出生前因事故去世。因此卡爾是個不幸的遺腹子。他的母親是個普通的德國婦女，她對卡爾要求並不高，只希望他將來有一個比較穩定的職業，過著安定的生活。對他將來前途沒什麼奢望。但是卡爾從小好勝心極強，對自然科學有著極濃厚的興趣，

1862年，他進入卡爾斯魯厄綜合科技學校，學習了機械構造、機械原理、發動機製造、機械製造經濟核算等課程。後來他當過學徒，服過兵役，於1872年組建了「賓士鐵器鑄造公司和機械工廠」，專門生產建築材料。

卡爾·本茨從很早的時候起就有一個夢想：就是要造出一種重量輕、功率大的二衝程發動機，然後把它裝在馬車上，使馬車沒有馬匹牽引卻可以自動行走。卡爾·本茨夢想的正是汽車雛形。由於建築業不太景氣，卡爾·本茨爲了擺脫瀕臨倒閉的處境，轉而製造發動機。他領來了奧托四衝程煤氣發動機的營業執照，並於1879年12月31日製造出第一台單缸煤氣發動機，這台發動機的轉速爲200轉1分，功率爲0·7千瓦。

1882年，本茨研製成功了二衝程發動機。嗅覺靈敏的商家看到本茨發明的價值，同本茨一道組建了「萊茵發動機廠」。二衝程發動機研製出來之後，本茨發現它並不適合於汽車使用，只有馬力更強勁的四衝程發動機才是汽車的合適動力。但是公司的其他富翁們卻不想把錢投注在這一生死未卜的發明上。但資金並沒有難倒本茨，他很快開始了研製四衝程發動機工作。勤奮好學、刻苦鑽研使本茨早已積累了豐富的理論和實踐經驗，經過一年多的努力，本茨的四衝程發動機問世了。

1886年7月，卡爾·本茨終於研製出單缸汽油發動機，將其安裝在自己設計的三輪車架上，取得了世界上第一個「汽車製造專利權」。這輛以燃燒石油爲動力的自動車在德國巴登靈克大街上試車成功，但它的時速只有十一公里，在大街上只走了三百米。本茨頂著壓力和嘲笑不斷改進他的汽車。1893年，他又研製成功性能先進的「維克托得亞」牌汽車，他採用本茨專利的三升發動

機，方向盤安裝在汽車中間。儘管性能先進，但由於價格高昂（每輛車要三千八百七十五馬克），故而少人問津，此車給卡爾・本茨帶來極高榮譽，但經濟上並沒有多大收益。

1894年，本茨開始生產廉價的自動車，售價二千馬克，一年內銷出一百二十五輛，給賓士公司帶來較高利潤。這種自動車是世界上第一種限量生產的機動車。就在本茨加緊研製性能更好的汽車的時候，德國國內以及其他一些國家的汽車產業也開始相繼建立起來。本茨汽車廠遇到達姆勒汽車公司的有力競爭。1911年，本茨公司推出速度更快的汽車，擺脫了競爭劣勢，從此一路領先。1926年，本茨公司與達姆勒公司合併組建了「達姆勒—本茨汽車有限公司」，在這種雙強合作的基礎上，終於有了聞名於世的「賓士」汽車的誕生。

卡爾・本茨是個遺腹子，父親在他出生前就已去世，他的母親又是個普通的德國婦女，看來沒有多少家庭遺傳。他是一個在事業上執著探索的創業者。他的成功似乎應驗了那句名言：「天才是百分之一的靈感加百分之九十九的血汗。」卡爾・本茨肯定在機械與汽車製造方面富有天才，但他依恃更多的，是勤奮和汗水。

49 倫琴發現X射線之謎

倫琴正用X射線幫助患者照透視。

　　威廉‧康拉德‧倫琴1845年3月27日出生於德國萊茵的倫內普一個商人家庭。在他三歲那年全家遷往荷蘭的阿佩爾多恩，他就在那裏完成小學和中學課程。少年時代的倫琴有點淘氣，學習成績一般，但很喜歡運動且能力也很強。1865年，倫琴進入瑞士蘇黎世學院，攻讀機械工藝。1868年畢業，獲得機械工程師學位。1869年倫琴獲蘇黎世大學博士學位，並擔任了聲學家A‧孔脫的助手。1870年倫琴隨孔脫返回德國，並先後到維爾茨堡大學及斯特拉斯堡大學工作。1895年11月8日，身為德國維爾茨堡大學教授的倫琴像平時一樣來到實驗室，準備做每天做的實驗——放電實驗。他先把一隻放電管用黑紙密密實實地裹起來，然後接通感應圈，使高壓放電通過放電管。一切正常，黑紙沒有漏光，屋裏漆黑一片。他截斷了電流，開始實驗。突然，眼前似乎閃過一絲微綠色的螢光。放電管是用黑紙包著的，螢光屏也沒有豎起，怎麼會有螢光呢？

　　倫琴以為自己產生了錯覺，於是重新剛才的程式，在實驗過程中，螢光又出現了。倫琴大為震驚，他一把抓起桌上的火柴，「擦的」一聲劃亮，尋找著螢光的來源。終於他發現螢光是從離工

作臺一公尺遠處立著的一個亞鉑氰化鋇小瓶那裏發出的。問題來了，因為由放電管陰極發出的射線——陰極射線是不能通過數釐米厚的空氣的，既然不能穿過空氣，那它又怎麼能使一米遠處的螢光幕閃光呢？莫非存在一種從未發現的新射線？倫琴興奮地托起螢光屏，上下前後左右地挪動著位置，可是那一絲綠光不論處在什麼位置都不會逝去。看來這種射線的穿透能力很強，與距離沒有多大關係。那麼除了空氣外它還能不能穿透其他物質呢？倫琴試著用書、薄鋁片等擋住射線，螢光幕上照樣出現亮光，而當他用一張薄鉛片擋住射線時，亮光沒了。倫琴終於可以肯定這確實是一種新射線，因為對這種射線還不瞭解，所以倫琴給它取名為「X射線」。1895年12月28日，倫琴報告了這一重大發現，並將其命名為「X」射線。

倫琴夫人知道這一消息後，對於丈夫發現的神秘射線既好奇又不相信，倫琴取出一個裝有照相底板的暗盒，讓夫人將一隻手平放在上面，再用放電管對準，這樣照射了十五分鐘。底片在顯影液裏撈出來後手部的骨骼清晰可見。X射線的發現，在全世界科學家中引起了巨大的轟動，隨即掀起了研究X射線的全球性的浪潮，世界各地的物理學家讀到倫琴的報告後，就迫不及待地跑進實驗室重復這項動人心弦的實驗。醫學界和科學家隨即把X射線應用於醫療診斷和物質結構的研究。但是物理學家對該神秘射線的本性一下子還搞不清楚。直到1912年，德國科學家們才認定X射線是最短的電磁波。1913年，英國的布拉格父子由此創造了一種用以闡明晶體結構的X射線光譜學。

X射線的發現成為19世紀90年代物理學上的三大發現之一，為此，倫琴於1901年榮獲全世界首次頒發的諾貝爾物理學獎。而

倫琴夫人左手的X光照片，成為了歷史上第一張X光照片，它一直被保存到今天，成為20世紀物理學發展的一個里程碑式的標誌。倫琴一生在物理學許多領域中進行過實驗研究工作，如對電解質在充電的電容器中運動時的磁效應、氣體的、晶體的導熱性、熱電和壓電現象、光的偏振面在氣體中的旋轉、光與電的關係、物質、毛細管現象等。1923年2月10日，倫琴因患癌症在慕尼黑逝世，享年七十八歲。

50 愛迪生為何成為大發明家

翻開人類歷史，可以發現，在科學技術史上有過種種發明或發現的人很多，但是像托馬斯·阿爾瓦·愛迪生那樣，有許多發明，而且在八十四年的生命中，一直持之以恒，專心致志的為發

偉大的發明家愛迪生。

明奉獻生命的，可說極少。眾所周知，托馬斯·阿爾瓦·愛迪生，是舉世聞名的電學家和發明家。他除了在留聲機、電燈、電話、電報、電影等方面的發明和貢獻以外，在礦業、建築業、化工等領域也有不少著名的創造和真知灼見。愛迪生一生共有約兩千項創造發明，為人類的文明和進步做出了巨大的貢獻。

可愛迪生比一般孩子更為好奇，並且有一種將別人告訴他的事情付諸實驗的本能，以及兩倍於他人的精力和創造精神。他會經常提出一些很不容易回答的問題。由於他問的問題太多，他家裏的大多數成員都儘量遠離他的提問。只有母親對他的問題永遠盡力解釋清楚。他不但好奇愛問，而且什麼事都想親自試一試。

愛迪生八歲開始上學，但僅僅上了三個月的時間，就被老師以「低能兒」的名義攆出校門，失去了上學的機會。從此以後，他的母親成為了他的「家庭教師」。因為母親當時是一家女子學校的教師，是一個富有教育經驗的人，她不承認自己的孩子是低能

兒。據她平日留心地觀察，阿爾不但不是低能兒，而且時時表現出非常優秀的品質來。愛迪生的母親決心用全力教育兒子，使他成爲一個眞正優秀的人。由於母親良好的教育方法，使得他對讀書學習產生了濃厚的興趣。他不僅博覽群書，而且一目十行，過目不忘。

到了十歲時，他開始對化學產生濃厚的興趣。他在休倫港自己的家中地窖裏按照帕克的教科書做實驗。爲了有足夠的錢購買化學藥品和實驗設備，在他十二歲的時候，他開始找工作賺錢。經過努力，他獲得了在火車上售報的工作，每天輾轉於休倫港和密西根州的底特律之間。

愛迪生由於天天在火車上奔波，每天回家很晚，常常感到時間不夠用。如果把休息室改爲實驗室的話，在返回休倫港的途中，就可以嘗試這項實驗了。他在徵得列車長的同意後，把地窖裏的實驗室搬到了賓士的列車上。雖然做實驗方便了很多，但意外也時常發生。有一次他的實驗室中的化學藥品突然著火，他和他的設備全被扔出車外。還有一次，當愛迪生正力圖登上一列貨運列車時，一個列車員提著他的兩隻耳朵拉他上車。沒想到列車員的這一行爲卻導致了愛迪生終身成爲聾子。

1862年8月，愛迪生以大無畏的英雄氣魄救出了一個在火車軌道上即將遇難的男孩。孩子的父親對此感恩戴德，但由於無錢可以酬報，願意教他電報技術。1869年6月初，愛迪生隻身來到紐約尋找工作。當他在一家經紀人辦公室等候召見時，恰巧碰上那家的一台電報機壞了。愛迪生很快就修好了電報機，結果他謀得了一個比他預期要好得多的工作。10月他與波普一起成立一個「波普——愛迪生公司」，專門經營電氣工程的科學儀器。在這

裏，他發明了「愛迪生普用印刷機」。

從1872至1875年，愛迪生先後發明了二重、四重電報機，還協助他人發明了世界上第一架英文打字機。1876年春天，愛迪生遷到了紐澤西州的「門羅公園」。他在這裏建造了第一所「發明工廠」，它「標誌著集體研究的開端」。1877年，愛迪生改進了早期由貝爾發明的電話，並使之投入了實際使用。他還發明了他心愛的一個專案——留聲機。電話和電報「是擴展人類感官功能的一次革命」；留聲機是改變人們生活的三大發明之一，「從發明的想像力來看，這是他極為重大的發明成就」。到這個時候，人們都稱他為「門羅公園的魔術師」。

愛迪生在發明留聲機的同時，經歷無數次失敗後終於對電燈的研究取得了突破，1879年10月22日，愛迪生點燃了第一盞真正有廣泛實用價值的電燈。為了延長燈絲的壽命，他又重新試驗，大約試用了六千多種纖維材料，才找到了新的發光體——日本竹絲，可持續一千多小時，達到了耐用的目的。從某一方面來說，這一發明是愛迪生一生中達到的登峰造極的成就。

接著，他又創造一種供電系統，使遠處的燈具能從中心發電站配電，這是一項重大的工藝成就。他在純科學上第一個發現出現於1883年。試驗電燈時，他觀察到他稱之為「愛迪生效應」的現象：在點亮的燈泡內有電荷從熱燈絲經過空間到達冷板。愛迪生在1884年申請了這項發現的專利，但是他並未進行進一步的研究。後來其他科學家利用愛迪生的這一效應發展了電子工業，尤其是無線電和電視有了長足的發展。

愛迪生他用一條喬治伊斯曼新發明的賽璐珞膠片，拍下一系列照片，並將膠片迅速地、連續地放映到幕布上，產生出運動的

幻覺。他第一次在實驗室裏試驗電影是在1889年，1891年申請了專利。1903年，他的公司攝製了第一部故事片「列車搶劫」。愛迪生為電影業的組建和標準化做了大量工作。1887年愛迪生把他的實驗室遷往西奧蘭治以後，為了他的多種發明製成產品來推銷，他創辦了許多商業性公司，這些公司後來合併為愛迪生通用電氣公司，後又稱為通用電氣公司。此後，他的興趣又轉到螢光學、礦石搗碎機、鐵的磁離法、蓄電池和鐵路信號裝置上。第一次世界大戰期間，他研製出魚雷機械裝置、噴火器和水底潛水鏡。

　　愛迪生去世後，人們紛紛為愛迪生獻上追悼辭，其中以胡佛總統的話最令人感動。他說：「所有的美國人都是愛迪生的受惠人！我們不僅生活上接受他的恩惠和利益，最重要的是我們繼承了他的精神遺產！愛迪生從報童、電信報務員做起，最後，他卻以人類的指導者結束輝煌的一生。在民主制度下，愛迪生就是用他的一生，來作為這個恒真信念的楷模！愛迪生個人的信念，就是我們後世取之不盡、用之不竭的精神寶藏！他為人謙虛，待人親切，做事貫徹始終。愛迪生教我們：只要不懈的努力，必可達到目的。這就是他賜給我們的最寶貴的遺產！」

51 莫泊桑早逝之謎

莫泊桑

　　1879年夏天的一個晚上，在法國大作家左拉的梅塘別墅裏，聚集著六位自稱自然主義者的文人。他們商定以普法戰爭為背景，每人各寫一篇中短篇小說，寫完以後，結集成《梅塘晚會》冊子公開出版。1888年4月，《梅塘之夜》正式出版，剛在書店裏露面，就被搶購一空，在法國文壇上引起了一場不大不小的震撼。接下來的幾個星期內竟連印了八次，在這本小說集裏，被讀者公認最出色的並非大名鼎鼎的文壇老將左拉的作品，而是一篇名為《羊脂球》的小說。它的作者在當時是一位名不見經傳的無名小輩，後來成為「世界短篇小說之王」的莫泊桑。

　　那時，大文學家福樓拜已成為莫泊桑文學上的導師，他們兩人結下了親如父子的師徒關係。福樓拜把自己創作的經驗全部傳授給莫泊桑。莫泊桑非常尊重嚴師的教誨，每篇習作都要送給福樓拜審閱。福樓拜則一絲不苟地為他進行修改，並經常對莫泊桑的不少作品給予讚賞，但勸他不要急於發表。因此，在70年代裏，莫泊桑的著述雖然很多，但發表的卻很少，這是他文學創作的準備階段，然而《羊脂球》的發表使莫泊桑一鳴驚人，他一躍登上了法國文壇。讀者稱他是文壇上的一顆新星。此間，他寫成

短篇小說約三百篇，長篇小說六部，其中《俊友》和《溫泉》也同他的絕大多數的短篇一樣，享有盛譽。他還寫了三部遊記、一部詩集及其他雜文。莫泊桑光輝的文學藝術成就，對世界文學寶庫做出了突出的貢獻。他寫作藝術技巧的成就，不僅在法國文學史上佔有重要地位，而且對後來的歐洲及中國作家都產生了很大的影響。他勤奮地創作了一生，由於過度勞累得了精神錯亂病，後來被送進巴黎的一家精神病院。1893年7月6日莫泊桑逝世，年僅四十三歲。

對於莫泊桑的早逝，除了長期精神透支，與他的不檢點的私生活有關係。莫泊桑在1871年戰後退伍，由於家庭經濟的拮据，他於1872年3月開始在海軍部任小職員，七年之後，又轉入公共教育部，直到1881年完全退職。在小職員空虛無聊的生活中，莫泊桑不幸染上了很多的惡習，私生活極其放蕩。1893年7月，左拉在莫泊桑葬禮的悼詞中說：「他文思敏捷，成就卓著，不滿足於單一的寫作，充分享受人生的歡樂。」這人生的歡樂，指的就是莫泊桑喜歡划船、游泳和追逐女人。

對於這個終身未娶的作家來說，女性在他生活中佔有重要的地位，無論是日常生活還是他筆下的人物，都是如此。結果呢？他因梅毒加上精神病，在1893年7月6日11時離開了人間。其實，莫泊桑早就有神經病的徵兆，他的弟弟也是死於精神病。他長期頑強地與病魔鬥爭，堅持寫作，巨大的勞動強度與未曾收斂的放蕩生活，使他逐漸病入膏肓。直到1891年，他已不能再進行寫作，在遭受疾病殘酷的折磨之後終於撒手歸西，天才就這樣走了。

52　萊特兄弟飛上天空之謎

　　1903年12月17日，飛機大約飛行了三十米就安全著陸了。弟弟跑上前去，兄弟倆激動地擁抱在一起。世界上第一架帶有汽油發動機的飛機飛行成功了。

　　萊特兄弟出生於美國俄亥俄州達頓市的一個牧師家庭，哥哥比弟弟大四歲。有一次在父親的鼓勵下，萊特兄弟決定發明一個能折疊報紙的機器。威爾伯在紙上畫機器的構造，奧維爾也在一旁參與。他們將家裏倉庫中一些破機器的零件重新組裝起來，反覆地進行實驗。在兄弟倆的通力合作下，報紙折疊機終於做出來了。折疊機的發明既提高了父親的工作效率也減輕了威爾伯的工作強度，他有了空餘時間來想其他的事情。「我們為達頓市出版一份報紙吧！」他們再次開始利用空閒的間隙收集破舊機器和各種機器零件。還是在他們家的那家小倉庫裏，兄弟倆一邊設計圖紙，一邊試著安裝，用廢舊材料製造著大印刷機。那些廢料經過萊特兄弟之手，像變魔術一般地成為一件好的東西。機器做出來了報紙也問世了。

　　1896年8月的一天，威爾伯在報紙上讀到了世界航空的先驅者之一，人稱「滑翔機之父」的奧托·李林塔爾因滑翔機失事身亡的消息，並由此引發了他對天空的興趣。他對弟弟奧維爾說：「這是絕好的機會呀，我們辦報積攢了一點錢，又懂得了很多知識，累積了很多經驗，可是對於滑翔機我們卻一無所知，我們來研究它吧！」

在那個時候，關於航空方面的書籍，即使到圖書館去也很難找到。因此，萊特兄弟給進行航空研究的斯密森學會寫信，希望能夠得到學會的幫助。學會很快的給他們回音，並郵寄有關飛行的書籍和小冊子資料給他們。這樣的日子一晃就是三年，兄弟倆掌握了大量的航空知識。萊特兄弟還經常去看老鷹飛行的樣子，並進行分析研究，把脖子都看酸了。他們開始行動了，萊特兄弟習慣先畫圖紙，他們畫了一張又一張的圖紙，絞盡了腦汁。終於可以動手了，車間當然還是家裏的那個小倉庫。

1900年9月，萊特兄弟帶著帳篷、食品和滑翔機元件從達頓市出發，去到距離達頓市有一千六百公里的吉蒂霍克地區試飛。萊特兄弟在沙灘上搭起了帳篷，用了將近一週的時間將滑翔機組裝起來。然後繫上繩索，像放風箏那樣將滑翔機放飛起來。經過一次又一次的實驗後，在確保安全的情況下，由威爾伯坐上了滑翔機。滑翔機飛起來了，在歡呼雀躍的奧維爾和前來幫忙的村民頭上，滑翔機從容地飛過去了。雖然離地面不過才七八十米，但畢竟成功了。

他們決定研製動力滑翔機。經過一段時間的準備和努力，1903年9月，他們再次來到闊別已久的吉蒂霍克進行試飛。意外發生了，螺旋槳在發動機實驗中中軸彎曲了。奧維爾馬上返回家中取了新的來，1903年12月12日，新的螺旋槳中軸裝上去了，試驗一下，沒有發生任何問題。14日的下午，兄弟倆人鋪設了飛機起飛用的軌道，在木頭上蓋上鐵板，鋪設在沙灘的緩坡上，以便飛機從那上面滑行時能夠順利地起飛。軌道長度大約是十八米。一切準備妥當，兄弟倆用投硬幣的方式決定由誰先上。結果是威爾伯先上。威爾伯像過去一樣伏在飛機的正中間，然後開動發動

機，飛機開始震動起來，並在軌道上滑動。僅僅滑行了三米左右，就一下子升上了天空。

人類自古以來就夢想著能夠飛上藍天，這一夢想終於被

這是萊特兄弟製作的第三架樣機。

萊特兄弟實現了。自1903年以後，萊特兄弟在達頓市開了一家飛機公司，並在法國開辦了飛行學校。在萊特兄弟的熱心推動下，世界各國都掀起了飛機製造的熱潮。就在兄弟倆夢想著能將飛機事業進一步推進的時候，不幸發生了。

威爾伯由於長期過度勞作，積勞成疾，感染了傷寒。由於身體過於衰弱，威爾伯終於在1912年5月12日去世，年僅四十五歲。威爾伯‧萊特和奧維爾‧萊特兄弟在大西洋沿岸吉蒂霍克的海灘上進行的飛行試驗，是人類歷史上第一次駕駛比空氣重、擁有持續動力的飛行器飛離地面，它代表著航空時代的來臨。美國航空學專家經過大量的實驗後斷言，萊特兄弟的這一壯舉是世界航空史上一個名副其實的奇蹟。因為讓任何一位現代飛行員駕駛這樣一架十分不穩定的飛機幾乎都是不可能的。

這裏的故事彷彿剛剛離開了我們的眼簾，這裏的懸案彷彿又一次破譯出了新的發現，我們的耳邊依然回響著格瓦拉的革命吶喊，我們的面前正在進行著對海明威英靈的祭奠……甘地夫人被刺殺的消息傳遍全球時；當艾奎諾被暗殺；當甘迺迪的鮮血染紅了大地時……我們可以從容而坦誠地說：真相大白於天下的時候不會太久了……

1 胡迪尼逃脫術之謎

　　世界上眞有關不住的人嗎？也許你不相信，但事實上確實有人做到了，他就是美國著名的魔術大師胡迪尼。胡迪尼原名埃里奇。1873年，他出生於匈牙利，後隨父母移居美國。在他十六歲時，偶然讀到一本法國魔術師的傳記，便開始對魔術產生了濃厚的興趣，夢想成爲著名的魔術大師。爲了實現這一偉大的理想，他爲自己改了一個比較響亮的名字——胡迪尼。之後，他找到一名魔術師，爲他做了四年的助手。

　　1894年，胡迪尼來到紐約闖蕩，開始獨立表演魔術，並爲自己打造了一個特色節目「逃脫術」，但是人們對他這無名小子的表演一點都不感興趣。於是，胡迪尼又到了倫敦。他跑到倫敦最大的劇院，希望能在那裏表演，卻遭到了拒絕。爲了爭取到劇院演出的機會，也爲了證明自己的高超技能，胡迪尼來到了警察局，請求警察把自己銬住。警察聽後，以爲他是神經病，沒有答應他的要求，並攆他走。可是胡迪尼依然堅持。後來一個警長惡作劇地把他銬在一根柱子上，告訴他「我現在去吃飯，等我吃完回來再放你」。說罷就同其他警

魔術大師胡迪尼能逃脫一切——除了死亡。

察往外走。沒想到才走兩步，後面傳來胡迪尼的聲音：「等等！我跟你們一起去！」警察們回頭一看，個個目瞪口呆，他們不敢相信：胡迪尼居然將自己從柱子上解脫出來，正對著他們笑呢！他們又將胡迪尼銬了幾次，結果每次胡迪尼都是很快脫身。從此，胡迪尼很成了神話人物，劇場經理們迫不及待地要同他簽訂演出合同。

1903年4月，胡迪尼來到了莫斯科。一到目的地，他就去拜訪莫斯科的警察頭子革伯托夫，要求在他手中「逃脫」一次。開始革伯托夫婉言謝絕了。胡迪尼並不灰心，接著懇求。他建議革伯托夫將他關在「凱里特」裏。大家知道，「凱里特」是一種特製專門用來押送危險要犯前往西伯利亞的囚籠，它完全用鋼板製成，有一點三米高，籠頂上方有一塊被切製成二十平方釐米的長方形透氣孔，鋼門上的鐵鎖是鎖中套鎖的特殊裝置。最爲奇特的是此門一旦鎖上以後就無法打開，只有用西伯利亞的鑰匙才能把鎖打開。自從「凱里特」製造出來以後，還從未有人能從這裏逃脫過。胡迪尼提出這個要求，無疑是給自己帶來巨大的挑戰，同時也是向革伯托夫挑戰。革伯托夫接受了胡迪尼的挑戰，他先命令手下對胡迪尼全身進行搜查，看他是否帶著開鎖工具，然後給胡迪尼戴上了特製的手銬腳鐐。

胡迪尼進入「凱里特」後，革伯托夫讓手下將鋼籠放在一個明顯的位置，然後圍成一圈，目不轉睛地盯著籠子。二十分鐘後，胡迪尼竟滿頭大汗地從籠子裏鑽出，令在場的所有人瞠目結舌。革伯托夫還是不敢相信這是事實，趕緊命令手下去對籠子進行檢查，他們把籠子翻過來，也沒有發現一點受損的跡象。只有一副空的手銬腳鐐放在裏邊，真是令人百思不得其解。胡迪尼到

底是如何逃脫的呢？難道他是有「超自然力量」的人？還是他的表演水準高超？或者是他與倫敦和莫斯科警察合演了一出鬧劇以欺騙世人？

胡迪尼向紐約的牧師披露魔術的秘密。

關於逃脫術，胡迪尼生前從來沒有透露過一點秘密，直到他死去。這個謎也就一直未能解開。

2 聾啞女海倫凱勒奮鬥之謎

1900年，美國著名高等學校哈佛大學的校園裏來了一位特殊的學生。她既盲又聾又啞，但卻通過了德文、法文、拉丁文、英國文學、希臘語、羅馬史等各科考試。這個奇蹟的創造者便是美國女孩海倫凱勒。海倫剛生下來時，是個耳聰目明、活潑好強的女孩。她十分聰慧，六個月大時就可以很清楚地說些簡單的詞和「日安」等簡單的話。

不幸的是，1882年2月她因患重感冒而持續高燒，引起併發症，最終導致眼睛失明和耳朵失聰。從此她便陷入沒有聲音、一片昏暗的混沌世界之中。那麼，這位又聾、又瞎、又啞的女孩如何得以成為哈佛大學的學生呢？這首先應歸功於她的父母和周圍許許多多熱心幫助她的人，是他們給她創造的良好教育環境，使海倫凱勒得以用自己獨特的方式認知世界。自從海倫凱勒大病之後，母親就想盡辦法幫助她瞭解各種事物，並經常給她予以鼓勵，父親也經常引導她到庭院中觸摸各種植物。在他們的引導下，憑著自身的聰慧，海倫已能幫助媽媽做家務，並用手勢或肢體語言表達自己的意思。

自強不息的海倫凱勒。

1887年，在發明電話機的著名科學家亞歷山大・貝爾博士的幫助下，一位博學而熱心的家庭教師安・曼絲福特・沙利文來到海倫身邊。她給了海倫無私的愛和幫助，她用手指在海倫的手心裏拼寫各種事物的單字，並帶她觸摸身邊的各種物品，使她慢慢認識自己所處的世界。經過一段時間的努力，海倫掌握了英語的要領，開始用手語與別人交流思想。與此同時，在沙利文老師的培養下，海倫還養成了積極向上、開朗樂觀的性格。1888年5月，海倫凱勒到波士頓的帕金斯盲校就讀。1890年3月26日起，海倫在聲學專家沙拉・赫拉的指導用觸摸嘴唇的方法開始學習發聲後，終於說出了清楚而完整的句子，一時之間，海倫成了聞名遐邇的人物。

　　1893年，貝爾博士邀海倫參觀芝加哥的「世界博覽會」使她大開眼界。此後，海倫便開始系統地學習專門學科，先後學習了拉丁文、算術、人文地理、法文、德文等課程。1896年10月，海倫凱勒萌生了到大學讀書的念頭，而她所選擇的學校是世界聞名的哈佛大學。這所學校入學考試極嚴，許多優秀學生都難以通過，海倫卻向自己心目中的目標努力。她先到哈佛大學附屬的康橋女子學校讀預科。在三年中，她學習了英國史、英國文學、德文、拉丁文、物理、天文等課程，為進入哈佛大學打下了良好的基礎。1899年6月30日，海倫順利通過哈佛大學拉多克利夫女子學院的入學考試，取得哈佛大學入學資格。海倫凱勒能進入哈佛大學的另一個重要原因是她聰慧的天資和不懈的努力。儘管不能聽見聲音，看到事物，但她仍表現出很高的悟性，同正常兒童一樣聰明活潑，對外界事物的好奇更是她認知世界的動力。這是凱勒走向成功的基礎。另外，海倫有著非凡的毅力，凡是她下決心要

達到的目標，她總是排除一切險阻而要爭取達到。

　　另外，海倫周圍許多的熱心人所給予的無私幫助也是海倫提高自身修養、自立自強的堅強後盾。最值得一提的是海倫的家庭教師沙利文，她長年與海倫形影不離，教育她、引導她，並擔當她的翻譯、照顧她的生活，用無私的愛鼓起她生命的風帆，令人欽佩、敬仰。大科學家貝爾博士也給了海倫父親般的關懷。他不僅發明了聾啞教育的讀唇法，還堅持提倡聾啞人學習講話。他將海倫由黑暗孤獨的世界帶到一個光明充滿愛的世界。海倫的家庭教師就是經他推薦而來到海倫身邊。他還邀請海倫參加了萬國博覽會和聾啞教育促進大會。海倫一生努力學習講話，就是受了他的啟發。

　　海倫進入渴望已久的大學之後，開始了緊張而艱苦的學習。沙利文老師一直陪在她的身旁，將教授的話一字一句轉成指語傳達給她，並且轉述沒有盲文點字課本的講義。她必須花數倍於普通人的時間，才能學到講義的內容。但是她從不叫苦，而且她還利用課餘時間進行寫作。1903年，她出版了自傳《我的生涯》、《樂天主義》。大學畢業後，海倫與沙利文在的一間古老農舍裏，以賣稿為生。此外，她還積極致力於盲人福利事業。她與「波士頓婦女工商聯盟」的康培爾先生一起到議會請願，成立了專門保護盲人的特別委員會，並成立專門教導盲人做手工藝的實驗所。1906年，海倫出任麻塞諸塞州盲人教育委員會的委員。後來，海倫多次參加各地團體的會議，進行現身說法的演講，以推動公眾對盲人福利事業的的關注。1924年後，海倫又投入到為盲人募捐的工作之中。同時，海倫又出版了自傳《中流》和《我的家教》等書。她出訪了歐、亞、非、美等各個國家，為盲人們募捐，為

第 4 章 現代歷史名人懸案

333

他們的福利事業奔走呼籲。

　　在她的努力下，各國人士開始正視這個問題，紛紛設立爲殘障者謀福利的各種機構。爲了表彰她無私的愛心奉獻及對人類的巨大貢獻，1959年，聯合國大廈舉行了表彰海倫凱勒的隆重儀式。1960年，爲紀念她八十歲生日而組成的「海倫八十歲紀念財團」募集了一百二十五萬美元，從而創立了「海倫凱勒國際獎」，以獎勵全世界對盲啞教育有卓越貢獻的個人或團體。同時，美國紐約的華克納市長宣佈將6月27日作爲「海倫凱勒紀念日」，讓後人永遠紀念她。1967年，八十七歲的海倫凱勒平靜地離開了人世。直到她無法下床之前，她一直沒有停止爲盲人謀福利的工作。

3　風流總統哈定死亡之謎

哈定於1865年生於俄亥俄州。他
的父親是個農民，後來做了順勢療法
醫生。從俄亥俄中心學院畢業後，十
九歲的哈定成了俄亥俄州馬里恩《星》
的出版商和合資商。1891年，他同這
個城塊中最富有的銀行家的女兒佛洛
倫斯結了婚。哈定高大、英俊、性情
隨和，又有著堅定不移的共和黨的思

美國總統哈定真是一位花花公子嗎？

想十分具有魅力。1902年，他成為俄亥俄州的副州長，1904年任
州長。1914年以共和黨人的身分進入美國參議院。在1920年的總
統競選中，哈定以「正常化」為競選口號，擊敗對手，成為美國
第29任總統。

值得一提的是，在哈定扶搖直上的過程中，背後一直有位為
其撐舵的女人，那就是他精明強幹又冷酷傲慢的妻子佛洛倫斯。
哈定稱之為「女公爵」。儘管家中已有妻子佛洛倫斯，但哈定溫柔
的本性卻無法抵禦女士們對他的進攻。社交皇后嘉莉‧菲利普與
他情深意濃，纏綿了好幾年；年輕美麗的南‧希瑞頓也為哈定神
魂顛倒，後來成了他最受寵的情人。哈定進入白宮後，與希瑞頓
的戀情愈發熾烈。他甚至讓年輕的情婦到白宮橢圓形辦公室裏幽
會。這事最終被佛洛倫斯發現了。第一夫人被氣壞了，她準備給
這個小他五歲的男子給點顏色看。於是，就在她拿到哈定情書的

當晚，佛洛倫斯一直坐在沙發裏，等著總統歸來。直到凌晨兩點，哈定總統回來了。當她正準備向總統施以急風暴雨時，想不到總統卻暴跳如雷。原來，他已陷入將被彈劾的困境。

哈定一直很愛打牌，這個習慣一直保留到他當總統以後。他常以「忙於政務」爲由而不回家，實際上是同一群密友打撲克。於是，便有了「撲克內閣」。正是他的撲克內閣密友給他帶來了麻煩。其中一個是內政部長，前退伍軍人局局長福希斯，他將本來應該幫助成千上萬在第一次世界大戰中退伍傷殘軍人的撫恤金用去玩女人和賭錢。眾議院調查委員會掌握了他大量貪污受賄的證據。另一個則是司法部長多爾蒂：他用白宮的石料建起了「俄亥俄幫」的「K街的小綠屋」，將其變成總統的牌友們違法販運和利用權勢販賣私酒的巢窟。參議員托馬斯·沃爾什掌握了多爾蒂助手史密斯犯罪的證據。就在沃爾什提出要深入調查多爾蒂時，史密斯卻在多爾蒂的寓所自殺身亡。史密斯的自殺鬧得華盛頓沸沸揚揚。沃爾什將矛頭直指哈定總統，認爲他是導致政府貪污腐敗的罪魁禍首，應該受到彈劾。

哈定先將福希斯打發到歐洲，又叮囑多爾蒂注意民主派參議員的追究。1923年6月，他與夫人開始了穿越整個美利堅合眾國的政治旅行，這是第一夫人的主張，這樣做的目的就是爲了通過在各地演說，重新贏得民心。但是，哈定的表現並不令人滿意。與心愛的希瑞頓分離，告別了「撲克內閣」的牌友們，使他鬱鬱寡歡，由於失眠的折磨，他的臉上泛著青光，而且，他的演說也不似以前那樣字字珠璣，而是辭不達意。至於哈定總統本人，也是感到十分疲憊，苦不堪言。7月，他們到了此行的終點站阿拉斯加州，哈定本想親手鑿冰洞抓大馬哈魚，但在他到達後的第三天，

白宮發來密報，稱國
會並未因他外出而停
止對他的「撲克內閣」
成員的追查。種種跡
象表明，司法部長多
爾蒂，海軍部長埃德

美國總統哈定和夫人。

溫・登比，內政部長福希斯捲入了一椿足以引發政壇地震的大醜
聞中。參、眾兩院都成立了有關這椿醜聞的特別委員會。而且，
被哈定悄悄打發到歐洲的福希斯，也受到聯邦最高法院的起訴，
要被押解回國。

在阿拉斯加爲總統舉行的宴會上，哈定勉強吃了一些當地官
員極力推薦的一種蟹肉。當他啓程時卻突然病倒，上吐下瀉。人
們當即將其送到舊金山搶救。8月2日，哈定躺在舊金山酒店裏，
處於精神衰竭狀態。第一夫人一直陪伴在他身旁，當他神智清醒
時，她就給他讀篇雜誌，10點左右，哈定夫人離開丈夫床頭，回
到自己房間休息。但是，當醫生告訴哈定夫人他的死訊時，她非
常鎮靜地對待了丈夫的死亡。她不允許醫生解剖屍體，只吩咐使
用防腐劑，讓總統保持他的形象。

人們猜測，哈定是被夫人佛洛倫斯和他的保健醫生希恩博士
合謀毒死。有人傳說，哈定在彌留之際仍不斷呼喚希瑞頓和他倆
的私生女，而一點卻不留戀他的總統地位。這必定使傲慢、嫉妒
成性的夫人十分傷心。她不能容忍自己的丈夫時刻想著別的女
人。另一方面，她不願見到哈定被彈劾的恥辱下場。因此她下了
毒手。若非如此，又怎樣解釋她在丈夫死後不掉一滴淚，又不讓
解剖屍體呢？

居禮夫婦。

　　愛因斯坦說：「在我所認識的所有著名人物中，居禮夫人是惟一不爲榮譽所顛倒的人。」眾所周知，居禮夫人爲世界科學家長廊裏第一個獲得兩次諾貝爾獎的人，並且爲至今獲得這種殊榮的惟一女性，她發現了重要的放射性元素——鐳。

　　作爲一個年輕的、獲得畢業證書的物理學家，她從一個科學協會那得到了測定各種金屬磁性的委託書。爲了尋找一間條件較好的實驗室，她在1894年初認識了在巴黎理化研究所工作的皮埃爾‧居禮。對科學的熱愛、對眞理的探求，使他們彼此相愛。1895年，他倆幸福地結合了，婚後生了兩個女兒。1896年，A‧H‧貝克勒耳發現鈾鹽會自發地發射出類似X射線的輻射。瑪麗‧居禮和丈夫下定決心尋找其他物質是否也具有鈾鹽的這種性質。後來這種性質被命名爲放射性。實驗中瑪麗發現釷也有這種放射性。在研究各種放射性礦物時，她發現瀝青鈾礦的放射性比鈾鹽的要強幾倍。她認爲在瀝青鈾礦中一定存在著某種未知的、放射性很強的元素。於是她和皮埃爾‧居禮在實驗室中，用化學方法和測定放射性元素的手段，在成噸的瀝青鈾礦中艱辛地尋找這種微量的未知的元素。結果他們於1898

年7月發現了釙，同年12月發現了鐳。

　　釙的命名是為了紀念瑪麗・居禮的祖國波蘭。瑪麗・居禮所開創的、用放射性進行化學分離與分析的方法奠定了放射性化學的基礎。1903年，她以《放射性物質的研究》論文獲得博士學位。同年她和皮埃爾・居禮與貝克勒耳共同獲得了諾貝爾物理學獎。正當她與丈夫在科學的征途中攜手共進的時候，1906年4月19日，皮埃爾不幸死於車禍，瑪麗從此失去了她最心愛的人和最親密的戰友。

　　瑪麗頑強地工作著。1910年，她在A・L・德比埃的協作下，提煉出金屬態的純粹的鐳，並測出鐳元素的各種特性。同年完成了她的名著《論放射性》一書，正是由於這些傑出的貢獻，1911年，她再次榮獲了諾貝爾獎，這次是化學獎。成為第一個兩次獲得諾貝爾獎的人，並且至今獲得這種殊榮的惟一女性。

　　她一生中接受了七個國家二十四次獎金和獎章，獲得了二十五個國家的科學團體的榮譽稱號。她把一生中獲得的獎金幾乎全部都用於資助波蘭革命、資助窮人或為別的科學家創造工作條件。一個美國記者驚詫地問瑪麗，為什麼不申請專利？瑪麗微笑著回答記者說：「鐳是一種元素，它屬於世界所有！」她把自己和皮埃爾一起提煉的一克鐳，獻給了巴黎大學鐳學院。

　　除了物理部以外，還有醫學生物實驗室。物理部由瑪麗領導，用

居禮夫人在做試驗。

於進一步研究放射性物質。醫學生物實驗室用於探究放射性物質的生物作用和治療作用。不久，第一次世界大戰爆發了，自幼就痛恨侵略者的瑪麗，英勇地投入了反侵略的戰鬥。她和她的女兒I‧居禮一起，從事利用X射線爲傷兵進行醫療診斷工作。在她的領導下，建立了二百個固定式的倫琴射線裝置，並裝備了二十台移動式的倫琴射線機交給軍隊，供戰地醫院使用。在1914年到1934年間，巴黎鐳研究所——這座由許多國家的科學家共同合作進行過合作的、輝煌的放射性學校，共發表了約五百種科學著作。其中三十多種出自瑪麗的手筆。在其餘的著作中，瑪麗以顧問身分參與過意見、或親自修改過著作。她的第二部論述放射性的書，篇幅浩大，於1935年作爲她遺著的一部分出版。

1932年5月，瑪麗出席了華沙鐳研究所的開幕式。最後一次訪問了自己的祖國。直到1934年5月，居禮夫人仍然在崗位上。一天工作，她因發高燒而回家，從此便沒有再起床。其實，在此之前，她的身體狀況一直欠佳。她患有風濕性肩痛，眼睛因白內障而做過摘除手術，耳鳴也常發作，而且她還一天比一天感覺到疲乏。1933年12月還被查出患有膽結石。但是她沒有將這些放在心上，而是把自己放在沒完沒了的工作和計劃裏。居禮夫人日漸衰弱，她在發燒。

對於居禮夫人的病，大夫一直沒有確診。有的說是患有流行性感冒，且工作過度；有的說是氣管炎。在醫院進行過幾次X光照相後，學者專家們困惑地發現：她的器官似乎沒有一個明顯的病症，只是肺部有舊有的病灶和一點發炎的陰影。要知道，居禮夫人年輕時曾患過肺結核，但她一直沒有治療過。於是，大夫們在沒有把握的情況下結論說這是結核症舊病復發。後來，又用X

光檢查了幾次，發現肺部不是病因。居禮夫人被轉到了桑塞羅謀的療養院裏，她的體溫超過了四十度，血裏的紅白血球數目減得很快。日內瓦的羅斯大夫診斷她患了極嚴重的惡性貧血症。7月4日，居禮夫人帶著對事業的無限牽掛與依戀離開了人間。

經過遺體解剖，醫學專家濤貝教授認爲：「居禮夫人的病症是一種發展很快的再生障礙性貧血，骨髓不起反應，多半是因爲長期輻射量而有了改變。」她的同行瑞基教授後來也寫道：「居禮夫人也許要算是她丈夫和她發現的放射性物質的遠期犧牲者之一。」也就是說，導致居禮夫人死亡的眞正的罪人是——鐳。因爲，三十五年來，居禮夫人一直接觸鐳。這種具有超強輻射量和腐蝕性的物質所發出的射線極大地損傷了她的身體。

在四年的戰爭期內，她還受過倫琴儀器所發出來的更危險的射線。這使她的血液成分變得不正常，身體抵抗力急遽下降。也有些人認爲，居禮夫人夜以繼日地工作無疑也是對她的生命進行透支。居禮先生的逝世所帶給她的心靈的痛苦，也是她日漸憔悴的原因之一。另外需要說明的一點是，居禮夫人的母親是因患肺結核而去世，其父親是因患膽結石去世，而居禮夫人同時患有這兩種病。她的死也與此不無關係。

佛洛伊德。

　　猶太裔血統對於佛洛伊德的成長產生了很大的影響。這不僅是指猶太人的語言、思維習慣和生活方式，而且，更重要的是定居於歐洲各地的猶太人在漫長的歲月中所遭受的侮辱和歧視，給佛洛伊德提供了無形的強大精神力量，激勵著他奮發圖強地和專心致志地從事對人類精神活動的科學分析事業。更確切地說，使佛洛伊德成為一個偉大的心理學家的重要因素，與其說是猶太人的血統，不如說是猶太人所身受的壓迫和歧視。佛洛伊德的童年時代以至他的整個一生，就是在民族歧視和民族壓迫的環境中度過的。

　　佛洛伊德的幼年時代，家境並不富裕。他有兩個同父異母的哥哥，跟父親一樣也做著小本生意。佛洛伊德的父親是一位心地善良、助人為樂的猶太商人。他雖然經商，但為人誠實、單純。而他的這種性格，對佛洛伊德有很大的影響。據佛洛伊德的朋友鍾斯說，當他為了寫佛洛伊德的傳記而向佛洛伊德的女兒安娜提出「什麼是佛洛伊德的最明顯的性格？」時，安娜毫不猶豫地說：「他最明顯的特性就是他的單純。」佛洛伊德從父親那裏繼承而來的這種性格伴隨了他的一生，並體現在他的一舉一動上。據鍾斯說，佛洛伊德最討厭那些使生活變得複雜化的東西，他的

這個特性甚至表現在日常生活的細節上。比方說，他一共只有三套衣服、三雙鞋子、三套內衣，就是外出度長假，他的行李也往往簡單到不能再簡單的程度。

但是，佛洛伊德的父親和他本人所生活的世界和社會，並不是像他們自己所想像的那樣單純。在佛洛伊德出生前後，歐洲各地發生了一系列重大的歷史事件，這些事件具有扭轉歐洲歷史方向的深刻意義。這些事件對佛洛伊德的一生產生了深遠的、不可忽視的影響。佛洛伊德家族已有三個世紀的時間生活於日耳曼民族所群居的社會中。所以，日耳曼民族自15世紀以來所經歷的歷史變遷及文化和思想方面的變革，都給佛洛伊德的世界觀和方法論打下了深刻的烙印。在佛洛伊德身上，與其說體現了單純的猶太民族的文化傳統的影響，不如說集中了猶太人和日耳曼人在多年的文化交流中所積累的那些複雜的歷史成果。

佛洛伊德在幼小時期，由一位信天主教的保姆服侍著。這位保姆給小小的佛洛伊德很深的印象，以至佛洛伊德在成人後還對她的形象記憶猶新。佛洛伊德在《精神分析學的起源》中對這個保姆有詳盡的描述。佛洛伊德從小就熱愛群山、森林、天空、鳥獸，他熱愛自然界的一切。達爾文的進化論和歌德論自然的散文和詩歌，把他帶回到美麗的大自然的懷抱中。而對人類本身的問題的興趣早在幼年時代就開始了。他對於人的感情、性格和各種幻想，對於人的受壓抑的情緒，早就有所察覺。所以，當他決心從事醫學研究的時候，一點也沒有什麼值得驚奇的地方。這大概也是受了歌德、達爾文等人的影響。1873年秋，佛洛伊德順利地進入了維也納大學醫學院。當時佛洛伊德剛滿十七歲。維也納大學建於1368年。自1804年開始，規定醫學院學生要學習三年哲學

課。當時，奧地利的天主教哲學家布連坦諾教授正在哲學系講課。布連坦諾推崇經中世紀托馬斯・阿奎那所歪曲和改造了的亞里士多德主義，他也是經院哲學的信奉者。對於他的未來的心理學觀點產生了消極的影響。佛洛伊德在學習中從不盲從，體現了可貴的獨創精神。對於著名的學者——包括他的現任老師、著名生理學家布呂克教授、解剖學家克勞斯教授、哲學家布連坦諾等人在內始終保持著既嚴肅又謙虛的態度。他首先領會他們的觀點，然後深入地和創造性地進行獨立思考。

　　1879年，佛洛伊德應召入伍。當時，奧匈帝國正同沙皇俄國爭奪巴爾幹半島。德奧兩國爲了對抗俄國在巴爾幹的擴張，於1879年10月締結秘密軍事同盟條約。當時的德奧兩國實際上是一個大軍營。全國大中小學都實行軍事訓練。任何適齡青年，不管做什麼工作，也不管是否在校讀書，都要參軍。佛洛伊德就是在這樣的條件下服兵役的。從軍期間，由於有充裕的時間，他第一次拿起筆進行翻譯工作。他首先把英國哲學家約翰・斯杜亞特・穆勒的著作譯成德文。佛洛伊德有學習、掌握和使用語言的天分。他尤其喜愛英語。再加上佛洛伊德同穆勒之間不存在哲學觀點上的分歧，所以，這一次翻譯工作是非常順利的和非常得心應手的。佛洛伊德先把穆勒的五卷本著作的第一篇譯成德文。他不僅把原文的意思譯出，而且有自己的風格，翻譯工作進行得很快。

　　這次翻譯，也給佛洛伊德一個機會，進一步更深入地學習柏拉圖的哲學。從1873年到1881年，佛洛伊德在維也納大學醫學院學習期間，是他是一生中的偉大事業奠定知識基礎的時期。他把大量的時間用在學習生物學、醫學、病理學、外科手術等課程

上。他在這裏結識了許多著名的學者。除了布呂克、克勞斯以外，還有著名的外科醫生比爾羅斯、皮膚科專家赫伯拉、眼科專家阿爾德等人。他們都是在全世界享有盛譽的學者和醫生。佛洛伊德從他們那裏學到了許多寶貴的知識，學到了進行科學研究的正確方法。1881年3月，佛洛伊德終於以優異的成績通過了醫學院的畢業考試。畢業後，他留在學校他的老師布呂克的研究所裏做研究，並開始承擔起家庭經濟的重擔。1882年7月，他正式地到維也納全科醫院工作，擔任了外科醫生。10月，在西奧多・梅納特的推薦下，他當上了著名的內科醫生諾斯納格的診療所的實習醫生。在諾斯納格的診療所工作了半年以後，佛洛伊德轉到梅納特的精神病治療所工作。

西奧多・梅納特同佛洛伊德以前的老師布呂克一樣，是一個著名的神經病學專家，他在維也納大學醫學院兼任教職。佛洛伊德大學時代很喜歡聽他的課，並且開始對神經病學發生了興趣。佛洛伊德曾說，他對梅納特的崇拜達到「五體投地的程度」。梅納特是當時最著名的腦解剖學專家，他對大腦神經錯亂症頗有研究。所以，在醫學上把這種病例命名為「梅納特精神錯亂症」。患有這種病的病人，有嚴重的幻覺出現，以致精神錯亂、意識顛倒。這是以後數年佛洛伊德研究潛意識及各種變態心理現象的開始。

從1884年起，佛洛伊德開始長時間地在全科醫院的神經科工作。他先後跟隨了像梅納特和布洛伊爾那樣的著名神經科專家，先後研究了神經纖維、神經細胞、神經錯亂症以及麻醉神經的可卡因，取得重大的成就。由於佛洛伊德在神經系統疾病方面的研究和治療已經取得了顯著的成果，1885年春天，佛洛伊德被任命

為維也納大學醫學院神經病理學講師。1885年秋，他還接到了赴法深造的通知。這意味著，佛洛伊德一生的主要奮鬥目標——研究神經病和精神分析的事業正式開始了。在以後的日子裏，他陸續發表了許多著名的著作。如《歇斯底里研究》、《夢的解析》。佛洛伊德成了國際性的知名科學家，他的學說迅速地傳播到世界先進的國家。第一次世界大戰爆發後，從表面看來，戰爭的爆發並沒有嚴重地干擾佛洛伊德的學術活動，即使是國際精神分析學會的活動也仍然沒有中斷。但戰爭使糧食嚴重地缺乏。佛洛伊德的生活面臨許多困難。在這一年佛洛伊德的許多信中，都提到他的家人面臨著缺糧的威脅。他又得了重感冒，使他的身體衰弱起來。他的六十歲生日是過得很淒慘的——幾個兒子都在前線，又沒有足夠的東西吃。到了1917年，佛洛伊德的境況更加困難。物資短缺、糧食不足、經濟上更加拮据。佛洛伊德還患了嚴重的風濕症，寫字的時候，手不停地顫抖著。

　　1917年底，在佛洛伊德六十一歲時，他發現他的口腔右上顎長了一個小腫瘤，當時他把這歸咎於戒煙和家人患癌使自己受刺激而產生的神經官能症。由此，他又恢復了吸煙。正當佛洛伊德發現了自己的嚴重疾病的時候，又有一件使他萬分悲傷的事情發生：他的小外孫、蘇菲的第二個兒子海納勒突然因患肺結核而死去。這個孩子是佛洛伊德所見到的孩子之中最聰明的一個。佛洛伊德於1923年7月告訴鍾斯說，他遭受到了有生以來最嚴重的打擊，而且，「這種無盡的悲傷已經深深地潛入內心深處，分秒不離地伴隨著我的工作。」佛洛伊德說，由於這一打擊，「在我的思想中已經激不起智慧的火花，我已經很久沒寫一行字。」在這之後不久，佛洛伊德又說，海納勒之死「給我一次不可言喻的打

擊。自此之後，我再也不對任何新鮮的事物感興趣了。」但是，他又說，海納勒之死給他的沈重打擊轉化成爲一股巨大的動力。

1930年，佛洛伊德寫出了《文明及其不滿》等著作，得了歌德文學獎，但他又遭到了沈重的打擊，他的心愛的母親在這一年死去了，佛洛伊德本人的病情迅速惡化。佛洛伊德對他的母親始終懷有極其深厚的感情。每當他遇到困難的時候，母親的崇高形象給了他無窮無盡的力量。母親的死，雖然使他沈痛得無可比擬，但同以往所經受過的一切打擊一樣，給了他新的推動力量。

隨著時間的推移，佛洛伊德口腔內腫瘤越來越大，越來越粗糙，並開始無痛性出血，這時他才意識到問題的嚴重。去醫院檢查的結果是，他患了口腔癌。佛洛伊德不得不接受手術，可是癌細胞已經擴散，口腔癌已發展到必須切除整個上顎骨的地步。因此，他只得進行一次又一次的手術。當時的頜面整容技術只能大略遮蓋手術後留下的空洞，而無法恢復患者的進食、說話等功能，而且假牙戴上拿下都會刺激周圍組織產生劇烈疼痛。

佛洛伊德發現自己的死期已經臨近，他最急切的期望是能在自己去世前見到《摩西與一神教》的英文版。鍾斯夫人正夜以繼日地趕譯這本書。1939年3月，該書英文版終於出版了。他最後閱讀的一本書，是巴爾扎克的《驢皮記》。佛洛伊德說：「這本書正好適合我，它所談的就是饑餓。」22日，醫生舒爾給佛洛伊德注射了嗎啡，佛洛伊德的心臟停止了跳動。這位爲人類作出傑出貢獻的一代偉人，在做了三十二次癌症手術後，於八十三歲死於口腔癌。

　　這個嬰兒的出生十分與眾不同。當他墜地時，沒有哇哇大叫。接生婆倒提了嬰兒，抖了幾下，又翻過來，在嬰兒屁股上拍了幾下，再掰開嬰兒的小嘴，嬰兒依然一聲不吭。「是個死胎」，接生婆得出這樣的結論。孩子的父親堂‧何塞‧路茲聽到這個消息，先是感到茫然，繼而長歎了一口氣。就在此時，站在一旁的堂‧何塞的弟弟堂‧薩爾瓦多點燃了雪茄，走到放置嬰兒的桌邊，俯身看到胎兒蹙眉皺嘴的臉，然後深深地吸了一口煙，對準嬰兒的小鼻孔吹了進去。頓時，奇蹟出現了：嬰兒的手和腳同時蹬動起來，「哇」地一聲發出了「像公牛一樣的怒吼」。人們聞聽，都圍上來看，他們發現，這個嬰兒一臉怪相，與普通嬰兒相貌不一樣。他就是巴勃羅‧畢卡索在幾十年後以富有創造性的藝術，數量驚人的作品，多樣化的風格技巧，強烈而多變的情感，給各國藝術家以深遠影響，被人稱為「20世紀最傑出、最令人信服、最具有獨創性、最變幻無常、最具誘惑力和最神聖的藝術家。」

　　這恐怕是他的父母和那個接生婆所沒有料到的。在還不會說話的時候，畢卡索就表現出對於線條和色彩的一種迷戀和認識，他甚至開始用線條──繪畫來表達自己的意思。一次，他哭叫著要圍在周圍的

畢卡索和其畫。

大人給他一樣東西，但誰也聽不懂他咿咿呀呀的「語言」。她們一籌莫展的時候，發現他抓了一支筆──他的爸爸何塞用來繪畫的鉛筆，在一張紙上畫了個螺旋形的東西。姨媽愛拉迪亞一下就明白了他要什麼──熱甜餅！這是在西班牙每個小食品攤上都能買到的一種長螺旋形粘滿了糖粒的東西。

當堂‧何塞聽到女人們七嘴八舌的敘說之後，他翻來覆去地看著兒子畫在紙片上的圖形驚異地大叫起來，「奇蹟，簡直是個奇蹟！」從此，他決心讓兒子繼承他所熱愛的繪畫事業，他讓妻子給兒子紙和筆。巴勃羅便沈迷其中，開始在紙上畫各種各樣想像中的東西。四歲時，巴勃羅又迷上了剪紙，他的小手極其靈活，一張小白紙在他的剪裁下，變成花卉、小動物以及他想像得出來的事物。白癡和天才的距離也許只有一步。當巴勃羅不斷表現出他在藝術方面的天賦時，他的小學老師卻說他是「白癡」，因為當問他「二加一等於幾？」時，他竟回答：「二加一等於……等於一點鐘！」除了畫畫外，他既不會算術，也不懂文法，連一篇最簡單的最短的課文也不能流利地讀下去。最令人感到不解的是，當老師嫌他上課搗亂而罰他關禁閉時，他竟滿臉興奮。於是有人斷定他：「這個白癡將來多半會在牢獄中生活相當長的時期。」

作為父親，堂‧何塞能充分認識到巴勃羅在藝術方面所

畢卡索和其最後一任妻子。

表現出的才能，爲了讓他擺脫那些他不喜歡學的東西，堂·何塞安排巴勃羅上他任教的達加爾達美術學校。從此，巴勃羅在他鍾愛的藝術海洋裏遊弋。他的父親，同時也是他的老師很快就發現，他的班上出現了一個天才！十二歲的畢卡索就在他的作品裏顯示了大膽、粗獷的風格！十五歲時，畢卡索以優異成績進入巴塞隆納藝術學校，一年後轉入馬德里聖費爾南多美術學院，正式開始了藝術生涯。在不同的時期裏，他創作了藍色、粉紅色、黑色、立體主義、新古典主義、浪漫主義、超現實主義等不同風格，油畫、拼貼、素描、雕塑、陶瓷等各樣表現形式的作品，計有五萬餘件之多，晚年時他還撰寫了幾個劇本。直至九十歲去世前夕，畢卡索仍在進行著創作，他所表現出的才華和取得的藝術成就令世人敬仰，他同七個女子轟轟烈烈的戀情更是使人驚歎不已。

關於畢卡索取得巨大藝術成就，有些人認爲是由於他父親的遺傳和對他全心全意的培養；有的人覺得是他身邊圍繞的女人們給了他靈感；也有的人堅持應歸功於他敏銳的感覺和辛苦的工作。

7 希特勒殺害其外甥女之謎

　　希特勒，這個專制惡魔，自幼性格乖戾孤僻，冷酷無情，青年時代更變成一個歇斯底里的偏執狂，滿腦子充斥著民族主義狂熱和對馬克思主義、民主制度以及猶太人的仇恨。他罪惡的一生也充滿了怪異的色彩，留給人們許多難解之謎。他的外甥女吉莉‧拉包爾的神秘之死，就是其中之一。1931年9月19日清晨，人們在希特勒慕尼黑的公寓中，發現他的同父異母姐姐的女兒吉莉‧拉包爾死於槍殺，屍體旁還放著希特勒的手槍。

　　據說，這位二十三歲的死者既是希特勒的外甥女又是他的情婦。有人則說，可能是希特勒發現了外甥女與其他男子的私情，一怒之下，將她打死；也有人猜測說，拉包爾曾揚言要把她舅舅希特勒的不可告人的怪癖——「嗜睡症」公諸於世，希特勒惱羞成怒，把拉包爾的鼻樑都打斷了，並開槍滅口。一句話，是希特勒槍殺了自己的外甥女。另外，還有人猜測，拉包爾是不堪忍受希特勒強烈的猜忌和無理性要求的折磨，被迫自殺。

　　據警方調查：希特勒回答問訊時說，他最後一次見吉莉

希特勒有許多女性崇拜者。

是9月18日。那天，他曾與吉莉發生過爭執。他不讓吉莉去維也納學習聲樂，吉莉對他限制她的行動很惱火，但爭執很快就平靜了下來。於是，希特勒按原計劃前往紐倫堡參加一個競選集會，在那兒他收到吉莉的死訊。接下來的是，他火速趕回慕尼黑，在半路上因超速行駛，還收到一張罰款單。希特勒公寓的傭人只回憶說，拉包爾衝出希特勒的臥室時神情沮喪，別的事他們一概不知。警方經過現場調查，沒有發現拉包爾鼻子被打斷的跡象，也沒發現她死前受過蹂躪，因而判定拉包爾為自殺。排除了希特勒是殺人兇手。

然而，事情沒有到此為止。許多人認為，巴伐利亞司法部高層官員中有很多納粹黨的支持者，是他們包庇希特勒，迫使警方終止了對這起案件的調查。另外，當警察到達出事地點時，現場早已有納粹黨的官員在，如此看來，傭人也很可能迫於納粹黨淫威而不敢說出全部真相。那麼，吉莉‧拉包爾究竟是被希特勒殺害的，還是自殺呢？懷疑希特勒是殺人兇手的大有人在。

曾在希特勒內閣供職，後來逃往瑞士的奧托‧施特拉賽爾，創作了一本名為《我與希特勒》的書，書中列舉了三條證據，證明希特勒是殺人兇手。（一）主持拉包爾葬禮的牧師說，拉包爾是作為一名天主教教徒下葬的，如果他事先知道她是自殺而死，那麼，他萬萬不會去主持葬禮。（二）奧托曾親耳聽到自己的兄弟，曾任納粹黨副主席的格雷戈爾說過，希特勒曾說他本人打死拉包爾的。（三）一位反納粹黨刊物的編輯曾計劃要把有關殺人案的醜聞刊登在報紙上，但是計劃未等實現，一夥納粹衝鋒隊員就闖進了報社，銷毀了全部資料並將該編輯逮捕了，他後來被秘密處死。書中還暗示說，因為希特勒知道拉包爾與其他男子幽

會，故而一怒之下殺了她。曾任過希特勒外事新聞秘書的恩斯特·漢夫施騰格爾說，希特勒的弟媳布麗吉德·希特勒認爲拉包爾是被迫自殺的。原因是她和一個當美術教師的猶太人幽會，並懷了他的孩子，後來想嫁給他。希特勒不能容忍一個猶太人搶走了自己的外甥女兼情人，認爲這是奇恥大辱，因而逼迫拉包爾自殺。漢夫施騰格爾還暗示說，希特勒曾拿她的母親相威脅。

德國歷史學家卡爾·海頓則認爲，希特勒對拉包爾的愛是眞心的，並想娶她爲妻。但是，黨衛軍首領海因里希·希姆萊卻想避免這一醜聞，可能是因其懷疑拉包爾與另一名男子有姦情，或許是拉包爾曾揚言要把希特勒的怪異的性行爲公諸於眾，總之，拉包爾之死與納粹黨有關。上述幾種說法，大都出自一些希特勒的親友和故交的傳言，也許是爲了洩私憤和爲自己開脫，因而不足爲信。也就是說，沒有足夠的證據斷定拉包爾是他殺。那麼，眞是希特勒逼迫他的外甥女自殺的嗎？

一些學者、心理傳記作家認爲，希特勒表達感情的方式儼然是一個患有「嗜睡症」的受虐狂，尤其值得一提的是，拉包爾生前與其母都無處棲身，不得不與希特勒同居一室，而希特勒卻覬覦她的美色，做出了亂倫的醜行，並且粗暴地干涉她的行動，不許她見任何人，使她如籠中之鳥，失去了自由。希特勒是個十足的家庭暴君，對於拉包爾而言，死亡是她逃脫魔掌的惟一途徑。綜上所述，我們不能認定希特勒強行與拉包爾發生畸形的性關係就臆測他虐待她；我們也不能僅從他們發生過性關係（甚至不曾發生過性關係）這一點上，就推斷是希特勒逼拉包爾自殺的。但毋庸置疑的是，希特勒應爲拉包爾之死負責。

8

溫莎公爵是否當過「德國間諜」

溫莎公爵即英王愛德華八世，由於他堅持要與美國一位已離婚兩次的平民婦女辛普森夫人結婚，寧可自動放棄王位，離別故土，遠走他鄉，最終與辛普森夫人結成伉儷，從此落下了一個「不愛江山愛美人」的歷史話柄。1937年5月12日，其弟喬治五世正式加冕成為英國國王，封其兄愛德華八世為溫莎公爵。

除此而外，溫莎公爵一生中還有一個在第二次世界大戰初期是否充當過「德國間諜」的事，也鬧得沸沸揚揚。這又是怎麼一回事呢？

據說，1937年溫莎公爵夫婦在法國度蜜月期間，曾前往德國，會見過納粹德國元首希特勒及其他法西斯將領。當時，人所共知的是，溫莎公爵在政治上持親德立場；另外，在第二次世界大戰期間，他還擔任過英法司令部的少將聯絡官。人們對他的親德活動一直有所爭論。2000年4月16日，英國《星期日泰晤士報》發表了一篇題為《溫莎公爵試圖向希特勒提供軍事機密》的文章，立即掀起了一場波瀾。這篇文章就馬丁‧艾倫寫的一本新書說，該書作者指控溫莎公爵犯有叛國

就是這個女人讓愛德華八世放棄了英國王位。

罪，充當了「德國間諜」，其罪證是一封由溫莎公爵寫給希特勒的親筆信，這封信正掌握在該書作者手中。如果該信被證明是真的，即溫莎公爵確實寫過此信，那麼，它就表明當今的英國女王伊莉莎白二世的伯父確曾幫助德國在二戰初期佔領法國並打敗英國軍隊，造成了英法聯軍的敦克爾克大撤退。

也就是說，正是由於溫莎公爵向希特勒提供了絕密的戰略情報，才使德軍輕而易舉地通過法軍防守最薄弱的環節來攻打法國，使久負盛名的法國陸軍竟在3個星期之內就土崩瓦解，造成法國在6周內淪陷的悲慘命運，而與法軍並肩作戰在歐洲大陸的30萬遠征軍也節節敗退，裝備、武器遺失遍野，最後不得不匆忙撤回英國，蜷縮在英倫三島之內，毫無還手之力。看來，二戰之初，英法兩國的慘敗是溫莎公爵充當了德國間諜所致。

爲了說明這封信的真實性，馬丁‧艾倫還從多方面進行了論證：（一）該信是用德語寫的，因爲溫莎公爵本人能講一口流利的德語，書寫更不成問題；（二）寫信的日期是1939年11月4日，此時二戰爆發已有兩個多月，正當德軍在攻佔華沙並與蘇聯簽定了劃分波蘭界線的協定後，準備向西歐各國大舉入侵之時；（三）信的開頭是「親愛的希特勒先生」，署名是「EP」，即英文「Edward Prince」（意爲「愛德華親王」）的縮寫。據說，這是溫莎公爵慣用的寫法；（四）信中提到

溫莎公爵和夫人在結婚之日的留影。

他剛剛代表英軍最高指揮部視察了法軍前線的情況，並叫希特勒特別留意把此信帶到柏林的送信人所記住的資訊。而這個送信人恰恰是他的朋友，一名親納粹的間諜夏爾‧貝多。（五）此信經筆跡分析家兼文件檢驗家菲利帕‧拉弗爾與溫莎公爵的真偽進行比較後，得出的結論是：「沒有任何理由」懷疑此信不是真的。

　　與此同時，否定此信的人也列舉了他們的證據：（一）英國化學家兼文件檢驗家羅伯特‧拉德利和萊斯利‧迪克斯在接受《星期日泰晤士報》委託對該信分析後，作出的結論則是「很可能是偽造的」。（二）紙張分析家萊斯‧鮑爾發現該信不是用便條紙寫的，而是寫在從一本舊書上撕下的白紙上，通常這是偽造者慣用的小伎倆。無疑，「它是偽造品，而且是新近才偽造的。」兩種截然不同的看法，使人們感到不可思議。如果確有其事，那麼溫莎公爵親德的目的何在？難道這位「不愛江山愛美人」的親王，還想有朝一日，在德國逼迫英國簽署和平協定後重新登上英國國王的寶座？那麼半個世紀之後，英國王室不披露此事，莫非是想要設法掩飾溫莎公爵叛國的罪證，以保持王室的尊嚴？如果此信確實偽造，那麼馬丁‧艾倫又是出於什麼動機，要以此誣陷這位已經與世無爭且已作古的王室成員呢？這些未解之謎，隨著溫莎公爵的去世，更難揭曉了。

9

墨索里尼曾是「反戰英雄」嗎

眾所周知，墨索里尼是惡名昭彰的義大利法西斯頭子，第二次世界大戰的元凶之一。但在他青年時代，卻是一個激進的社會黨人，被人們奉為「反戰英雄」。那麼，他是怎樣從一個進步青年轉變成兇殘的獨裁者和戰爭狂人的呢？

法西斯黨魁墨索里尼。

1893年7月29日下午2點多，墨索里尼出生在義大利北部弗利省雷達皮奧市郊區一座名叫維多亞的村子裏。他的父親是個鐵匠，性格豪爽，政治嗅覺十分靈敏，曾當選為雷達皮奧市的工人代表，後又做過市議會議員、代理市長。他的媽媽是個虔誠的天主教徒，在附近學校教書。墨索里尼便在這樣的環境中漸漸長大。他對政治的熱情秉承其父，而乖戾的性格則受染於其母。

從上小學時，他就表現得頗有主見，而且好鬥。進入中學後，他對政治越來越敏感，不僅酷愛發表政治演說，發表政治文章，因而被同學們稱為「社會黨人」。1902年，十九歲的墨索里尼為找工作離開家鄉，到了瑞士。至1904年離開瑞士之後，墨索里尼在瑞士的義大利移民中東奔西跑，逐漸成為義大利社會黨瑞士支部的風雲人物。他不僅堅定地反對宗教，堅定地反對社會黨內部的改良主義，而且反對軍國主義。但在他回義大利服兵役之

後，卻成爲武裝力量的積極擁護者。1910年9月，義大利侵略利比亞，戰爭爆發。全國掀起反戰高潮。墨索里尼表現得特別活躍，除了發表演說外，還發動群眾破壞鐵路，切斷電話線，成爲人們心目中的反戰英雄，也使得他在社會黨內的領導地位迅速提高。1912年7月，墨索里尼進入了社會黨領導集團，也成爲革命派的代表，頻頻向改良主義者發動攻擊。

1914年6月，奧地利皇儲弗朗茨・斐迪南大公在薩拉熱窩遇刺身亡，第一次世界大戰由此爆發。這一事件也促成了墨索里尼由激進的革命黨人轉變成法西斯主義分子，在此過程中，墨索里尼充分表現了他爲攫取權力不擇手段的本質。在奧地利皇儲被刺後，奧匈帝國首先斷絕同塞爾維亞的外交關係，戰爭在所難免。當時義大利國內反戰情緒高漲，爲了拉攏人心，墨索里尼站在了反戰立場上，而且調門極高，嘩眾取寵，一時成爲人們心目中「最堅定的反戰英雄和領袖」。後來，義大利的左派在主戰派的影響下，內部出現分化，一些人紛紛拋棄中立立場，加入主戰行列。經過多次演說，他終於撕下「中立」的面紗，赤裸裸地鼓動人們參加帝國主義戰爭，他還自己主辦了《義大利人民報》，來宣揚自己的主戰，從而引起黨內多數人和人民群眾的不滿。

1918年11月，第一次世界大戰結束了，義大利雖爲戰勝國，但經濟實力幾乎崩潰，各地矛盾重重，怨聲載道，抱怨政府無能。墨索里尼看到社會黨的勢力日益強大，十分嫉妒。決定成立一個組織以對抗社會黨。1919年3月他與米蘭的合作者組成「米蘭戰鬥隊」，又設立了義大利法西斯運動中央委員會。此後，其他地方也紛紛成立戰鬥隊，各地的法西斯戰鬥隊紛紛用恐怖手段向社會黨和革命群眾發動進攻。法西斯運動逐漸成爲一股舉足輕重的

勢力。墨索里尼也以法西斯勢力為槓桿，不斷為自己開拓仕途，擴大其在政界的影響。

墨索里尼的野心極大，他堅信自己有決定義大利命運的強大力量。因此，當上國會議員的他並不滿足，而是開始覬覦國柄，企圖登上國家權力頂峰。他利用戰後的法克塔政府陷於危機，勞動聯盟準備發動全國總罷工的機會，開始加快奪權的步伐，準備進行奪權「演習」，要求各地的法西斯工會組織和戰鬥隊隨時準備戰鬥，一旦國家對勞動聯盟的罷工表現出軟弱無能，法西斯政權將取而代之。1922年10月底，他組織發動各地法西斯武裝「進軍羅馬」，迫使現任總理法克塔下臺，又逼迫國王任命他為內閣總理，終於登上了國家權力的寶座。

墨索里尼上臺後，為了鞏固自己的統治地位，軟硬兼施，一方面清理整頓法西斯小分隊和其他黨派的非正式軍事組織，改組法西斯黨的領導機構，成立法西斯國家黨大議會和國家安全志願民團，一方面積極改善同人民黨的關係，並拉攏羅馬教皇。1924年，在他的精心策劃下，法西斯黨在議會大選中獲得多數席位，議會便成了他手中隨心所欲的一個工具。

但是，他的暗中作弊行為和法西斯黨徒的暴力行徑卻引起了反對派的不滿，統一社會黨政治書記馬泰蒂奧的公開指責，使墨索里尼氣急敗壞，便指使手下人組成秘密警備隊，將其秘密處死。孰料此事在全國引起強大反感，人們紛紛指責議會法西斯暴行。墨索里尼乾脆採取了強硬措施，公開要求國王停止眾議院工作，並在1925年1月的眾議院會議上宣稱自己對馬泰蒂奧一事負責，並鼓吹「當兩個處於鬥爭狀態的事物相互僵持時候，解決問題的辦法就是戰鬥。」從此，義大利的議會民主徹底結束，開始

了漫漫幾十年的法西斯獨裁統治。

在墨索里尼的高壓政策下，所有的俱樂部和聚會廳被關閉，所有「搗亂」分子的組織以及對國家政權有威脅的組織被解散，公共活動被監視，所有反政府的秘密組織被取締，甚至人們的電話和信件都要被監視和檢查，全國上下一片恐怖，許多進步人士被投入監獄。對外，墨索里尼的野心也日益膨脹，妄圖稱霸世界，建立一個疆域包括多瑙河、巴爾幹和地中海地區的「新羅馬帝國」。他窮兵黷武，四處侵略，與德、日結成反共國際聯盟，囂張一時。最終，這名戰爭狂人落得被拋屍街頭的下場。從墨索里尼的政治歷程看，他之所以一步步從激進的革命分子墮落為法西斯獨裁者、戰爭狂人，根本原因就在於他的權利欲望、政治野心的不斷膨脹、他為了得到他要的東西，不擇手段，不顧國家人民的利益，也不顧自己的黨派和同僚。正是他背正道而行之的暴行，才使自己走上遭人唾棄的不歸路。

10 巴頓將軍的車禍之謎

　　巴頓將軍是威名赫赫的美國將軍，號稱「血膽老將」。他於1885年出生於美國一個軍人世家，先後在佛吉尼亞軍校、西點軍校、頓利堡騎兵學院及輕裝甲部隊學院接受軍事訓練，可謂經綸滿腹。在第一次世界大戰爆發後，巴頓再奔赴歐洲參與作戰，積累了經驗；二戰時期，他更是馳騁沙場，威名遠揚。1942年11月，他以美國裝甲軍團司令的身分參加了北非戰役；1943年7月，他率領的第七集團軍在三十八天內就攻下西西里島，創下輝煌戰績；1944年8月，他又率軍橫掃法國德軍佔領區。正是由於他的勇猛神武，1945年8月，美國軍方授予他四星上將的軍銜。

　　本該躺在戰功簿上安享成果的巴頓將軍，卻在被授予軍銜的四個月後遭遇了一場有蓄謀的車禍。1945年12月9日早晨，住在德國曼海姆的巴頓將軍要和蓋伊上將去養雉場打獵，明天一早，他將搭乘艾森豪將軍的專機離開這裏。他的司機霍雷斯·伍德莫開了一輛超長豪華卡迪拉克送他們去，沿途他們還參觀了山頂的一座城堡。當輛車駛入曼海姆郊區的38號公路後，在一個憲兵檢查站停了下來。巴頓將軍坐在右後方的座位。蓋伊少將坐在了左後座上。經過軍需倉庫時，將軍讓車停下來，觀察並講述了一番。司機注意到離火車軌六百碼處停著兩

巴頓將軍在視察部隊。

輛大卡車。當他把車發動時，發現一輛卡車從路邊開過來，向著巴頓將軍的轎車慢慢駛來，同時另一輛卡車也由相反方向駛近。情急之下，巴頓將軍的司機迅速踩了煞車。

但是事故還是發生了。卡迪拉克車重重地撞在了卡車右邊的底盤上，被撞出十英尺開外。巴頓將軍被慣性向前甩去，頭部重重地撞在司機座後面的圍欄上，脊椎完全裂開，眉骨上方的頭皮也被隔板玻璃撞成三英寸的傷口，當時的時間是11時45分。巴頓將軍那時還有知覺，咒罵了幾句。1個小時後，巴頓將軍躺在海德堡醫院的病床上，他的頭腦還比較清醒，但是四肢不能動，脖子以下沒有知覺。醫生診斷說，他脊椎嚴重錯位，頭骨也受了重傷。巴頓將軍發生車禍的消息傳開後，問候的電報、信件和卡片從四面八方雪片似地飛來，報紙和電臺也長篇累牘地報導他的病況。

經過精心救治，巴頓將軍的病情開始好轉，他的一條胳膊變得有力，另一條腿也有了些微弱的知覺。醫生們認為他已經脫離了危險，但是巴頓夫人卻擔心他會出現血栓。因為十五年前巴頓將軍曾因腿骨折，差點死於血栓。12月20日下午，可怕的血栓還是發生了，巴頓將軍的病情急轉直下。12月21日清晨5時55分，他終因重傷搶救無效而停止了呼吸，死因是血栓和心肌梗塞。

在巴頓將軍死後，留給我們的是一個謎。車禍發生時轎車裏坐的共有三人，為什麼只有巴頓將軍受重傷，而其他二人則毫髮無損呢？案發後肇事司機竟能溜掉，也令人不可思議。車禍後趕來的憲兵們對現場進行的例行調查也極為草率，甚至沒有留下任何官方記錄。那兩輛卡車是幹什麼的？為什麼早早停在那裏，等巴頓將軍的車到來後又同時向它駛近？究竟是有意還是無意？

有人認為，巴頓將軍的死與「奧吉的黃金案」有關。「奧吉的黃金」是二戰中納粹埋藏的一批黃金，被美軍一些將領發現並據為己有。巴頓將軍奉命調查此案，進展迅速，案情就要大白。也許有些人怕事情敗露而下了毒手。也有人說，巴頓之死與艾森豪威爾將軍有關。二戰以後，巴頓一直有親德傾向，他曾公開批評盟軍的「非納粹化政策」，並把納粹分子和非納粹分子的鬥爭比喻成美國民主黨與共和黨之爭，甚至要扶植德國幾個未受損失的黨衛軍部隊。這些行為無疑與艾森豪威爾的主張大相逕庭。艾森豪威爾對此不滿，派人除掉巴頓也未可知。究竟是哪種原因，恐怕只能等車禍策劃者本人坦白才真正清楚吧！

11　邱吉爾生日宴會遇險之謎

　　溫斯頓·邱吉爾是本世紀最負盛名的英國資產階級政治家，曾兩度出任英國首相，多次擔任內閣大臣職務。在第二次世界大戰中，他領導英國人民取得了抗擊德國法西斯戰爭的勝利，被人們推崇為英國的拯救者。邱吉爾的一生坎坷曲折。在大戰期間，他的非凡魄力和出眾人格得到了大顯身手的機會，更遭到了他的敵人的仇視。他在一次生日宴會上安全脫險的故事，更讓人津津樂道。

　　1943年11月30日，正值邱吉爾六十九歲的生日。當時，蘇、美、英三國首腦史達林、羅斯福和邱吉爾正在伊朗首都德黑蘭舉行會議，主要討論開闢第二戰場的問題。為了隆重地慶祝自己的生日，邱吉爾邀請了史達林、羅斯福以及各方代表34位客人參加宴會。

　　宴會要開始了，邱吉爾以主人的身分領著客人們朝餐廳走去。那個私人秘書猶豫了片刻，轉身從口袋裏取出一個精緻的小包放在桌上，然後若無其事地步入了餐廳。湯普森警覺地注視這一切，隨後取走小包，帶到另一間屋子，輕輕地打開小包一看，裏面只有一隻十分昂貴的鐘錶。他又仔

邱吉爾世界人民的英雄。

細地把小包和鐘錶檢查了幾遍，也沒有發現有什麼可疑的地方。於是，他放心地走進了餐廳，來到了邱吉爾的身邊，但是，他的腦海中已經存有疑慮，兩眼更加警覺地注視著周圍的動向。此刻，餐廳中正在進行切割蛋糕的儀式，一隻精緻的大蛋糕擺在餐桌上，上面點燃著六十九隻蠟燭，在客人們祝賀聲中，邱吉爾完成了這個值得紀念的儀式，然後，他十分高興地致詞說：「我衷心感謝諸位光臨我的慶壽儀式。尤其是，兩位偉大的朋友史達林元帥和羅斯福總統抽出寶貴的時間出席這個聚會，我深表感謝。」

席間，賓主頻頻舉杯，鼓掌聲、碰杯聲不時響起，大廳內洋溢著一片祥和、喜慶、熱鬧的氣氛。突然，餐廳南邊的門打開了，一個驚慌失措的侍者托著一隻盛著冷飲杯子的大盤子，跟跟蹌蹌地闖入了餐廳。緊接著，這個侍者連人帶盤栽倒在史達林的譯員鮑羅克的身上，盤子中的布丁和霜淇淋濺得鮑羅克滿身都是，望著鮑羅克尷尬的模樣，人們不禁哄堂大笑。正在此時，餐廳的燈突然全部熄滅了，一片漆黑中，只聽有人大聲嚷道：「抓住侍者！」接著立即響起了槍聲、碗碟的碎裂聲和人們的騷亂聲。

當人們剛剛反應出來這是怎麼一回事的時候，突然，四周亮起了手電筒。這時，人們發現私人秘書的頭部已經中彈並被擊斃，一隻手槍掉落在一張椅子底下。那個侍者則倒臥在地，身體早已變得冰涼，他的喉嚨裏刺進了一根半寸長的細針。經過檢查，發現侍者的托盤的底部有個按鈕，抬開後，裏面裝有一枚微型定時炸彈和一隻袖珍時鐘，指標離12點僅差了3分鐘。湯普森急忙拔掉定時炸彈的引信，避免了一場大的慘案，使三國首腦倖免於難。事後，想起這件驚心動魄的事件來，湯普森還心有餘悸。

事發之後，人們只知道當時德國的密探和間諜千方百計跟蹤邱吉爾的行為。希特勒曾下過一道死令：「無論如何要幹掉邱吉爾。」大批的納粹特務已匯集到德黑蘭。然而，那個被納粹收買的私人秘書與攜帶定時炸彈的侍者是什麼關係？是誰幕後指使侍者將定時炸彈帶進餐廳的？尤其令人難解的是，誰在關鍵時刻打死了私人秘書並刺死了侍者，使邱吉爾逢凶化吉、安全脫險？事情即使過了半個世紀，可仍然是一個懸而未決之謎。

12 陳納德與飛虎隊之謎

　　美國人陳納德在1937年到中國旅行。當時的中國，正處於日本軍隊的踐踏之下。陳納德目睹了日本人依仗著空中優勢大肆轟炸中國西南地區的情況。出於強烈的正義感，他立即回到美國本土，頻繁接觸政要們，陳述日軍大肆侵略，中國軍力嚴重不足、物資匱乏等情況，遊說美國政府支援中國。

　　終於在1941年3月，羅斯福總統簽署了一份秘密文件，意在以美國人自願幫助中國人抗日的形式派員參戰。當時美國尚未對日宣戰。五個月以後的8月1日，美國空軍志願隊在緬甸成立。這就是被後人傳頌的美國空軍「飛虎隊」。二戰時期的美國軍隊，創制了一種對手難以破譯的通訊密碼。飛虎隊的一百架飛機是按美國租借法案的規定「租借」而來。當時的飛虎隊編入中國空軍建制。飛行員的月工資六百美元和打下一架敵機後獎賞五百美元以及指揮官工資七百五十美元，都由中國支付。大約三個月的時間，陳納德就招集了來自陸軍、海軍、海軍陸戰隊的兩百多人參加了飛虎隊。其中飛行員有九十九人。

　　陳納德將飛虎隊編成三個中隊。他們在緬甸東瓜進行了嚴格的訓練。陳納德依據廣博的知識與經驗，全力倡導了一種全新的空戰思想。最明顯的方法是摒棄了當時廣泛採用的單機作戰的習慣；研究並實踐了新的空戰技術。他們以雙機編隊為基礎，用俯衝的方式攻擊敵人，這就要求飛行員有較好的飛機操作技術，飛機的性能也要穩定。但是，沒有任何因素成為美國飛行員們的障

礙，日本空軍的倒楣日子終於來臨了。

在飛虎隊的日記裏記載著：1942年1月22日，飛虎隊與中國空軍一道混合編隊，空襲轟炸了日本人盤踞的河內機場，使日本人在停機坪上的飛機遭受了滅頂之災；1942年5月上旬，日軍從雲南西部進逼昆明，情況緊急。飛虎隊的三個中隊全部出動，會同中國空軍連續4天出動了800多架次，對日軍的一個師團進行了毀滅性的狂轟濫炸。炸得日軍損兵折將，自此一蹶不振，從而使雲南戰局得到了徹底扭轉。

飛虎隊在對日作戰中戰術靈活，採取打了就跑，不死纏爛鬥，然後又迅速轉入攻擊的靈活戰術，與日本人硬打硬拼的風格形成鮮明對比，總是以靈活機變取勝。再加上飛虎隊員操作靈活、飛機性能較好，使得飛虎隊在短時間內威名大振。真正是敵人聞風喪膽，中國軍民交口稱頌。

另外，飛虎隊在中國還創造了一件前無古人的奇蹟。那就是開闢了世界上海拔最高、最為兇險的「駝峰航線」。這是一條連接在中國和印度之間的航空運輸線。這條運輸線有效地支援了同盟國整個中印緬戰區的戰場呼應、戰局發展，運輸了大量的作戰物資。隨著東南亞等戰區對日作戰規模的擴展，美國在1942年夏季組建了「第十航空隊」。飛虎隊同時被編入，而組成了美國陸軍航空隊第23戰鬥中隊。

1942年7月4日，飛虎隊原建制正式撤消，它成為了一支中國戰區的「特遣隊」。到了1943年3月2日，這支特遣隊又變為美國陸軍第14航空隊。但是，不管這支隊伍如何改編，「飛虎隊」的稱號始終高懸在他們頭上，而他們的指揮官也一直是陳納德。其實，威名遠播的飛虎隊在中國僅僅戰鬥了十一個月，但是他們的

戰績則是輝煌的。這期間共擊落擊傷敵機近五百架；這是一個英雄雲集的戰鬥集體。擊落敵機五架以上的飛行員共有十六人，最高記錄是一人擊落敵機十八架。他們的赫赫戰績在中國的抗戰史上彪炳千秋。抗日戰爭勝利後，陳納德率領他的英雄們凱旋美國。

　　1970年11月12日，來自世界各國的63位當時在任的和已卸任的國家元首和國家領導人雲集巴黎，憑弔法國人民心目中的英雄，曾任法蘭西第五共和國總統的夏爾·戴高樂，一位兩次從危機中挽救了法國，並將法國引向一條獨立自主之路的偉大的政治家。令他的敵人深感頭疼，暗殺他的陰謀屢見不鮮，但他都奇蹟般地化險為夷了。而他在二戰中的一次遇險，竟成為留給後世的未解之謎。

　　那還是在1943年的4月21日，戴高樂作為流亡在英國的自由法國政府首腦，與英國首相邱吉爾發生激烈的衝突幾週後，他抵達距倫敦不遠的海頓機場，準備飛往英格蘭，視察自由法國的海軍部隊。這次出行，戴高樂將乘坐他的私人飛機——一架4引擎的威靈頓轟炸機。這架飛機一直受他本人調度而由英國負責保管。海頓機場的跑道很

戴高樂將軍。

短，盡頭還有一道大堤。飛行員駕機從這兒起飛要十分小心，必須先將引擎加速到極限，然後抬住輪子，再用起降控制器將機身升高，接著才可以放開剎閘讓飛機離開跑道，如同火箭點火後衝出火箭筒一樣。

該機的駕駛員是皇家空軍的彼德・魯特上尉，一位經驗豐富的飛行員。魯特上尉像往常一樣，按照正常的路線，朝著跑道頂端駛去，突然機尾垂了下來，他急忙操縱起降控制器，可是，起降控制器失靈了，他無法調整好飛機，正在這千鈞一髮之際，魯特機智果斷地停住了飛機，避免了一場機毀人亡的慘禍。事後，在事故現場，機械師們檢查了戴高樂這架威靈頓式轟炸機，發現飛機的起降控制桿斷了。經過實驗室檢查，受損的關鍵部位的金屬桿被用濃硫酸腐蝕切斷。

　　英國權威機構通知魯特上尉說，這是一起德國間諜搞的破壞事件。但是，這個解釋令人難以相信。因為在戰爭的早期和隨後的過程中，英國情報機構已經逮捕了幾乎所有在英的納粹間諜，並且通過「投誠」的敵方間諜提供的情報，隨時逮捕後來的新間諜。即使有納粹間諜在英國，由於海頓機場保護嚴密，他們也根本不可能接近戴高樂這架座機，更不要說在飛機的關鍵點潑上硫酸竟能不被人發現了。從那以後，他宣佈將以同德國和蘇聯的關係為基礎確定自己的政策。看起來，戴高樂好像確實知道是誰想謀殺他。那麼，戴高樂的判斷是由何而來呢？我們不妨看看事件發生前後的背景。

　　1904年中期，德國軍隊僅僅用了六星期就擊潰了曾經非常自負的法國軍隊。6月14日巴黎失陷，雷諾政府垮臺。6月17日，已墮落成為失敗主義者的貝當元帥接替雷諾組閣，向德國乞降。在此危急存亡之際，擔任雷諾政府國防和陸軍部次長的戴高樂，決定走上造反、流亡和抵抗的道路，在英國情報機構的協助下，他秘密離開法國到了英國。他在抵達英國之後，立即宣佈成立以他本人為首腦的自由法國政府，並用自己的無線電廣播電臺和自己

的報紙，不斷批評英國人和美國人。

　　英國首相邱吉爾對戴高樂非常惱火，他認爲戴高樂的行爲對盟國反對納粹德國的戰爭造成了損害。所以，在戴高樂遇險前幾週兩人面對面的衝突中，邱吉爾對戴高樂說，英國人並不認爲法國人是戰爭中不可缺少的。邱吉爾曾告訴美國總統羅斯福，不能再信任戴高樂了。1943年6月17日，羅斯福寫信給邱吉爾說：「我絕對相信（戴高樂）損害了我們的反戰努力，他對我們的努力是一個非常危險的威脅。」綜上所述，不難看出這起謀殺案的前因後果，只是無人去破解、無人去追究罷了。

14 愛因斯坦死因之謎

　　阿爾伯特‧愛因斯坦，當代最偉大的物理學家，人們稱他爲20世紀的哥白尼、20世紀的牛頓。他熱愛物理學，把畢生獻給了物理學的理論研究。他在洛倫茲等人研究工作的基礎上，對空間和時間這樣一些基本概念作了本質上的變革，開闢了物理學的新紀元。

1955年4月18日，愛因斯坦去世。

　　1879年3月14日，阿爾伯特‧愛因斯坦誕生在德國小城烏爾姆。他的雙親都是猶太人。父親赫爾曼完全沒有繼承猶太人善於經商賺錢的優點，在生意場上表現平平，勉強維持著一家的生計。但他卻是一個精神上的樂天派，心靈平靜，誠實溫和，德意志民族追求崇高人格、自由精神的文化韻味讓他如癡如醉，並且極有數學天賦。愛因斯坦的母親則像大多數猶太女性一樣，賢慧能幹。她家境優裕，受過良好的教育，有著非常高度的文化修養，熱愛文學，更熱愛音樂。共同的愛好使得愛因斯坦父母間的關係非常融洽，他們爲愛因斯坦的成長營造出很好的家庭氛圍。

　　隨著相對論理論的價值眾人所知，愛因斯坦在公眾眼裏成爲一個具有超凡魅力的人，也成了公眾輿論中驚異、尊敬的焦

點。因為他的和平主義，在極端右翼的人眼中，愛因斯坦又是一個被憎恨的人。

在從事20世紀最偉大、最傑出的科學研究的時候，愛因斯坦的心情並不好。1915年12月在給朋友貝索的信中，愛因斯坦說他對自己的工作進展「很滿意」，但人的精神狀態並不好，「疲憊不堪」。在1916年，他總共寫了十篇科學論文，包括他對廣義相對論的第一次重要研究，自發和誘發射理論，關於引力波的第一篇論文，關於能量動量守恒定律和許瓦茲解的文章，測量愛因斯坦——德哈斯效應的新建議。同時他還完成了第一本關於相對論的半科普書籍。加之與米列娃長期分居，缺乏很好的照顧，愛因斯坦的身體越來越差，不斷生病，一直拖延了好幾年。

1917年，愛因斯坦患了肝病，肝病迫使他遵循嚴格的飲食，但是在戰爭期間，柏林的食物供應非常緊張，好在愛因斯坦是瑞士公民，有權接受從瑞士寄來的食物包裹，但這也不足以彌補由於戰爭而引起的營養不良。愛因斯坦的醫生極力勸說他去瑞士養病。可能因為米列娃仍在伯爾尼，愛因斯坦覺得在沒有與米列娃解決情感矛盾的情況下去瑞士是不合適的，他堅決拒絕了醫生的勸告。

在柏林的頭幾年，愛因斯坦常常去看望自己的堂叔魯道夫·愛因斯坦。那時，魯道夫和女兒艾爾莎住在柏林。艾爾莎與愛因斯坦自幼熟悉，她在和丈夫離婚後，就帶著兩個女兒一直住在柏林的父親的家中。愛因斯坦生病後，一直受著艾爾莎的照顧，在艾爾莎的精心護理下，愛因斯坦的身體明顯康復。但在1917年年底，氣候變冷後，愛因斯坦的病又突然變重。他

又患上胃潰瘍，因此不得不在床上躺了幾個月。他的情緒十分低落，「精神頹廢，氣力不支」。在長期照顧愛因斯坦的日子裏，艾爾莎與愛因斯坦兩個在情感上孤獨的人有了結合的願望。1918年5月，愛因斯坦又患上了黃疸病，再次臥床。顯然，長期勞累後的愛因斯坦的體質完全被毀壞了。不久，愛因斯坦在身體基本康復後，就決定與米列娃離婚，和艾爾莎結婚。

1933年1月30日，威瑪共和國壽終正寢了。八十六歲的共和國總統興登堡元帥把共和國出賣給了希特勒。希特勒把德國投入了黑暗之中。希特勒的納粹運動除了戰爭的叫囂外，還有非理性惡魔對理性的殘酷報復。作爲猶太人和科學家的愛因斯坦，自然成了法西斯主義的首要攻擊目標。愛因斯坦對祖國絕望了，他去到了比利時，並在布魯塞爾把德國外交部簽發的護照放在德國大使面前，正式聲明放棄德國國籍。

1933年10月7日，愛因斯坦從英國登上一艘去美國的輪船，同行的有妻子艾爾莎、助手邁耶爾博士和秘書艾倫·杜卡斯。去美國，對愛因斯坦來說是沒有選擇的選擇。1945年8月，美國在日本投下了兩枚原子彈，由於$E＝MC^2$，這個偉大的公式，愛因斯坦被譽爲「原子彈之父」，然而也正是這個偉大的公式，使愛因斯坦承受了巨大的痛苦。

1955年4月13日，愛因斯坦感到右腹部一陣陣劇痛，醫生們診斷是主動脈瘤，並建議他動手術。愛因斯坦拒絕了。他知道，自己應該走了。自從1917年那場大病以來，他一直有胃痙攣、頭暈噁心和嘔吐的毛病。1945年和1948年接連做了兩次手術，發現主動脈上有瘤。這是一個致命的定時炸彈。愛因斯坦知道，這個定時炸彈爆炸了。第二天，心臟外科專家格蘭醫生

從紐約趕來。儘管病人很虛弱，開刀很危險，但格蘭還是建議開刀，這是惟一的搶救方法。愛因斯坦蒼老的臉上露出一絲疲倦的微笑，搖搖頭說：「不用了。」幾年前醫生就告誡他那個主動脈瘤可能隨時破裂，愛因斯坦總是笑著說：「那就讓它破裂去吧！」4月16日，愛因斯坦病情惡化。1955年4月18日1時25分——愛因斯坦與世長辭。

自從1917年患了肝病以來，愛因斯坦的身體就一直遭受各種病痛的困擾，長期超負荷的工作壓垮了他的身體。而精神上的痛苦也是其中的因素之一。在與妻子米列娃離婚後，米列娃一直不能原諒愛因斯坦，這在愛因斯坦的談話中時有記錄：「她從不原諒我們的分居和離婚，她的性情使人聯想到古代的美狄亞。這使我和兩個孩子的關係惡化，我對孩子向來是溫情的。悲觀的陰影一直繼續到我的晚年。」

1930年，愛因斯坦的幼子愛德華患了嚴重的精神病。愛因斯坦接到消息後，慌忙趕往蘇黎世。蘇黎世和維也納的精神病專家都未能遏止他大腦功能的迅速衰竭，康復已經無望。愛因斯坦返回柏林時大大變樣了，驟然變得蒼老、抑鬱。1934年，愛因斯坦的好友埃倫費斯特自殺，愛因斯坦認為導致埃倫費斯特走向死亡的根本原因在於：作為科學家的埃倫費斯特對解決科學在他面前提出的任務感到力不從心。這是對朋友之死的分析，同樣也是對自己處境的深切感受。1936年12月20日，艾爾莎去世。愛因斯坦的「親人」越來越少了，在這方面，1939年愛因斯坦的妹妹瑪婭為躲避法西斯迫害，從佛羅倫斯來到了普林斯頓。在往後的日子裏，兄妹倆一直生活在一起，直到1951年夏，瑪婭因病去世。

1945年，廣島原子彈的悲劇在精神上給了愛因斯坦更爲沈重的打擊。他對世界上存在的一切罪惡都具有一種個人的責任感，因而特別深刻地體驗到非理性地和破壞性地利用理性成就所造成的許多世紀的大悲劇。器官的和精神的雙重迫害加快了這位偉人的死亡。

15　埃娃・斐隆的舞女生涯之謎

　　1946年2月24日，阿根廷舉行全民選舉。勞工黨領袖胡安・多明戈・斐隆獲得勝利，榮登總統寶座。與他一起進駐總統府的，還有一位年輕美貌女子，她就是斐隆的第二任妻子，也是他的競選軍師──埃娃・斐隆。是她，憑著聰慧美麗、博愛熱情，創造了由街頭舞女到第一夫人的神話。

　　埃娃・斐隆，原名瑪麗亞・埃娃・杜亞爾特，1919年5月7日誕生在阿根廷西北部潘帕斯草原上一個名叫拉普拉斯的小鎮上。她是父母的第五個孩子。與別人不同的是，她的母親是一位有婦之夫的情婦，在她幾個月時，父親就拋棄了她們。因此，埃娃一生從未得到過父親的愛撫，相反她和五個兄弟姐妹被人視為私生子常遭別人白眼。幸運的是，上帝不但給了她天生麗質的容顏，也給了她一副珠圓玉潤的好嗓子。在學校裏時，埃娃的朗誦課總是第一。

埃娃・斐隆在阿根廷如日中天。

1934年，對於埃娃來講，是不平常的一年。她和四姐爲一輛車帶路時，被車中的「紳士們」拖進樹林深處輪姦，幼小的心靈從此留下終身不癒的傷口。埃娃下定決心，一定要出人頭地，向侮辱和損害她的上層人物報復。於是十五歲的埃娃帶著簡單的行李，踏上開往首都的火車，離開了給她帶來痛苦的小鎮。初到布宜諾斯艾利斯的埃娃獨身一

阿根廷前總統胡安斐隆。

人，身上只有幾十個比索。萬般無奈之下，她到一個酒吧當了伴舞女郎。但是她並沒有向命運低頭，一次次地應聘，一次次地失敗，又一次次地努力。1936年，她被聖安娜劇團聘爲演員，儘管演技尙不成熟，但她的聰慧美貌卻被大家所讚賞。1939年5月，埃娃簽約貝爾格蘭諾廣播公司，她處理台詞準確，感情眞摯，激情洋溢，令人刮目相看。最後，她成了新聞評論節目「阿根廷時間」的主持人，得以一展才華，也使自己成爲阿根廷家喻戶曉的人物。

1944年1月5日，聖胡安市發生大地震，數以萬計的人流離失所。爲了援助災區的難民，阿根廷廣播協會的藝術家們組織了一次募捐義演，爲壯大聲勢，他們邀請了當時擔任勞動和社會保障秘書長的重要人物胡安‧斐隆到場。這次演出爲斐隆和埃娃架起了愛的橋樑。早在兩年前就被埃娃的美貌與氣質折服的斐隆向埃娃發出了邀請。1945年10月21日，兩人舉行了莊重儉樸的婚禮。這次結合不僅改變了他們各自的生活軌跡，也改變了阿根廷的歷史。斐隆提出競選總統後，埃娃給了他強有力的支援和建議。她

胡安斐隆和埃娃·斐隆。

勸說斐隆高舉旗，並敦促政府頒佈有利於勞動人民的法令等，最終他獲得廣大人民的認可，在總統大選中一舉獲勝，埃娃也獲得了年輕、美貌、聰慧、勇敢的讚美。

出任「第一夫人」後，埃娃以她的個人魅力，對外扮演「第一大使」角色，出訪歐洲，爭取經濟與道義的援助；對內充當勞工階級的領袖和貼心人；為婦女權益大聲疾呼，為保健和教育事業前後奔走，使民間與官方發言人的雙重身分在自己身上達到完美結合。人們對她和斐隆崇拜有加，甚至將頭髮盤成髮髻頂在腦後、只有閃閃發亮的耳環做裝飾的「第一夫人裝」，都被阿根廷女子紛紛效仿。1951年8月，埃娃被提名為總統候選人，這是她所夢寐以求的。但是軍官們對此卻表示強烈反對，斐隆懾於軍方壓力而讓步。這次失敗給埃娃致命的打擊，她的健康迅速惡化。1951年12月，埃娃被診斷為子宮癌。1952年7月26日，病魔奪走了這位奇

1952年7月26日，埃娃·斐隆去世。

女子的生命。

　　埃娃去世的消息傳出，舉國悲傷。在她葬禮的那天，幾百萬民眾在大雨傾盆的街頭排隊等著瞻仰她的遺容，人們瘋狂地呼喊著埃娃的名字，有的痛不欲生，撲上去吻她的玻璃棺材，兩千多人在混亂中受傷，政府不得不出動軍隊維持秩序。阿根廷政府花了三萬美元鉅資從美國購置了玻璃靈柩，以長期保存埃娃的遺體。深受她關懷愛護的勞苦大眾經常懷著思念來瞻仰她的遺容。在首都布宜諾斯艾利斯，還建有埃娃的巨大陵墓和雕像，多個省會也有複製品，供人參觀瞻仰。

16　卓別林出逃美國之謎

　　查爾斯·卓別林，這位世界級的藝術大師，以他天才的智慧，塑造了一個頭戴圓頂帽、身穿小上衣、褲子無比肥大、皮鞋左右反穿、小鬍子、短手杖的「小人物」，他帶給觀眾無盡的歡笑和淚水，也開創了無聲電影的輝煌歷史。他於1889年4月16日誕生在英國倫敦，父母是一對喜劇演員。1910年，卓別林所在的卡爾諾劇團要派一批演員去美國演出，卓別林爭取到了機會，開始在那裏的闖蕩生涯。

　　1915年，卓別林的演出天分被當地有名的基士頓滑稽電影公司看中，成為那裏的簽約演員。從此，他的創作靈感便一發不可收拾。從影三年，他便拍了六十七部影片，他也逐漸在美國走紅。1918年，他成立了以自己名字命名的電影公司。直到七十幾歲高齡時，卓別林依然沒有停止他的電影創作。美國給了他發展事業的廣闊空間。在那裏，他生活了二十多年，且經歷了三次婚姻，積累了無數財產。但是，這位大師卻一直沒有入美國國籍，而且在1952年離開了美國。這到底是爲什麼呢？

　　有人猜測，卓別林堅持

查理卓別林的劇照。

不入美國國籍是因爲他深愛他的祖國。也有人說，是因爲美國政府和新聞界對他的壓制和打擊。對於前者，很難論定，而對於後者，倒是有些證據可以說明。美國政府對卓別林的關照從1918年就開始了。這一年，卓別林拍攝了兩部反映一戰的喜劇片《狗的生涯》、《從軍記》。其中，《從軍記》描寫一個叫夏爾洛的小兵，傻乎乎地被運到前線受苦受罪，又惹出很多笑話的故事。下雨時，夏爾洛狼狽地蹲在戰壕裏淋雨，卻幻想著城市裏舒服的酒吧。後來，他做了一個夢，夢見自己穿上德軍制服深入敵方，遇到了一位美麗的法國少女，還俘獲了德皇、法國總統、英王，得意洋洋穿過協約國軍防線回朝，該片以喜劇的手法揭露了戰爭給人民帶來的痛苦。影片一拍出，就引起美國官方的強烈反應，禁止影片公司發行，使卓別林蒙受了很大的經濟損失，不僅如此，美國一些有政治背景的報紙甚至懷疑他是布爾什維克黨。

美國的法西斯恐怖分子三K黨也瞄上他，將其作爲發洩的對象。1927年，卓別林的第一任妻子，自私任性的麗泰·葛蕾向法庭起訴，控告卓別林虐待罪並要求離婚時，媒體連篇累牘地刊登攻擊卓別林的文章，捏造「猥褻醜聞」，使卓別林身心受到極大傷害。

1932年，卓別林創作完成了反映經濟危機時期工人生活的無聲片《摩登時代》，美國一些評論家煞有介事地指責《摩登時代》有共產主義色彩，是赤色宣傳，還誣衊他已成爲企業巨頭和警察的公開敵人，1938年，愛好和平的卓別林開始拍攝諷刺希特勒的片子《大獨裁者》，沒想到開機一半，就遭到了美國政府的干涉，因爲當時他們奉行中立政策，不願得罪希特勒（當時德國採取了各種外交措施，而且希特勒曾懸賞卓別林的腦袋），二戰後期，由

於卓別林同情俄國，分別在俄國難民救濟委員會和美國援助蘇聯的集會上發表了開闢第二戰場的言論，引起美國國內反對派的憎恨。

但是，在全美反共浪潮的背景下，卓別林在美國的處境日益困難，在輿論上和社交上都陷於孤立。

1952，經歷了三年的磨練，卓別林完成了一部影片《舞臺生涯》，為了給影片找出路並送子女赴歐洲讀書，他準備再次出國。當他動身申請再入境簽證時，移民局來了四位官員。他們帶著答錄機、打字機和檔案材料等物，把卓別林整整審問了三個小時。一星期後，卓別林拿到了度假六個月的簽證。他叫妻子烏娜從銀行提取了存款，帶上孩子，惶惶如漏網之魚，趕忙買了船票逃離美國。

到了倫敦後，曾有新聞界朋友採訪他，請他說說美國政府和報紙為什麼誣陷他。卓別林說：「可能有三方面原因。一是我的電影從《城市之光》起諷刺了一些大人物；二是我的演說。二戰期間我贊成援助俄國抗擊希特勒，呼籲開闢第二戰場，非美活動委員會就認為我同情共產黨。第三，是因為我不願加入美國國籍。」事實證明，卓別林逃離美國的決定是正確的。為了轉移在美國的財產，烏娜特意獨自一人回到洛杉磯。為他留守看護房屋的男僕亨利告訴她，就在他們走後，聯邦調查局的人來過兩次，盤問了很多事情。

在卓別林登上船的第二天，船上轉給他一封電報，杜魯門政府拒絕卓別林入境，除非先到移民局的調查委員會去，對某些涉及政治和道德的事情說清楚。對此，卓別林所做出的抉擇是放棄美國。1953年4月16日，他來到美國駐洛桑的領事館將美國移民證

交還，並告訴領事先生，「我永遠不再去美國了。」這天正是他的六十四歲生日，他以這種方式來表示慶祝。1977年12月，耶誕節前夜，一代大師卓別林在瑞士洛桑別墅裏與世長辭，享年八十八歲。正如他所說，他再也沒去過美國。

　　1980年4月19日，巴黎街頭出現了法國本世紀最爲壯觀的送葬場面：保羅‧沙特（1905～1980）的靈車朝著拉雪茲神父公墓緩緩行進，數萬名巴黎市民自發地匯成了送葬的行列，街道兩旁目送靈車的人不計其數，送葬的巨流長時間地滯留在悲痛的人山人海之中。

　　保羅‧沙特，法國哲學家、作家，一個以自己的思想深刻影響了20世紀的人，主張「自己的存在由自己決定」，認爲人可以按照自己的意志，能過絕對的「自由選擇」的生活，宣稱「存在先於本質」。他的這種觀點在哲學上叫做存在主義。沙特喜歡用小說、戲劇的形式來宣傳他的哲學思想，由於心理上感覺自己的地位低下，從而使他對弱小者充滿了同情心，這也許是他後來倡導人道主義的原因之一吧，基於此，沙特被譽爲「20世紀人類的良心」。

　　20年代，柏格森的學說把沙特引進哲學的殿堂，於此同時，他也受到笛卡兒的哲學影響。大學期間，他廣泛涉獵馬

沙特在巴黎的街頭。

克思、佛洛伊德、尼采等人的著作。畢業後參加教師頭銜會考，以第一名的成績取得哲學教師資格，並結識了名列第二的波娃，從此他們成為志同道合的終身伴侶。

在沙特的一生中有兩個戰場。作為一個積極介入政治生活的作家，沙特在40年代後期曾是美國的贊同者。冷戰開始後，他站在蘇聯這一邊，把人類的希望寄託在東方社會主義陣營。基於這個立場，他在50年代積極地反對法國對阿爾及利亞和越南所進行的殖民戰爭；70年代末，他為越南難民的命運東奔西走，甚至不惜求助他一生都鄙視的政權機構；他喜歡功名，但蔑視權勢，他因此而拒絕了諾貝爾文學獎……也許是對自己在二戰中的被動立場的一種反叛，沙特在後來的政治鬥爭中，始終以激進的立場、毫無條件地站在弱者的一邊，有時不惜讓自己成為笑柄，他是20世紀的唐吉訶德。他是一個徹頭徹尾的理想主義者，一個人類精神荒漠上的浪漫詩人。

沙特一生的另一個戰場，便是女人。他一生從未正式結婚，因為他討厭任何形式的束縛。在這一點上，只有西蒙波娃真正明白他，因為她也有著同樣的追求。「他們之間的情感關係只能以其自身的力量和持續時間來維持，而不是靠任何其他東西來使其正式化。」這是他們最初就達成的共識。儘管沙特的花心，讓她一生蒙受了不少痛苦，但她堅強的意志使她始終沒有被壓倒。與沙特正好相反，西蒙具有一部分男性的性格。她從一開始便明白了她不是惟一的，那麼她所能做的，要麼離開沙特，去成為一個平庸男人的惟一；要麼就成為那個不可替代的人。她那不屈的性格和勃勃的野心，使她選擇了後者。沙特和西蒙波娃的契約式愛情被稱為20世紀最奇特的愛情故事，他們的結合是建立在他們所

標榜的相互尊重個性和各自獨立自由理論的基礎上的。

　　他們從未宣佈過結婚，但實際上共同生活了五十一年，直到1980年沙特去世。他們雖然在一起生活，但各自又保留著自己的住宅，當然，他們的愛情也經歷過波折，但這並未破壞兩人之間的永恆關係。沙特晚年重病纏身。1980年4月15日晚上9點，七十五歲的法國哲學家、作家保羅·沙特在巴黎勃魯塞醫院去世。而導致他病情加重的一個原因是他的吸煙不節制。由於重病纏身，醫生告誡他必須戒煙才能延遲死亡，但他竟說：不能吸煙的生活是沒有價值的生活！

18 好萊塢巨星嘉寶突然息影之謎

　　提起葛麗泰‧嘉寶，幾乎人人盡知。這位被影評界稱為「好萊塢有史以來最偉大的女性」，自從十六歲步入影壇之後，二十年間拍攝了二十八部影片，兩度獲得奧斯卡金像獎，從而成為好萊塢最璀璨、最神秘的影星之一。但是，她卻在三十六歲風華正茂、事業如日中天的時候突然告別影壇，留給人們無盡的遺憾和迷惑……

　　她從小就很怕羞，表現出內向的性格。同時，她又有著豐富的想像力，而且很會玩打仗遊戲，在歡度露西亞節時，嘉寶還扮演過露西亞女神。不過，更多的時候，她喜歡遐想或思索。在學校裏，嘉寶是個聰明的學生，但學習目標並不明確，真正吸引她的不是功課，而是舞臺戲劇。從六、七歲時，她就經常站在劇院門口聆聽劇中人物的台詞。八歲開始，她幾乎每天晚上都偷偷躲在斯德哥爾摩「南方劇院」的門口聽戲或觀看出入的演員。她羨慕他們，發誓自己也要當一名演員。

　　隨著時光流逝，她對戲劇的興趣有增無減，十二歲的她，已能背誦劇中人物的台詞，並且為自己化妝，演「自編自導」的戲。在看過瑪麗‧碧克馥主演的《可憐的小闊姑娘》以後，她竟和她的女友冒著狂風暴雪，試圖步行到斯德哥爾摩郊外的一家電影製片公司尋找拍片的機會，後來由於天寒地凍，無法前進，才悻悻而回。1920年，嘉寶的父親染病，因無錢沒有得到很好的醫治，終於在1920年去世。這給了她沈重的打擊。從此，她認為世

界上的人是冷酷無情的，生活必須要有錢。她自己也因對舞臺電影的熱愛和想當演員的強烈渴望與現實處境的強烈反差，患上了貧血和憂鬱症。後來她輟學了。

1920年7月，嘉寶開始在一家百貨公司工作。幾個月後，她遇見了喜劇片監製人兼導演埃利克·派契勒，被挑選為演員。從

葛麗泰．嘉寶用她的美麗征服全世界。

此，開始了她的銀幕生涯。這一年是1921年，嘉寶十六歲。在演了一些無關緊要的角色之後，嘉寶深感自己演技的不成熟。為了提高表演水準，十七歲的她報考了瑞典皇家戲劇學院，共讀十五個月。1923年，嘉寶被啓蒙老師派契勒介紹給當時在瑞典赫赫有名的大導演莫理茲·斯蒂勒·貝利，斯蒂勒讚歎「像這樣的面孔，你一百年只能遇到一個」。後來，他為她起了一個漂亮雅致的、具有國際性的、現代化的名字—嘉寶，並使她在影片《古斯塔·柏林傳奇》中開始嶄露頭角，贏得讚譽。

1925年6月，嘉寶和斯蒂勒離開歐洲，前往好萊塢發展，簽約在米高梅公司門下。從此，她先後拍攝了《洪流》、《妖婦》、《肉慾與魔鬼》、《安娜·卡列尼娜》、《安娜·克里斯蒂》、《羅曼史》、《茶花女》、《瑪麗·瓦列斯卡》、《妮諾奇嘉》、《雙面女人》等二十四部影片，扮演了從最淫蕩的妓女到最高貴的女王等不同身分、不同性格的女性，成為好萊塢最耀眼的明星。她那朱唇微啓、倦眼微瞇、亂髮蓬鬆的身姿和捉摸不定、神秘莫測的眼神，冷漠孤傲、高貴典雅的氣質，令人們神魂顛倒，成為嘉寶

式的經典。正因她以冷峻嬌美、楚楚動人的神態和細膩、逼眞、盪氣迴腸的表演，成功主演《安娜‧卡列尼娜》和《茶花女》，美國電影藝術與科學院兩次將奧斯卡最佳女主角獎頒發給她，使其成爲名副其實的「國際影后」。

1941年，三十六歲的嘉寶在拍攝完《雙面女人》後，突然從好萊塢隱退，從此再沒有拍攝電影，再也沒有登過舞臺。她的隱退所引起的震動遠遠超過了她獲得「國際影后」所產生的震撼！當時的她風華正茂，演技成熟，在公司裏有權有勢，可謂志得意滿，爲何卻從盛譽的巔峰隱退呢？沒有人能猜透。

有人說，《雙面女人》首映後所招致的指責，是嘉寶毅然告別影壇的直接原因。《雙面女人》是一部沒有描寫性行爲但色情味十足的喜劇片，描述的是一個妻子爲了教訓他走入歧途的丈夫，使他對她忠貞不渝，便假扮自己的孿生妹妹去勾引他。嘉寶在其中扮演兩個角色，她以一個酷愛戶外運動的女郎的面貌出現，表演游泳和滑雪動作，而在室內的舞池裏，她又穿著更袒露的衣服，變成一個性感的明星。該片於1941年12月31日首映後，招來狂風暴雨般的指責。

於是，影評家寫道：「影片的邪惡之處在於她表現出對文化道德的肆意破壞。影片使嘉寶變成了一個小丑，一個耍把戲的猴子。」比影評界更屬害的是來自羅馬天主教會管轄的全國道德行爲協會的指責：「對待婚姻態度是違背基督教規的。厚顏無恥，含有猥褻意味；對公眾道德有危害性，服裝淫蕩無恥。」這部影片失敗了，「好萊塢的神秘女郎」變得不再神秘，關於她神秘性格的幻覺消失得無影無蹤。也許，嘉寶無法走出《雙面女人》帶來的陰影，所以抽身離開好萊塢。

也有人認爲除了上述客觀原因外，更主要的因素是嘉寶自身的性格和信仰所致。她在主演《瑞典女王》時，就已經受到瑞典女王斯蒂娜那種遜位思想的影響，並深感：「我曾想像過幸福，但是幸福是沒辦法想像的。」她主演《茶花女》後，也爲主人公瑪格麗特的命運而感傷。也有人說，嘉寶厭倦了好萊塢的生活；也許是她個人性格中對離群索居的願望……「這是一個謎語中的神秘事物裏的謎。」邱吉爾如是說。在她退隱後，嘉寶一直沈默了四十九年，好萊塢曾多次邀她重回銀幕，她都放棄了。她喜歡旅遊。像是日本、瑞士、法國、地中海等地都會留下了她的身影。

　　二戰後期，她還爲同盟軍搜集大量關於法西斯德國的情報，並準備用手槍暗殺希特勒。同時，她還成功地說服了丹麥核子物理學家波爾博士逃離德國，從而打亂了希特勒研製原子彈的工作計畫。1954年，在她息影十三年後，好萊塢又授予她特別榮譽獎，這是世界電影史上絕無僅有的。1990年4月15日，葛麗泰·嘉寶在紐約一家醫院逝世。她的英名被赫然列在《世界巨星》的第三位。她美麗的名字和光彩照人的形象，永遠留在世界人民的心中。

19 海明威爲何用獵槍自殺

　　海明威是美國20世紀最偉大的小
說家之一，以「失落的一代」的代表
而著稱，曾榮獲1954年諾貝爾文學
獎。他的傳奇般的經歷、輝煌的文學
成就引起全世界人們的關注，他驚心
動魄的自殺方式更是令人驚異。

　　恩利斯特·海明威生於芝加哥郊
區一個醫生家庭，中學畢業後當見習
記者，受到初步的文學訓練。第一次
世界大戰時參軍，在義大利前線負了
重傷。戰後他住在巴黎，開始學習寫
作，鑽研怎樣才能寫得精練，以形成

海明威和他的妻子瑪麗。

自己風格。20世紀20年代，他除了寫短篇小說外，還發表了《旭
日東昇》和《戰地春夢》兩部長篇小說，其中前者描寫一群參加
過歐洲大戰的青年流落在巴黎街頭，精神苦悶，生活漫無目的、
行爲放浪、內心彷徨空虛的情景，被人稱爲「失落的一代」的代
表作；後者則是以反對帝國主義戰爭爲主題，從個人幸福出發譴
責帝國主義戰爭，成爲他的代表作。

　　20世紀30年代末，海明威回到美國，居住在佛羅里達州，並
以此爲據點開始了廣泛的遊歷，去西班牙看鬥牛，到非洲打獵或
在古巴釣魚。他寫了不少短篇小說，以拳擊家、鬥牛士、漁夫、

獵人為主角，描寫這些人身臨暴力威脅、處於死亡邊緣而面不改色，創造了有名的「硬漢性格」。1933年，他發表了描寫美國和古巴之間海上走私活動的長篇小說《有的和沒有的》。30年代中期，西班牙內戰爆發，接著是第二次世界大戰，海明威再次以戰地記者身分赴歐，並根據自己的經歷寫出了長篇小說《戰地鐘聲》。小說描寫美國人喬頓自願參加反法西斯鬥爭而犧牲的故事。採取了明確的反法西斯立場。這是海明威中期創作中思想性最強的作品之一，表現出為正義事業而獻身的崇高精神。20世紀40年代，他根據在非洲的見聞和印象寫了《吉力馬札羅的雪》，還發表了《法蘭西斯‧瑪貝康短暫的幸福》。

第二次世界大戰結束後，海明威在古巴定居。1952年，發表著名的小說《老人與海》。由於小說中體現了人在「充滿暴力與死亡的現實世界」中表現出的非凡的毅力和勇氣，給人留下了深刻印象。1953年，他獲得了普立茲獎。1954年，又因其在文學上「精通敘事藝術」和「在當代風格中所發揮的影響」而被授予諾貝爾文學獎。古巴革命戰爭後，海明威遷居美國伊達華洲。1961年，他在寓所中朝自己開了槍。1961年7月2日清晨七點左右，海明威的寓所中傳出兩聲重重的槍響。海明威的妻子瑪麗從睡夢中被驚醒，她跑下樓，令人吃驚的一幕出現在她眼前：海明威血肉模糊地躺在地板上，經過勘察，警方得出的結論是：海明威是自殺身亡。他把獵槍槍筒放進自己嘴裏，扣動了扳機。

海明威為什麼要自殺呢？在他的晚年，海明威患上了高血壓、糖尿病和神經方面等多種病症，這無疑給他帶來許多痛苦。難道是這些將他擊垮嗎？要知道在生活中海明威一直給人以「硬漢」的形象。他在義大利前線開救護車時，曾經身中二百多塊彈

片。1954年他去非洲旅行時，又遭遇兩次飛機失事，身受重傷。但是這些並未使他的寫作停止。如果不是這樣，他又為何輕生呢？海明威的妻子瑪麗事後猜測，海明威的死可能與他的父親的影響有關。1928年，海明威的父親用獵槍自殺，自殺的方式與海明威的極其類似。此事在他心目中留下了抹不掉的陰影。他在30年代的小傳中提到過：「自殺，就像運動一樣，是對緊張而艱苦的寫作生活的一種逃避。」他的內心深處充滿了渴望自殺與極力抵擋這種想法的矛盾與痛苦，他幻想著富於詩意的自殺方式。

20 刺殺甘迺迪的兇手到底是誰

　　約翰‧甘迺迪是美國歷史上最年輕、最有作爲的總統之一，也是美國第一位出生於20世紀的總統。不幸的是，在他就任總統剛剛超過一千天的時候，突然遇刺身亡。他的未竟事業帶給人們無數的遺憾，他

約翰甘迺迪是美國歷史上最年輕的總統。

的英年遇刺更是令人感到撲朔迷離。那麼，究竟是誰謀殺了甘迺迪？1917年，甘迺迪出生於麻塞諸塞州波士頓市郊的布蘭克林，在九個孩子中排行第二。他的家世淵源很深，不僅經濟勢力雄厚，政治上也頗有聲望，其外祖父是波士頓市市長，父親則是駐英國的大使。甘迺迪畢業於哈佛大學，二戰中參加過海軍。1946年他開始在波士頓地區競選爲議院議員，1952年又成爲麻塞諸塞州參議院議員。1961年當選爲總統，成爲美國有史以來最年輕的總統，享年只有四十三歲。

　　在就職演說中，甘迺迪號召人們參加鬥爭，反對人類的共同敵人：苛政、貧困、疾病和戰爭。在任期間，他敦促國會採取「新邊疆」計畫，在外交上主張有力的、富於想像的和有實效的領導，爲國家的領導階層帶來了現實主義、效率、活力以及蒸蒸日上的前景，被譽爲智力、活力、魅力及勇氣的典範。約翰‧甘迺迪是美國歷史上最年輕的總統。

1963年11月21日，甘迺迪應副總統林登‧約翰遜之邀，前往德薩斯斯。那裏是美國極右勢力的中心，也是美國犯罪率最高的一個州，而達拉斯市的犯罪率又居全州之首。總統之行就包括達拉斯。在此之前，參議員富布賴特、弗萊和眾議員博格斯都曾勸他別去達拉斯，但他為了改善與約翰遜的關係，不得不前往。甘迺迪得州之行的第一站是聖安東尼奧，第二站是沃思堡，第三站就是拉達斯。6月23日上午11點40分，他乘坐的「空軍一號」總統專用飛機抵達達拉斯機場，同行的還有德州州長約翰‧康納利夫婦。在機場，總統受到了熱烈歡迎。11點50分，總統車隊駛離機場，穿過達拉斯鬧市區，前往該市的貿易中心。在那裏，甘迺迪將發表演說。車隊駛入市區的中央大道後，歡迎的人越來越多，甘迺迪不斷地向人群致意。12點30分，美國總統甘迺迪發表就職演說。當車子駛上埃爾姆大街時，突然響起沈悶的槍聲，甘迺迪夫人賈桂琳轉頭發現，丈夫的手無力地垂下，後腦勺開始分離出一塊顱骨，瞬間便血如泉湧——子彈擊中了甘迺迪的後腦勺，州長康納利也受了傷。在送往醫院的途中，甘迺迪就停止了呼吸，他成了美國第九位遇刺身亡的總統。

刺殺甘迺迪總統的奧斯華。

　　甘迺迪的死無疑像一枚炸彈，在美國人中掀起軒然大波。人們紛紛詢問，這是真的嗎？是誰殺死我們的總統？

　　也就是甘迺迪被刺的當天下午，警方便逮捕了一個叫李‧哈

在甘迺迪的喪禮中，眾人對棺木敬禮。

維‧奧斯華的年輕人。他被指控是殺害甘迺迪的元凶，主要理由就是：有目擊者看到符合他特徵的人出現在向總統射出致命子彈的大樓的窗口，並在附近發現他的指紋，另外還有人證實他曾訂購過一支義大利製步槍，槍擊發生幾分鐘後，他在公共汽車上說了一句「總統遭到了槍擊」之後還發出笑聲。

另外，他還有過在蘇聯工作的經歷。但是，奧斯華本人卻矢口否認他殺害了總統。

令人迷惑的是，1963年11月24日上午，在警察押著奧斯華由拘留所前往偵訊機場的途中，一個名叫傑克‧魯比的夜總會老闆竟在眾目睽睽之下，向奧斯華的腹部開了一槍，致其死亡。魯比被捕後否認他殺死奧斯華與謀殺總統的密謀有關，只說自己是出於對總統夫人的同情，想為總統報仇。他於1964年3月被判刑入獄，1967年1月因肺癌死於獄中。甘迺迪的死因便更加難以琢磨。究竟是誰殺死了甘迺迪總統？魯比殺死奧斯華到底有沒有人主使？殺害總統的陰謀存不存在？直到今天，關於兇手的爭論依然沒有停止。

據說，就在甘迺迪遇刺一個星期後，接替他就任總統的林登‧約翰遜就下令成立了由七人組成的沃倫委員會，專門調查事

件的真相。在聯邦調查局向他提供的調查報告中，結論有四點：甘迺迪總統被奧斯華一個人槍殺；他沒有同謀，而是單獨策劃從得克斯教科書倉庫大樓中向甘迺迪開槍；殺害奧斯華的魯比也是單獨行動，沒有殺人滅口的預謀；在甘迺迪被判和奧斯華被刺的背後，不存在由美國國內外任何團體策劃的陰謀。在沃倫委員會公佈以上述報告為基礎的調查結果之後，越來越多的美國人懷疑其可靠性。因為，甘迺迪與兩個情報部門的關係不佳，甘迺迪兄弟與黑手黨不共戴天，甘迺迪與副總統林登·約翰遜之間矛盾重重，使人不相信奧斯華是單獨作案，更令人生疑的是在甘迺迪案件中接受調查的五百五十二名證人中，已有二百名一個接一個地丟了性命，包括甘迺迪總統的胞弟羅伯特·甘迺迪。

有人證明，奧斯華曾受雇於美國聯邦調查局，也有人說魯比進入警察局也並不是由於警方的疏忽，而是警方的故意協助。在11月21日晚上，曾有人親眼目睹奧斯華與魯比的會見。由此一些人推測，甘迺迪的死是美國聯邦調查局委託人所為。也有人認為，刺殺甘迺迪是他們兄弟的敵人黑手黨所為。1988年，甘迺迪的情婦朱迪思·坎貝爾向公眾披露總統與黑手黨的關係，據說黑手黨曾為甘迺迪在佛吉尼亞州競選捐了鉅款，而甘迺迪的胞弟，司法部長羅伯特·甘迺迪又派人調查黑手黨，引起他們的強烈不滿。

1990年，一個名叫珍尼佛·懷特的婦女聲稱，她的丈夫羅克斯曾在美國中央情報局擔任殺手，與奧斯華和魯比同是好朋友，她曾聽他們議論過刺殺甘迺迪之事，1971年，羅克斯在一次奇怪的爆炸中喪生。珍尼佛的兒子於1982年發現羅克斯日記，其中記錄了他與兩名兇手策劃刺殺總統的過程。但是那部日記於1988年

被聯邦調查局拿走。副總統約翰遜的情婦馬德萊娜·布朗於多年後向媒體透露，刺殺甘迺迪是由德克薩斯州的石油大亨哈羅德森·亨特出錢，約翰遜具體策劃和幕後指揮的。哈羅德森·亨特與約翰遜是好朋友，也是約翰遜的財源，他與夜總會老闆傑克·魯比也是好朋友，而魯比與達拉斯警察局關係密切。

　　1978年，美國眾議院組建了特別暗殺委員會展開調查，初步判斷甘迺迪遇刺案是「一場陰謀」，但此後的美國國家研究委員會推翻了眾議院的觀點。至今，關於甘迺迪遇刺的原因仍無定論，民間各種有關甘迺迪的調查仍在繼續。據說，美國國家檔案絕密處存有五十一本《關於謀殺甘迺迪和奧斯華的調查案卷》，但必須等到2008年才能公佈，或許到那時，甘迺迪遇刺的真相才會昭然天下。

切‧格瓦拉是現代南美洲歷史上的傳奇人物，這位人們心目中的游擊英雄。他原名叫埃內斯‧格瓦拉，由於他說話時總愛把「切」（Che）這個感歎詞掛在嘴邊，人們就給他起了個綽號「切‧格瓦拉」。在20世紀60年代，他曾領導玻利維亞游擊隊和政府軍頑強對抗，這個綽號也隨之傳遍了南美洲和全世界。

阿根廷革命家格瓦拉。

1928年格瓦拉出生在阿根廷羅薩里奧的一個普通農民家庭。1953年，他從布宜諾斯艾利斯國立大學醫學系畢業。畢業後，他本來可以舒舒服服地當一名醫生，過著安逸的生活。可是，他卻立志走遍南美大地，為人民解除病痛，選擇了一條艱難、危險的道路。然而，在此後的遊歷途中，給他留下深刻印象的不僅僅是人們在肉體上的病痛，而是那些蠻橫、腐敗的官吏殘酷剝削和壓迫廣大人民的現實。1955年，格瓦拉在墨西哥與因反對國內獨裁政府而流亡海外的卡斯楚相遇，從此，他在卡斯楚的影響下，加入了古巴流亡革命者小組，為古巴人民推翻獨裁、為贏得自由而浴血奮戰，徹底改變了自己的人生道路。

1959年，古巴革命取得了勝利，獨裁者巴蒂斯塔在國內外一片反對聲中逃亡。時任卡斯楚游擊隊少校的格瓦拉和戰友們帶著

勝利的喜悅回到了古巴，他以其赫赫戰功成為古巴人民心目中的英雄。後來，他成為古巴公民，全心投入建設一個新古巴的事業中，曾經擔任過古巴土改合作委員會的工業部主任、國家銀行行長、工業部長等職，還是古巴統一革命組織全國領導委員會書記處成員。然而，就在1956年4月，格瓦拉竟從古巴政壇上神秘地消失了。外界紛紛猜測：格瓦拉到那裡去了？是死了還是去執行什麼秘密使命去了？是不是因為與卡斯楚發生矛盾而被關進監獄或者被軟禁在什麼地方？

幾個月後，這個謎底有了答案，原來他到非洲剛果、扎伊爾邊境的密林中，建立「游擊中心」，從事武裝活動去了。因為，格瓦拉自從1960年起就提出「游擊中心」理論，要用武裝鬥爭實現被壓迫人民對自由解放的追求。他帶領一支游擊隊神出鬼沒地出現在異國他鄉，但由於語言和其他種種原因，格瓦拉最後只能失望地離開了非洲，回到南美，轉戰在玻利維亞東南部的崇山峻嶺中。在這裏，他的「事業」更不順利。當地的惡劣的自然條件使他的隊員們上吐下瀉，削弱了戰鬥力，而思想落後的居民的冷漠和不信任更使他們孤立無援。在玻利維亞政府軍的圍剿下，他率領的游擊隊被趕進了缺糧缺水的荒無人煙的山區。1967年10月8日，他率領的游擊隊在龍羅山峽中與政府軍展開了激烈的槍戰，由於寡不敵眾，格瓦拉等人戰敗被俘，壯烈犧牲，死時年僅三十九歲。

格瓦拉死後，玻利維亞發表政府公告說：「有五人傷亡，其中大概有切‧格瓦拉。」9日上午，森特諾上校則宣佈：格瓦拉已經在與政府軍的戰鬥中被擊斃。10日，奧多萬將軍又突然宣佈說，格瓦拉在9日中午前後停止了呼吸，隨後，他又改口說格瓦拉

死亡的時間是在下午1點30分。這一切都使人們大惑不解，為什麼同是官方的消息，卻說法不一？更令人困惑不解的是，格瓦拉的遺骨竟神秘地消失了。玻利維亞軍方的巴裏恩托斯和奧多萬一會兒宣佈格瓦拉的遺體已經被火化了，一會兒又改口說屍體埋葬在玻利維亞一個極其秘密的地方。還有人說，格瓦拉的遺骨不在玻利維亞，已經由美國中央情報局將其帶回了美國。人們只見到他的一幅石膏畫像和日記做為遺物存留在人世間。此後這個秘密一直隱藏了近三十年。

1995年，一位玻利維亞的退役將軍巴爾加斯·薩利納斯——埋葬格瓦拉的惟一當事人，首次披露了事情的真相：1967年10月11日凌晨，他和另外兩名軍官受命用卡車將格瓦拉等人的屍體運到現在的巴列格蘭德機場附近，挖土掩埋後又用拖拉機將土壓平。一石激起千層浪，拉美國家一些考古學家、人類學家和法醫立即組成一支挖掘小組，在這個機場附近挖了一百五十多個洞穴，卻毫無結果。

兩年後，他們根據當地一位村民提供的可靠線索，終於在廢棄的機場跑道旁的荒野草莽中，找到了格瓦拉的遺骨。至此，格瓦拉遺骨失蹤之謎才算解開。

尤里・加加林（1934—1968），可以說是一顆閃亮的太空之星。他是前蘇聯著名的太空人，他完成了世界上第一次載人航太飛行，成為有史以來第一個進入太空的人。但就在他第一次進入太空的七年後，正準備第二次飛向太空的前夕，卻由於一次意外的飛機事故而喪生。他的死留下一個不解之謎。

1968年3月27日，前蘇聯境內發生了一起飛機爆炸事故，隨著一聲巨響，一架墜地的飛機猛烈地燃燒起來，烈火熊熊，燒毀了飛機內的各種設備，也燒毀了一個太空英雄再次飛入太空的宏願。死者正是尤里・加加林和他的助手、著名飛行員弗拉基米爾・謝爾蓋耶維奇・謝列金。就在當天早晨，他們二人經過例行的體格檢查之後，登上米格—15教練機。3月27日是一個晴朗的春日，晴空萬里。他們駕駛飛機緩緩駛離跑道，大約半個多小時之後，突然與地面失去了聯繫。「625！625！你們聽到了嗎？625！請你們回答！」地勤人員不斷地呼喚他們，但卻得不到回答。焦急的機場負責人員立即派人前去搜索，最後發現：加加林和謝列金駕駛的飛機墜毀在基爾紮奇市地區的弗拉基米州的密林裏。人們最初只發現了謝列金的上衣及屍體以及屬於加加林的一個殘破的小錢包。他們找

加加林是人類進入太空的第一人。

遍了森林，才在第二天找到一塊帶有胎記的頭皮，經加加林生前好友確認為加加林的遺體。

加加林的死留給人們很多謎團。首先，加加林和謝列金飛行技術極好，他們都是十分出色的飛機駕駛員，具有豐富的駕駛經驗，擁有應付各種突發情況的實戰經歷，身經百戰。主駕駛員謝列金對這架飛機的性能瞭若指掌，操作嫻熟。登機前兩人體檢證明身體狀況良好，從他們自身情況來分析，出現機毀人亡的慘劇簡直是不可能的。其次，事故不是發生在飛行訓練當中，而是發生在返航時。也就是說，他們順利完成了單八字滾翻、雙八字滾翻、俯衝、躍升，然後返航。如果是飛機本身性能問題，事故應該發生在訓練當中而不是返航中。

再者，他們的飛機帶著一個副油箱。按照規定，米格－15教練機在進行高空特技訓練時不允許攜帶副油箱，但這次飛行時他們的飛機居然帶著副油箱完成飛行科目，是疏忽還是有意為之？飛機墜毀時副油箱燃燒，簡直禍不單行。據加加林的同事、當時正在基爾日阿特卡機場的太空人列昂諾夫回憶：事故發生當時，他聽到兩聲巨響，這兩聲巨響前後相隔二十秒左右。第一響可以清楚判斷是飛機爆炸聲，第二響則是

莫斯科列寧大街上的加加林塑像。

破碎聲。如果後者是加加林飛機觸地爆炸的聲音，那麼前者來自何處？難道現場還有第二架飛機？蘇聯政府組織專門的事故調查小組，但是調查一年有餘，對事故原因也沒有得出明確結論。這時候，各種流言不脛而走：例如，加加林在飛行前一天的晚上喝醉了酒，第二天神志不夠清醒導致飛機撞上了天鵝……還有人說，加加林之死是一起有預謀的政治謀殺，與克格勃有關。

後來，列昂諾夫道出一些鮮為人知的內幕情況，才使加加林死因初露端倪。列昂諾夫證實在事故發生時確實有第二架飛機在場。其他一些人也證實那是一架蘇－15飛機。經查實，加加林他們的飛行訓練與另一批超音速蘇－15飛機群飛行安排在同一日，事先他們協商好飛行梯次安排事宜。但正當加加林他們的飛機完成規定科目準備返航時，一架蘇－15飛機違反規定下降到了雲層下方作超低空飛行，隨後又加大油門向上躍升飛向自己的空域，結果把雲層下方的加加林二人的飛機撞了個翻轉，飛機被撞後進入螺旋狀態，偏偏這又是在低高度、厚雲層的情況下發生的，加上還帶有副油箱，致使飛機無法做出特技動作擺脫螺旋狀態，導致墜毀。有三位證人證實：蘇－15飛機與加加林他們的飛機相撞後，首先尾部冒出一股煙，然後是一團火，接著蘇－15飛機就消失在雲層中了。

那麼是誰駕駛著那架肇事的蘇－15飛機呢？為什麼違反規定把飛機從萬米高空拉到雲下？這些都成為謎團。

23 密特朗槍擊案之謎

弗朗索瓦・密特朗，1981年至1995年期間曾任法國總統，是法國歷史上最偉大的政治家之一。他於1916年10月26日生於法國夏朗德省一個篤信天主教家庭，1996年1月8日去世。在法國的政壇上，他創造了好幾個政治記錄：自1944年8月進入戴高樂臨時政府至1995年5月離開愛麗舍宮，

密特朗。

馳騁政壇五十餘年，成為20世紀法國政治生涯最長的人物；1947年1月，出任退伍軍人部部長，時年只有三十歲，成為1804年第一帝國以來最年輕的部長，此記錄迄今未破，連任兩屆總統，在愛麗舍宮足足待了十四年，是迄今為止法國任職時間最長的總統；他的一生跌宕起伏，就像一部離奇的長篇小說。其中天文臺公園槍擊事件，就是他的政治生涯中影響至深、卻又撲朔迷離的一段經歷。

1959年10月15日，《巴黎新聞》頭版頭條披露了一條聳人聽聞的消息：極端殖民主義分子準備暗殺一批主張談判解決阿爾及利亞問題的人士。「悲劇有可能在明天發生。殺人犯別動隊已經越過西班牙邊境。黑名單已經確定。」就在這天夜裏，時任參議員的密特朗同幾個朋友用餐後驅車回家，發現被一輛黑色轎車跟蹤。密特朗故意開車轉來轉去，怎麼也甩不掉這輛車。他急中生

智，快速開到參議院南邊的天文臺公園，棄車而逃，翻過鐵柵欄，趴倒在花草中。這時，背後響起一陣槍聲，汽車連中七彈。當時時間爲零點45分。巴黎一時轟動。16日，巴黎各報頭條均醒目報導：參議員弗朗索瓦·密特朗昨日深夜在天文臺公園遭暴徒槍擊，倖免於難。人們均認爲密特朗必在殺人兇犯別動隊所列的黑名單之首，一時間，聲援和慰問的信件雪片般飛來，密特朗頓時成了「英雄」。

不料，一周之後，天文臺事件卻成了密特朗的一椿政治醜聞。22日，前右翼議員羅貝爾·佩斯凱向記者宣稱，這起槍擊案是密特朗自己策劃、由佩斯凱一手執行的。他是在核實密特朗已不在車內之後，才讓他的同夥阿貝爾·達於龍開槍的。佩斯凱還說，事發前，他特意給自己寫了兩封信，一封以「待取郵件」方式寄巴黎，一封是寄往卡爾瓦多斯的掛號信。且兩封信均有郵戳爲憑。他還說明，行動前，他曾於10月7日、14日和15日分別三次會見密特朗，共同策劃，商定行動路線和方式方法。佩斯凱說得活靈活現，在他的描述中，天文臺事件分明成了密特朗沽名釣譽的「苦肉計」。此時此刻作爲當事人的密特朗，除了矢口否認外，真是百口莫辯，拿不出任何證據。據密特朗自述，事發前佩斯凱確實三次悄悄見過密特朗，告訴他暗殺名單中他名列榜首，須小心提防。佩斯凱還出謀劃策：一旦發現汽車被盯梢，千萬別往家門口開，因那裏無處躲藏，還是逃往天文臺公園比較安全。佩斯凱要密特朗保守秘密也別向警察局報告，所以發生槍擊事件後，密特朗真的信守諾言，事先沒有告訴任何人，事後也沒有告訴警方。但是他沒有證據證明自己是無辜的。

於是，密特朗頓時從一個受害者或「英雄」變成了一個政治

騙子，不僅成爲政敵攻擊的目標，甚至許多朋友也嗤之以鼻，紛紛離他而去。在此之前，密特朗由於其政治主張一直與戴高樂相對立，而與戴高樂勢不兩立。所以，在1959年1月戴高樂就任第五共和國總統之後，密特朗的政治生涯轉入低谷。不僅丟掉了在前七年間歷任不同部長的優勢，而且還在國民議會選舉中丟掉了連選連任11年的議員席位，不得不重操律師舊業。即使在1959年4月當選爲參議員，但其政治影響顯著變小。在這個時期出現「天文臺事件」醜聞，無異是雪上加霜。密特朗幾乎被逼得走投無路了。

　　這起離奇古怪的天文臺公園槍擊案，迄今一直是個沒有解開的謎。密特朗認爲：「有人即便不想置我於死地，至少是想使我的名譽掃地。」佩凱斯的口氣也變來變去，他於1959年11月4日，被指控參加議會爆炸案遭逮捕後幾年，坦白天文臺事件的幕後策劃者是戴高樂派頭號人物。1975年1月8日，他又說出了兩個人的名字：「當年的總理米歇爾・德勃雷和克里斯蒂昂・德拉馬萊納。」1995年，在佩斯凱就此案編寫的書中，佩斯凱又一次點了德勃雷的名。不過，他沒拿出真憑實據，一般人都不相信他的說法。一般認爲，此案是戴高樂派的情報部門操縱的，目的在於從政治上消滅第四共和國時期留下來的最危險的對手。當然，密特朗就是其中之一。這件案子儘管到現在還存有不少迷惑，但卻足以說明政壇波濤的險惡。但是，堅強的密特朗並沒有向逆境妥協，經過奮鬥，終於又登上了總統寶座，而且一待就是十四年。

24 埃及總統薩達特遇刺之謎

　　1981年11月6日傍晚，世界各大通訊社駐開羅記者均以「特急電」的形式報道了一條震驚世界的消息。曾榮獲諾貝爾和平獎的埃及總統安瓦爾·薩達特於當天閱兵時遇刺身亡。噩耗傳開，世人為之驚愕，這究竟是怎樣發生的呢？

　　安瓦爾·薩達特生於1918年，十九歲時就和埃及前總統納塞爾同在舊軍隊服役。1952年，「7·23」革命爆發，納塞爾率領自由軍官組織推翻了法魯克王朝的封建統治，建立新政權。當時薩達特代表自由軍官組織

埃及總統薩達特在金字塔前展望什麼？

發表了推翻法魯克王朝的第一個聲明，向國王發出了離開亞歷山大港的最後通牒。革命成功後，他擔任過部長、議長和副總統等重要職務，是納塞爾總統的得力助手。1970年9月28日，納塞爾總統因心臟病發作而去世，留下未完的事業。1970年10月15日，五十二歲的薩達特當選為總統，開始了他傳奇般的政治生涯。

　　在薩達特就任總統時，面臨著許多遺留問題：埃及經濟瀕臨崩潰；西奈半島被以色列佔領；蘇伊士運河還處於封閉之中；更令人頭疼的是，以前總統阿里·薩布裏為首的強大的親蘇勢力，手中控制著國防部、內政部、新聞部和總統事務部、人民議會和

執政黨社會主義聯盟的領導權，時刻準備著擴大自己的權利與地位，特別是總理的職位。薩達特當機立斷，任命了在國內外享有聲望的穆罕默德‧法齊博士爲總理，同時解散埃及社會主義聯盟的領導機構，進行自下而上的重新選舉。薩布裏等人散發傳單，攻擊薩達特。薩達特免去他的副總統職位，並在掌握確鑿證據之後，將他們全部逮捕，顯示出他的鐵腕作風。爲了解決和以色列不和的局面，薩達特準備從蘇聯購買武器。蘇聯政府也想借機控制薩達特，便於1971年5月主動約請薩達特，意欲達成雙方合約，並以提供埃及所需的武器爲交換條件。但是，薩達特空等了一年，都沒見著一件蘇聯的武器，忍無可忍之下，於1972年7月下令，將埃及境內的一萬七千名蘇聯顧問統統驅逐出境，在世界上引起巨大震動，蘇聯馬上轉換態度，對埃及要求的武器總是有求必應。此後，薩達特將注意力轉到了收復失地。1973年10月6日，他利用以色列的猶太人過贖罪節的時機，派出精幹兵力運用大炮、飛機和坦克發起攻擊，大敗以色列，從而結束了不可戰勝以色列的神話，使埃及人民揚眉吐氣。

薩達特曾榮獲諾貝爾和平獎。

1974年，薩達特開始在外交上廣泛結交，主動改變與西方國家的外交格局。他先是恢復了中斷八年之久的埃美外交關係，又與美國總統尼克森互訪。在美國訪問期間，薩達特多次發表演說，闡述埃及對於和平解決中東局面的立場和意願，給美國人留下了深刻印象。接

著，他又前往歐洲訪問，同英國、法國也達成了友好合作協定。最終，埃及獲得了美、英、法等國的武器援助。在美國的周旋下，埃及還同以色列達成協定，從而收回了蘇伊士以東的狹長地帶和西奈的最大油田——阿布魯迪斯油田，運河重新開放。在薩達特的領導下，埃及的經濟出現了轉機，武器來源出現了多樣化，同西方國家的關係也在發展。

蘇聯人對薩達特同美國、歐洲國家的交往甚爲不滿，便以要索取埃及所欠軍事貸款利息爲名來要挾埃及，同時又在領導人出訪上要弄薩達特，對於埃及提出的提供飛機發動機和零配件的要求更是置之不理。他們的行爲激怒了薩達特，1976年3月，薩達特廢除了同蘇聯的友好條約，並取消曾給予蘇聯海軍在埃及港口的一切便利條件，責令在亞歷山大港的五艘蘇聯軍艦撤走。在蘇聯要求償還債務時，薩達特又以經濟困難爲由，援引蘇聯的慣例，而拒絕在十年內償還債務，並要求蘇聯船隻過蘇伊士河必須支付過境費。

就在宣佈十年內不歸還蘇聯軍火債後不久，薩達特又作出一項驚人的宣佈：他，一個最大的阿拉伯國家的元首將訪問以色列。在這眾說紛紜的時刻，薩達特不改初衷，於1977年11月19日親赴耶路撒冷，去和以色列直接會談，從而打破了中東和談的僵局。薩達特在耶路撒冷逗留了四十八小時，同以色列高級人士進行了會談。對方同意進一步會談，1978年9月17日，經過埃、以、美三國首腦在大衛營的十三天夜以繼日的會談，薩達特和以色列總理貝京在美國總統卡特見證下，簽署了中東和平基礎協定——《關於實現中東和平的綱要》和《關於簽訂一項埃及和以色列之間的和平條約的綱要》。薩達特以他的勇氣和魄力被埃及人民稱爲

「英雄」，諾貝爾委員會也為此授予他「諾貝爾和平獎」。

　　1979年3月26日，薩達特和貝京在美國白宮前面的草坪上簽署《埃及以色列和平條約》，從而結束了兩國歷時三十年之久的激烈敵對狀態，兩個月後，被以色列侵佔了十二年的西奈首府阿里什回到埃及的懷抱。1980年1月25日，埃及正式從以色列手中收復了從阿里什到穆罕默德角一線以西1.5萬平方公里的領土。這對埃及的發展具有重要意義。1980年，埃及和以色列互派大使，建立了正式的外交關係。

　　但是，薩達特訪問以色列，尤其是簽署戴維營協定和埃以和約，不僅僅帶來了埃以和平和埃及經濟的發展，還導致多數阿拉伯國家對埃及的經濟判裁和政治制裁，埃及在二十四個經濟組織中的成員資格被凍結，近二十個國家同埃及斷絕了外交關係。一些阿拉伯國家的領導人和報刊輿論譴責薩達特是「罪犯」，「背叛了阿拉伯國家的利益」，甚至指責薩達特簽署戴維營協定是犯了「現代史上無人所犯的歷史罪行。」蘇聯的報刊電臺則大罵薩達特是「向以色列和華盛頓投降」。

　　不僅如此，國內的一些宗教狂熱人士更是反對。信仰基督教的科普特人仇恨回教徒，將薩達特作為重要的攻擊目標，伊斯蘭教中的極端分子（特別是穆斯林兄弟會和「贖罪與遷移小組」中的成員）公開反對埃及向西方開放，宣佈薩達特為「背叛伊斯蘭教義的異教徒，」明確表示要推翻薩達特總統，而且兩個教派之間互相仇視，經常發生矛盾和衝突，甚至武鬥騷亂，給國內局勢帶來不良影響。對於國外的批評和制裁，薩達特並不在意，因為達成以埃和約是1979年4月全民公決的結果，有百分之九十九名的民眾投了贊成票，他所採取的一切步驟不是執行一種個人的使

命，而是純粹在表達一個國家的意志。對國內極端分子製造的武鬥和騷亂，薩達特則採取了嚴厲措施，要求檢察機關和公安機關立即行動，逮捕了一千五百三十六名涉案人員，解散了名爲「沼澤」的反動組織和一些宗教組織，取締了反對黨的報刊，同時追查出幕後策劃者蘇聯大使，將其驅逐出境，贏得了人民的熱烈擁戴。

1981年10月6日，是薩達特發動的十月戰爭八周年紀念日。同往年一樣，開羅將舉行盛大的閱兵式。這天一早，在離開羅不遠的納斯爾城郊區，人們已爲閱兵作好了最後的準備。上午11點，薩達特總統身穿鑲有金邊的藍色陸軍元帥服，威風凜凜地坐在觀禮台第一排中央，左邊是穆巴拉克副總統，右邊是國防部長加紮拉將軍。11點30分，閱兵式開始，坦克、大炮隆隆駛過檢閱台，12點40分，六架幻影式噴氣戰鬥機從頭頂掠過，做空中垂直轉圈的特技表演，薩達特滿懷興致地抬頭觀看。這時，檢閱台正前方一輛拖著一門130毫米口徑反坦克炮的卡車停了下來，不一會兒，從車上跳下四個人。觀禮臺上的人以爲是車子出了故障，他們是下來修車的。殊料他們竟然向檢閱台扔出手榴彈，並用衝鋒槍向臺上人群掃射。薩達特被子彈擊中，倒在血泊中。人們將他抬上直升機送到醫院，但是一切搶救手段都無濟於事。

下午2時45分，穆巴拉克向全國宣佈了薩達特的死訊。噩耗傳來，世界爲之震驚，人民爲之哭泣。人們把他的溘然去世稱作「中東一顆政治巨星的隕落。」聯合國安理會爲他默哀，各國領導人發表談話，痛悼他的不幸逝世。不少國家還專門爲他舉行悼念儀式。在10月10日爲薩達特舉行的國葬儀式上，來自世界八十多個國家的總統、總理和特使參加了下葬儀式。在他的墓碑上刻

著：安瓦爾·薩達特總統是戰爭的英雄，和平的英雄。他爲和平而生，爲原則而死。

　　據瞭解，殺死薩達特的四名兇手有一人被當場擊斃，三人受傷就擒，他們全都是極端狂熱的宗教分子。主犯是現役軍官哈正德中尉，其餘三人則是臨時穿了軍裝的平民。他們逃過了保安人員的檢查，帶著從軍外弄來的謀殺武器和彈藥，混進閱兵隊伍，朝薩達特開了槍導致這位巨星的隕落。

25 艾奎諾遇害之謎

1983年8月21日中午，一架從臺北起飛的華航的811次民航班機，在菲律賓馬尼拉機場徐徐著陸。飛機停穩後，三位身材魁梧的軍人進入機艙，向從美國流亡回來的菲律賓反對黨領袖貝尼尼奧‧艾奎諾

艾奎諾遇刺現場。

走來。人們以為，這是政府對艾奎諾這位反對派政治家採取的保安措施。殊料，當艾奎諾被三個人簇擁著走下弦梯時，突然響起清脆的槍聲，緊接著又是一陣槍響。五十一歲的艾奎諾臉面朝地倒在跑道上，頭部和脖子上仍不停地冒著鮮血，另有一個軍人仰面朝天，血肉模糊地躺在附近。這就是轟動世界的艾奎諾被刺事件。

在菲律賓政壇上，艾奎諾素有「神童」的美譽。他於1932年11月20日出生在馬尼拉北部打拉省。艾奎諾年輕時，才智出眾，風度翩翩，在大庭廣眾中演講起來滔滔不絕。他十七歲時就已成為《馬尼拉時報》的記者，二十二歲時當選為家鄉塞普西翁市市長。1969年時，年僅二十九歲的他當選為打拉省副省長，成為最年輕的省長。1963年他又當選為省長。1967年當選為參議員，之後就成為最有影響的反對黨領導人，成了馬可仕的政敵。

1972年9月21日，總統馬可仕為鞏固統治，開始對反對黨和菲共武裝採取措施。他宣佈在全國實行軍法管制，停止一切政黨活動。實施軍管法以後，電視臺和報刊被接管，罷工、遊行被禁止，成千上萬的人被保安部隊拘留，反對黨領導人也一個個銀鐺入獄。9月23日艾奎諾成了第一個被抓的人，他被捕的罪名是「策劃謀殺、顛覆以及非法擁有武器。」1977年11月，軍事法庭以「顛覆罪、非法擁有武器罪和謀殺罪」判處艾奎諾死刑。由於國內外的強烈抗議，馬可仕下令重新審理此案。艾奎諾在獄中度過了八年鐵窗生涯。1980年初，艾奎諾在獄中兩度心臟病發作，馬可仕政府怕他死於獄中，欲將他移往軍方醫院治療。為防不測，艾奎諾要求到美國做手術，否則寧肯死在獄中。5月他獲准去了美國。在美國達拉斯的貝勒大學醫療中心進行心臟搭橋手術後，先後接受哈佛大學國際問題中心和麻省理工學院東南亞研究中心的資助，一面搞學術研究，一面發揮他的反對黨領導人的作用。

　　1983年初，菲律賓國內傳出馬可仕身體不好和國內政局不穩的消息，艾奎諾準備結束流亡生活，回國聯合反對派勢力推翻馬可仕。1983年8月13日，艾奎諾去教堂做完彌撒後，告別他的妻子和孩子，和他的好友及數名記者，從紐約向洛杉磯出發。8月14日，他持一份馬西亞爾·博尼法西奧的護照從洛杉磯出發，前往新加坡。19日又從新加坡赴香港，轉乘臺灣的飛機赴馬尼拉。

　　而擁護艾奎諾的三萬名群眾和艾奎諾的母親、妹妹泰茜、反對黨領袖尼雷爾則聚集在馬尼達機場外等候艾奎諾歸來，他們沒有想到，艾奎諾一下飛機就遭到了不幸。屍體檢驗表明，艾奎諾因頭部被火器所傷，導致腹部撕裂而死。兇手到底是誰？他又是受誰指使？反對黨將艾奎諾遇刺歸咎於政府；馬可仕對外辯稱自

己與艾奎諾遇害無關，是共產黨派人謀殺；艾奎諾的夫人柯拉蓉‧艾奎諾則直言馬可仕是真正的兇手。為了緩和緊張局勢，也為了洗刷政府同謀殺案事件有關的嫌疑，馬可仕在8月24日下令成立了一個特別調查委員會，對艾奎諾遭到暗殺一案進行「徹底調查。」特別調查委員會的調查結果表明：殺害艾奎諾的兇手是一個穿機場運貨人員藍色工作服的人，名叫羅蘭爾‧加爾曼——旺達，三十三歲，原先居住在新怡詩夏省的薩拉戈薩，後來在布拉幹省的聖來格人定居。此人是一名雇傭槍手。

但是，許多菲律賓人卻不相信官方關於兇手的報告，他們認為加爾曼不是殺害艾奎諾的真正兇手，而只是一隻「代罪罪羊」，在他身後，肯定有人指使和陰謀策劃。艾奎諾的妹婿回憶，艾奎諾在飛機上曾跟他說過，艾奎諾在臺北曾獲得情報，自己到達馬尼拉後會被暗殺，而暗殺者也會被當場射死，所以艾奎諾在抵達馬尼拉機場前穿上了防彈背心（事實上兇手卻朝他的頭部開了槍）。於是1984年11月，調查委員會發表了兩份看法不同的調查報告，不過兩個報告都指出暗殺行動是有組織，有預謀的，報告公佈後，人們紛紛要求審判貝爾。

1985年1月，檢察院向法院起訴，指控貝爾和其他二十五名軍人。貝爾曾是馬可仕的司機兼保鏢，隨著馬可仕官階的升遷，貝爾也不斷得到提拔，直到統領二十萬大軍的參謀長。在國內外輿論的要求下，馬可仕只好把心一橫，答應設立特別法庭。審判包括貝爾在內的任何指控人員，1985年2月，特別法庭開庭審理此案。8個月工夫，開庭五十三次，傳訊各種證人一百零八名。同年12月，法庭作出判決，宣佈加爾曼是殺害艾奎諾的兇手，他同菲律賓共產黨人的新人民軍有著廣泛的聯繫。而加爾曼又在機場被

值勤的一名士兵當場擊斃。這名士兵是「執行職責」，不存在任何預謀，因而包括貝爾在內的二十六名軍人全部無罪釋放。

這一判決激怒了更多的菲律賓人，不僅在反對派中掀起了一陣強烈的抗議浪潮，廣大群眾也紛紛譴責，艾奎諾夫人呼籲所有菲律賓人站出來表明自己的立場，馬可仕陷入更加被動的局面，國內時局更加動蕩，逐步形成反對馬可仕政權的聲勢浩大的政治運動。艾奎諾夫人當選為新一任菲律賓總統，馬可仕倉皇逃往夏威夷。1986年6月6日，菲律賓成立了以最高法院前法官康拉多‧瓦斯克斯為首的三人特別委員會，重新審理艾奎諾遇刺案。最後宣佈原馬可仕政府特別法庭的判決無效。9月16日，反貪污法院下令逮捕謀殺艾奎諾的包括貝爾在內的二十六名軍人。

1987年8月19日，菲律賓反貪污法院重新開庭審理艾奎諾案。菲律賓職業攝影師亞歷山大‧洛伊納出示了三十九張大照片和四十張幻燈片。這些照片顯示，槍殺艾奎諾的子彈是從艾奎諾背後射入的，子彈穿過他的頭部後從下巴出來，子彈的軌跡是由上至下的，這些證據表明，艾奎諾是在走下飛機時被人從身後開槍擊斃的。在1988年1月4日的聽證會上，馬尼拉國際機場地勤工人巴塞羅納證明，1983年8月21日，他駕一輛拖車在馬尼拉機場停機坪上，眼見艾奎諾與三名警衛從飛機上下來。艾奎諾身後一名士兵用槍對著他的後頸開了槍，艾奎諾向前倒下。隨後，他

艾奎諾夫人——柯拉蓉。

又聽到一聲槍響，這一槍可能是打死加爾曼的。案情似乎已經大白，但是仍存有許多疑點：艾奎諾遇刺與馬可仕有什麼關係呢？具體內幕又是如何呢？另外，法庭調查說機場的槍聲是兩槍，那麼為什麼機上乘客和菲律賓電臺卻說是十一聲呢？

26 甘地夫人遇害之謎

1984年10月31日早晨，印度首都
新德里賽夫達碧海1號總理府的花園
中，突然響起一陣槍聲。印度總理英
迪拉・甘地倒在血泊中，再也沒有醒
來。一顆閃爍在世界政壇和印度歷史
長河中的巨星隕落了，時年六十七
歲。英迪拉・甘地是印度歷史上第一
位女總理，也是世界上迄今爲止出任
總理時間最長的婦女，被印度人民奉

甘地夫人的漫畫像。

爲「近難母神」。她的父親便是印度前總理尼赫魯。

1941年，留學回國後的英迪拉・甘地改變「終身不嫁」的初
衷，嫁給了一個出身小康之家的名叫費羅茲的青年。這種超越種
族的等級關係、超越宗教信仰的婚姻一度掀起軒然大波，引起印
度教徒強烈不滿，後給予了諒解。英迪拉・甘地也就成爲印度婦
女心目中的英雄。1942年，英迪拉在一次反英殖民主義集會上演
講而被捕入獄，幾個月的鐵窗生活使其政治思想上更趨成熟。
1947年，尼赫魯就任印度獨立後的第一任總理。爲了培養女兒，
讓英迪拉・甘地作爲總理府女管家和總理貼身秘書，使其初涉政
治舞臺。英迪拉・甘地開始利用一切機會積極參與各種政治活
動。1949年還隨尼赫魯出訪了美、蘇、英等國。積累豐富的政治
和外交經驗。在國內，她幫助父親平息了回教徒和印度教之間的

1966年一月，甘地夫人當選爲印度總理。

騷亂，時常代表父親到全國各地搞競選活動，並幫助丈夫費羅茲競選議員，充分顯示出非凡的政治領導才能。

1984年10月31日早晨，英迪拉·甘地決定取消一切政黨工作，在寓所陪伴她的兩個孫兒孫女，因爲她們在前一天的車禍中受到了驚嚇。但是她的助手拉金德·庫馬·哈馬恩臨時安排她上午10時接受英國導演彼德·烏斯蒂諾夫的電視採訪，並爲其拍攝近20分鐘頌德的電視紀錄片。於是在看著孫兒、孫女吃完早飯之後，英迪拉·甘地從寓所出來，沿著一條鋪滿鵝卵石的小路，向總理府的花園走去，趕赴約會。當天值班警官是三十三歲的錫克族人本特·辛格，他在英迪拉身邊工作已有8年之久，深受英迪拉信賴。這天他身著節日服裝，頭戴傳統的黃頭巾，顯得分外瀟灑，他與英迪拉甘地總理並行，身後是一名警長和另一名警員。這天在拱門處值班的是一名頭纏圍巾的錫克族警員，名叫沙特萬特·辛格五個月前調入總理衛隊的。當英迪拉·甘地行至拱門前時，沙特萬特·辛格慢慢豎起自動步槍行舉槍禮。英迪拉·甘地也雙手合十向他道安。幾乎就在同時，本特·辛格突然向前衝出幾步，從頭巾裏抽出一把左輪手槍，朝英迪拉·甘地猛扣扳機。接著，沙特萬特·辛格又將衝鋒槍中的子彈盡數傾向英迪拉·甘地。

聽到本特·辛格大喊：「該做的我全已幹完了，現在你們來幹吧！」之後，驚呆了的警員們才醒悟過來，與聞訊趕來的衛兵

們將兩人擒住。當把他們押到警衛室時，沙特萬特‧辛格又從頭巾中抽出一把匕首準備再次發難，本特‧辛格也撲向另一名警員意欲奪槍，士兵們當場開槍，將本特‧辛格擊斃，沙特萬特‧辛格也被擊成重傷。與此同時，手忙腳亂的警衛們將英迪拉‧甘地送到醫院搶救。10月31日下午，印度政府向全國、全世界宣佈了英迪拉‧甘地總理遇害逝世的消息。

1984年11月4日，印度政府成立了由最高法院法官、警察和情報機構等高級官員組成的特別調查委員會，負責調查英迪拉‧甘地總理被害的事實真相。有人推測，英迪拉‧甘地遇刺是印度錫克族極端分子對政府血洗阿姆利出金廟而進行的報復。因為在甘地夫人遇刺三小時後，美聯社駐新德里辦事處便接到匿名電話，聲稱：「這是整個錫克族的行動，我們已經報了大仇。錫克族萬歲！」二戰後，印度獨立運動先起，錫克教中有人提出建立錫克人自己的國家「卡利斯北國」的要求。他們是主張將其居住的旁遮普邦一分為二，其中一半讓錫克人統治。這種主張遭到尼赫魯的拒絕。1966年，英迪拉‧甘地上臺不久，錫克教薩卡利黨首領法泰赫‧辛格又提出了這樣的要求。1979年，英迪拉‧甘地同意了旁遮普邦分區而治的方針，招來了印度教和錫克族迫害。1982年，阿卡利黨又開展了要求更高權力的自治運動，成立了與政府分開對抗的「卡利斯族」國，建立了一支數千人的武裝部隊，在金廟設立了總部，印度教徒與錫克教之間的衝突不斷出現。

1984年6月，甘地政府與錫克族談判徹底破裂，和平成為泡影。於是英迪拉‧甘地命令十萬軍隊和坦克、裝甲車等進駐旁遮普邦，圍攻在金廟中的錫克族武裝人員。並於6日發起攻擊，甚至

動用火箭炮轟擊金廟。經過幾天激戰，消滅了以賓德拉瓦爲首的武裝人員一千四百餘人，逮捕武裝分子幾千人，這就是「金廟事件」。從此，在錫克人的心裏就埋下了仇恨的種子。形成了一個以錫克教佳帕爾‧辛格爲首的暗殺組織，甘地夫人被列爲被謀殺政府要員之首。

　　負責保衛總理安全的部門有兩個致命的錯誤：一是在本特‧辛格和薩達萬特‧辛格從老家休假回來之後，沒有對他們進行檢查，忽略了他們的家鄉正是錫克族激進分子的老巢；二是甘地遇害當天，兩人都未按規定穿制服而改穿民族盛裝，讓他們可在頭巾暗藏武器的機會。1985年2月11日，新德里武裝警察部隊警員沙特萬特‧辛格、本特‧辛格，政府雇員赤哈爾‧辛格、被起訴參與謀殺英迪拉‧甘地。1986年1月，新德里法院判處三名錫克族兇手死刑。謀殺英迪拉‧甘地的直接兇手已查明，那麼幕後元凶又是誰？

　　沙特萬特‧辛格本人交待，這次陰謀的幕後人，是印度陸軍中的一名錫克族高級軍官，此人在旁遮普邦未分治前的首府英迪加爾服役。新聞界傳說該人在甘地遇害後被捕，但官方否認此事。《印度斯坦時報》援引「可靠消息」說，沙特萬特‧辛格在醫院受審時承認刺殺行動得到了外面的援助。也有人說，是流亡國外的印度駐挪威大使館代辦哈德林‧辛格秘密主持這次刺殺。在英迪拉‧甘地血洗金廟之後，哈德林憤然辭職，在挪威尋求政治避難，從事建立「卡利斯坦週」的活動。1983年英迪拉‧甘地出訪歐洲時，他結識了隨行的警衛人員本特‧辛格，日後兩人關係密切、書信往來頻繁。在金廟事件後，他將十萬美元的支票轉交給本特‧辛格，本特‧辛格又找了另一名錫克族年輕士兵。據說，此前兩人曾兩次試圖刺殺甘地而未成功。

齊亞·哈克空中遇難之謎

1977年7月5日，齊亞.哈克出任巴基斯坦總統。

1988年8月17日，巴基斯坦總統齊亞·哈克從伊斯蘭堡機場乘坐C—130型座機，前往巴基斯坦靠近印度的巴哈瓦爾普爾，視察駐守在那裏的部隊，並觀看了美國提供的新型坦克在沙漠中的作戰演習。下午3時30分，齊亞·哈克同他的二十九名隨行人員又登上C—130座機，準備返回拉瓦爾品第，3時47分，飛機從機場起飛，過幾分鐘後，在一旁護航的護航機駕駛員突然發現總統座機冒出煙霧和火花，緊接著，飛機起火爆炸，墜地撞毀，齊亞·哈克和他的隨行人員全部遇難。

穆罕默德·齊亞·哈克總統，1924年生於旁遮普，在任總統前是上將陸軍總參謀長，為軍中第二號人物。1977年7月5日，齊亞·哈克率軍發動政變，率領武裝部隊接管了政權，並拘捕了包括巴基斯坦總理布托在內的巴基斯坦人民黨全部政治領導人，以及巴基斯坦全國聯盟的領導人，成立了軍政府，從而結束了巴基斯坦的文官政治。為了鞏固自己的統治地位，齊亞·哈克判處布托死刑。齊亞·哈克執政後，大力發展國內生產，促進國際貿易。在他的治理下，巴基斯坦的經濟有了很大發展，年平均收入達到三百九十美元，居東南亞各國之首。在國際事務中，齊亞·

哈克奉行獨立的不結盟的和平外交政策。在不結盟運動中和在聯合國中，巴基斯坦主持公道，堅持和平共處五項原則，贏得了第三世界國家的好評。20世紀70年代，蘇聯出兵佔領巴基斯坦北方鄰國阿富汗，齊亞‧哈克較早提出和堅持蘇聯軍隊撤出阿富汗的主張。

8月18日，由巴基斯坦軍方組成的調查小組和美國專家，共同奔赴遇空難現場進行事故原因調查分析。8月21日，拘留了與座機爆炸有關的八十多人。根據分析，調查小組排除了因技術故障和與另一架直升飛機相撞而導致座機爆炸的可能。因為國防部的人說，「這架C－130型運輸機有四隻引擎，是目前最穩定的運輸機。況且在座機墜毀地區有許多空地，如果發生故障，駕駛員肯定會用無線電通知地面，然後再設法降落的。」巴基斯坦駐聯合國大使說「空軍基地都採取了超常規的安全措施。而且在齊亞‧哈克總統飛機旁邊，附近不會有其他飛機。

最初步的調查結果是，齊亞‧哈克總統可能是受到了地對空的導彈襲擊。經過分析，調查人員認為，可能是一枚遙控炸彈造成了這起爆炸事件。巴基斯坦國防部的官員說，這架飛機改裝成總統座機之前，內部進行了特殊改造。炸彈有可能被放在這些地方。齊亞‧哈克總統每次出訪前都要在機場的飛機裏裝上置物箱。因此，有人認為爆炸物可能就在這個置物箱中。也有的專家認為在總統座機離開前最後一分鐘，地方知名人士向總統贈送了二十箱芒果，很有可能將炸彈放在芒果中。

也有專家認為，是總統座機的控制系統被人破壞。另外，飛機起飛後，機組人員無聲無息也值得懷疑。調查小組分析，是駕駛艙中的某個地方曾經釋放出一種毒氣，致使駕駛員和副駕駛員

失去了駕駛能力，從而導致這場災禍。如果上述分析成立，那麼誰又是謀殺齊亞・哈克的兇手呢？

　　一位分析家說，齊亞・哈克在執政的十一年中，實行軍人獨裁統治，勢必引起政教的不滿。在巴基斯坦有幾十個反對他的組織，其中的任何一個組織都可能這麼做。事實上，這種暗殺行動一直在發生，只是沒有成功罷了。齊亞・哈克遇難後的第三天，新總統伊沙查・汗對記者說，調查小組已排除了可能捲入爆炸事件的六種勢力。他們認為，齊亞・哈克最危險的敵人是阿布・尼達爾領導的巴基斯坦恐怖組織。調查小組認為，暗殺齊亞・哈克總統的兇手極可能是阿富汗情報機關「卡哈德」。因為在阿富汗問題上，齊亞・哈克一直支援阿富汗游擊隊，而令阿富汗當局不滿。美國專家也分析只有阿富汗情報機關才有動機和能力來實施這樣的行動。

　　另外，教派分歧也可能是齊亞・哈克遇害原因。在巴基斯坦有百分之二十以上的人信仰伊斯蘭教的什葉教派。他們痛恨齊亞・哈克與美國親近，也因齊亞・哈克把穆斯林中的遜尼教派樹為正統而備加仇視。8月5日，什葉派的宗教和政黨領袖胡申尼發誓要對齊亞・哈克實行報復。調查人員也沒有排除巴基斯坦軍隊中心懷不滿的軍人進行破壞的可能性。因為巴基斯坦捐助給阿富汗許多游擊隊武器，招致他們的反感。目前，關於齊亞・哈克總統遇害的事件經過，已經寫了很多調查報告，至今尚未對外公佈，留給人們一個謎。

1991年5月21日晚，印度前總理、現任國大黨主席拉吉夫‧甘地為了迎接即將到來的總理大選，來到位於泰半爾納德邦的斯里佩隆布杜爾鎮，參加那裏的預選集會。在他到來之前，會場上已聚集了萬餘名群眾。10時10分，拉吉夫‧甘地到達會場，他一邊微笑著向歡呼的群眾揮手致意，一邊踏上了通往講臺的紅地毯。

拉吉夫‧甘地。

人們紛紛擁上前來為他獻花。突然，人群中火光一閃，接著便是震耳欲聾的爆炸聲，會場上狼藉一片，亂作一團。十八具屍體橫七豎八地躺在地上。拉吉夫‧甘地的上身幾乎被炸得粉碎，頭部僅餘下一大半，被拋到幾米遠的地方。當時的時間正是10時20分。

　　拉吉夫‧甘地，是印度前總理英迪拉‧甘地夫人的長子，尼赫魯的外孫。1983年2月，他又登上印度第一大黨國大黨總書記的寶座，成了印度第二號人物。1984年10月31日，英迪拉‧甘地被錫克族士兵射殺，正在孟加拉邦視察並幫母親競選的拉吉夫‧甘地接到噩耗，立即返回，當日下午6時55分，拉吉夫‧甘地在印度總統阿育王大廳宣誓就任總理。

　　12月24日，印度實行第八次大選，拉吉夫以高額席位當選為

印度新總理。在拉吉夫執政的日子裏，他對內制定了新的經濟政策，主要是減少國家的干預、擴大市場的作用；對外則努力尋求和平，與一些國家的關係也得到了改善。1987年，政府中出現了軍火交易中拿回扣的「博利斯」風波，嚴重損壞了拉吉夫「廉潔先生」的形象。剛剛平定的騷亂又開始啓頭，民族矛盾再次激化。他與總統宰爾·辛格之間的關係也出現了裂痕。在國大黨內部也出現了內訌。1987年7月，他的表兄國大黨總書記，電力國務部長阿蘭·尼赫魯也因從事反對他的活動被拉吉夫開除出黨。在此前後被迫辭職的還有不少政府部長及其他官員。在此措施中，拉吉夫雖清除了反對派，同時自己的力量也被削弱。反對黨趁此機會發難，以「博利斯案」要求拉吉夫辭職，便於11月29日正式提出辭呈。12月1日，維·普·辛格當選人民黨議會黨團領袖，次日就任總理，拉吉夫任第九屆人民院的反對黨領袖。

從1991年初開始，印度局勢一直動蕩不安。教派衝突和種族矛盾造成難以解決的政治問題和社會問題。現任政府總理威信下降，被迫辭職。拉吉夫·甘地精神百倍，信心十足，準備東山再起。他以「團結、穩定和建立穩定政府、降低通貨膨脹」為口號進行競選，頗得民心。為了贏得競選，他走遍印度南北的城市鄉村，進行演講，爭取選民的支援。這次競選，他為了更好地接近群眾，改變了上次穿防彈衣、雇保鏢的做法，與選民握手。就在這種不做防備的情況下，5月21日，拉吉夫·甘地被人體炸彈炸得血肉橫飛。拉吉夫·甘地遇害的事情傳開，不僅印度人民沈浸在悲痛之中，各國政要也紛紛發表談話表示哀悼，唁電像雪片似地飛來。事後，印度政府為拉吉夫·甘地舉行了國葬。全國放假一天，下半旗致哀。

拉吉夫・甘地遇害後，印度當局成立了「特別調查小組」負責偵破此案，懸賞一百萬盧比獎勵幫助辨認刺客的人。經過調查，特別調查小組發現，在現場死亡的十八個人中有兩人炸得最厲害，一個是拉吉夫・甘地，另一個則是一名婦女，她上身被炸得粉碎，但頭部完好，被拋到四公尺外的地方，調查人員認為炸彈是從這名婦女腰上引爆的，而這正是「泰米爾猛虎組織」慣用的手法。5月25日，印度警方逮捕了猛虎組織的一名成員，接著查獲了在刺殺拉吉夫・甘地現場拍攝的錄影帶，爾後又捕獲了製造人體炸彈的帕魯里巴和娜里尼等人。他們供認，刺殺拉吉夫・甘地的直接兇手是「猛虎組織」成員西瓦拉桑的表妹達努。其他參與者還有「猛虎組織」的中級幹部巴比、穆蘇拉賈、穆魯和西瓦拉桑。刺殺計劃的主謀則是其「猛虎組織」的領導人帕拉巴卡蘭。為什麼斯里蘭卡「猛虎組織」會對拉吉夫・甘地採用暗殺手段呢？

前面已經提到，拉吉夫・甘地擔任總理時曾派兵鎮壓斯里蘭卡的「猛虎組織」。儘管他已於1989年成為在野黨，但他與斯里蘭卡「猛虎組織」結下的仇恨卻不易化解。1990年11月底，猛虎組織領導人帕拉蘭巴卡蘭召集該組織的領導成員分析印度的發展趨勢。經過討論，他們認為印度現在的以錢德拉・謝卡爾為首的社會主義人民黨政府將是短命的，拉吉夫・甘地極有可能在1991年重新上臺執政。而他一上臺，極有可能再次向斯里蘭卡派出維持和平部隊，鎮壓「猛虎組織」，甚至搗毀「猛虎組織」設在印度泰米爾德邦的活動基地。因此會議決定，必須在拉吉夫・甘地上臺之前將其暗殺掉。否則，一旦他上臺，將很難下手。鑑於拉吉夫・甘地警衛比較嚴密，採取定時炸彈和槍擊的辦法不容易奏

效。經過反覆考慮和論證後，「猛虎組織」決定採用慣用的「人體炸彈」的做法。

　　於是，「猛虎組織」織的忠實成員電子專家帕魯里巴精心設計了一種腰帶炸彈。帕拉巴卡蘭又選定西瓦拉桑的表妹達努（眞名佳達麗）和另一名叫蘇帕的婦女組成敢死隊，達努負責行刺，蘇帕擔任替補殺手。經過兩次演習之後，5月21日，達努來到拉吉夫·甘地參加的集會上，以獻花爲名接近甘地，最終引爆，造成本篇開頭慘不忍賭的場面。拉吉夫·甘地死後，在印度政壇馳騁四十年的尼赫魯家族的政治生涯從此劃上句號。

1995年11月4日夜，以色列特拉維夫國王廣場上正舉行著一個十萬人的集會。以色列總理拉賓特意到會發表演講，呼籲民眾支援他的和平政策。演講結束後，拉賓走向轎車。突然，拉賓身後響起槍聲，拉賓應聲倒在地上。一小時後，這位中東和平的使者停止了呼吸，享年七十五歲。

拉賓於1922年3月1日生於耶路撒冷，父母是俄羅斯移民，也是狂熱的猶太復國主義者。從特拉維夫一所農業中學畢業後，拉賓去了美國伯克利加利福尼亞大學留學，主攻灌溉工程，後到邁阿密大學進修。1940年，拉賓加入猶太人秘密武裝組織「帕爾馬赫突擊隊。」二戰爆發後，又參加了盟軍在敘利亞的敵後作戰。1946年，拉賓因援救

拉賓

被英國人囚禁在阿特利特集中營的猶太移民，遭到英國當局關押。11月被釋放。1948年，拉賓在阿以戰爭中任旅長，戰後作為以色列軍事代表團成員參加了停戰談判，1950至1963年間，歷任軍總參謀部作戰部長、培訓部部長、北部軍區司令、總參謀部作戰局局長、副總參謀長等職，1964年升為總參謀長，1967年，他親自指揮了「六‧五」戰爭，擊敗約旦、埃及和敘利亞聯軍，將

約旦河西岸、加薩地帶，西奈半島和戈蘭高地等地歸入以色列疆域。

　　1968年，戎馬生涯二十六載的拉賓退役從政，先是擔任以色列駐美國大使，1974年出任以色列總理，1977年，他的政府因其妻擁有非法銀行帳戶的醜聞而倒臺。1984年，以色列成立聯合政府後，拉賓再次擔任國防部長，1992年，拉賓在大選中擊敗對手沙米爾，再度擔任總理。這年他已七十二歲。拉賓擔任總理後不久，就向阿拉伯國家發起和平攻勢，表示接受巴勒斯坦提出的「以土地換和平」的原則和聯合國關於歸還已佔領的阿拉伯領土的決議。1993年11月13日，以色列和巴勒斯坦在美國白宮簽署了第一個和平協定——加沙傑里科自治原則宣言。1994年10月，以色列與約旦簽署了和平條約，從而結束了兩國長達四十六年的戰爭狀態。

　　1995年9月，以色列同巴勒斯坦簽署了關於擴大巴勒斯坦自治範圍的「塔巴協定」，給中東地區帶來了和平曙光。鑒於拉賓在促進中東和平中所發揮的積極作用，1993年9月17日，聯合國教科文組織授予拉賓「博瓦尼和平獎」，1944年，他又獲得了諾貝爾和平獎和「阿里斯圖里亞斯王子」的1994年度國際合作獎。1995年，拉賓和阿拉法特同時榮獲諾貝爾和平獎。拉賓之死引起國際社會的廣泛關注，世界各國政要紛紛發來唁電表示哀悼，同時譴責兇手恐怖暗殺行為。1994年11月6日，成千上萬的群眾為拉賓送行，聯合國秘書長加利親自參加了拉賓的葬禮，聯合國總部也為他降半旗致哀。

　　是什麼人向拉賓行刺？為何原因？在拉賓遇刺的當場，警方抓獲了一個名叫阿米爾的青年，他是赫茲利亞市巴爾伊蘭宗教大

學法律系的學生，也是反對和平進程的右翼青年。以色列與巴勒斯坦簽訂和平協定，引起反對和平的極右勢力的強烈不滿，大罵拉賓是「叛徒」、「賣國賊」，阿米爾就是其中之一。他經常參加抗議拉賓政策的活動，也曾先後五次企圖刺殺拉賓。阿米爾供認，是他在特拉維夫廣場的集會上，在距拉賓兩米處朝拉賓背部連開三槍，致使拉賓死亡。但是，在拉賓遇難身亡當天，醫院出具的驗屍報告上說，子彈從拉賓胸口射入，穿透了心臟，又從第五與第六脊椎骨射出，可以看出兇手是一個職業殺手，而且是用槍抵住拉賓的胸口開槍打死拉賓的。拉賓遇害另有兇手，而不是阿米爾。

拉賓的保鏢魯賓說他槍響的一剎那，就把拉賓壓倒在身下，而警方在案發現場也沒有發現絲毫血跡。這種種跡象又不禁心生疑竇：拉賓到底在廣場有沒有受傷？如果受傷，那現場為何沒有血跡，是誰破壞了現場？如果沒有受傷，又為何身亡？難道是在去醫院的路上遭到了第二次的暗殺？拉賓的司機達姆索用了二十分鐘才將拉賓的車開到醫院，也令人生疑。因為平時這段路只需五分鐘就可開到。達姆索解釋說，路上遇到了路柵，又迷了路，因此耽擱了時間。難道拉賓遇刺，與他有關？到底是誰刺殺了拉賓，至今仍是一個謎團。

30 戴安娜車禍之謎

1997年8月31日，巴黎市區
阿爾馬橋隧道下發生一起車禍，
一輛轎車撞到隧道安全島的立柱
上，摔到車道中央，頓時成為一
堆廢鐵。車上裏的兩名男子和一
個女子先後死亡。其中，那個女
子就是英國王儲查爾斯的前妻子
戴安娜，兩名男子中一個是戴王

戴安娜的美麗永遠留在世人的記憶裡。

妃的男朋友多迪·法耶茲，另一個是司機保羅，消息傳出後，英
法震驚。

1961年7月1日，戴安娜出生於英國東部，父親厄爾·史賓沙
伯爵曾擔任英王喬治六世的侍衛官，母親蘭西·費莫伊的祖母則
是皇太后的密友。六歲時，父母離異，戴安娜及弟弟查理斯由父
親撫養。九歲後，戴安娜進入寄宿學校讀書，成績不是很理想。
十六歲時，她離開校門來到瑞士的一家女子進修學校，接受一段
時間的社交訓練。回到英國後，她成了一家幼稚園的老師。十六
歲時，戴安娜在一次狩獵聚會上認識了查爾斯王子，不過當時，
查爾斯追求的是戴安娜的姐姐沙拉，對她卻沒怎麼留意，而她的
心中已經印下了王子的身影。在王太后的撮和下，查爾斯與戴安
娜的接觸多了起來。慢慢地，查爾斯有些留意她了。他喜歡有她
作伴，因為她不裝腔作勢，而且朝氣蓬勃。儘管查爾斯王子心中

第4章 現代歷史名人懸案

435

早就有了卡蜜拉（事實上卡蜜拉已經與別人結婚），但他不得不考慮尋找一位合適的結婚對象。戴安娜就具備很多有利條件，比如年輕貌美、活潑、開朗、善良、而且是個處女，沒有緋聞，對此皇太后十分滿意。查爾斯自己也很喜歡戴安娜。於是，在1981年2月24日，白金漢宮正式向媒體宣佈，查爾斯王子與戴安娜小姐訂婚，同年7月29日，舉行了隆重的婚禮。身穿公主般的禮服、乘著馬車的戴安娜令無數的女人心向神往。1982年威廉王子出世，1984年第二個王子哈里出生。

由於缺乏真正的愛情經歷，再加上年齡、性格、愛好的差異，查爾斯同戴安娜的感情漸漸平淡起來，愉快的談話越來越少，更別提什麼溫存體貼，雙方開始尋找各種藉口避免單獨相處。融入王宮生活遇到的種種困難，禮儀和責任，也令戴安娜迷茫失落。後來，戴安娜發現了查爾斯與卡蜜拉的戀情，大為惱火。種種不如意使她對生活失去了信心。據安德魯·莫尼的《戴安娜的真實故事》披露她曾五次自殺、割腕、撞櫃、滾下樓梯去傷害自己，為的是引起丈夫與英女王的關心與注視。孤獨中的戴安娜開始向外尋求溫情，陸軍軍官馬術教練休伊特闖入她的生活，兩人自1986年認識並開始發展感情，維持關係長達五年。與此同時，查爾斯王子也與卡米拉來往。1996年2月，經過了許久的思考，1996年2月戴安娜與查爾斯正式辦理離婚手續，維持了十五年的婚姻關係破裂，戴安娜取得二千五百萬美元的贍養費。人們都將這場婚姻的破裂歸咎於查爾斯，對戴安娜則報以同情。

離婚後，戴安娜開始了新的生活，但是記者們對她的關注卻從未停止。她同多迪·法耶茲確立了戀愛關係後，又成了記者們追逐的對象，1999年8月31日，戴安娜與男友結束地中海之旅後返

回巴黎，在麗池酒店共進晚餐，然後一同乘車前往法耶茲在巴黎的豪宅。飯店派保羅為他們駕車。記者們尾隨車後，有的駕車，有的騎摩托緊追不放。為擺脫這些難纏的記者，保羅將時速提高到一百六十公里，不幸的是，當汽車駛到阿爾馬橋隧道時，由於突然出現急轉彎，超速行駛的汽車失控，先是撞在隧道隔離島的立柱上，接著翻滾撞到右牆，摔到車道中央，保羅與多迪當場斃命。坐在後座的戴安娜和保鏢也身受重傷，記者們追蹤而至，紛紛舉起相機拍照搶新聞，而沒有去搶救傷者。後來，戴安娜終因心肺受重傷出血不止而亡，時年只有三十六歲，保鏢倖存。

戴安娜的死幾乎使倫敦瘋狂，儘管人們不能進入聖·詹姆斯宮的小教堂內瞻仰戴安娜的遺體，對查爾斯和卡蜜拉的譴責也在不斷升級，甚至卡蜜拉都不敢走出自己的莊園跑步。1997年9月6日，戴安娜的葬禮在白金漢宮前舉行。成千上萬的人聚到街頭為王妃送行，女王本人和家族成員也行走在街上和人們一起表示敬意。王宮上空的焰形旗幟被取了下來，換成雅克聯邦旗，在送葬隊伍經過時下了半旗。關於戴安娜的死因成為人們議論的話題，更使媒體及記者成了眾矢之的。戴安娜生前早就指責過媒體對她的困擾，這次車禍又是為避記者而超速駕駛造成的。更令人生厭的是，車禍發生後，記者們沒有及時施行人道主義的搶救，反而忙於從各個角度搶拍新聞。

戴安娜的弟弟斯潘塞伯爵強烈譴責：「那些鼓勵攝影記者不顧一切拍攝戴安娜照片的報業主編們，你們的雙手終於沾染了戴安娜的鮮血！」法國警方最初調查的結果指出，司機保羅酒後駕車是造成車禍的主要原因。並稱經化驗，保羅每公斤血液酒精含量達到一點七五克，但是後來不斷有人證實保羅早已戒酒，而且

戴安娜的前夫查爾斯王子及兩個兒子在她的喪禮上。

開車的當晚他並沒有喝酒。埃及官方通訊社的發表評論認為多迪和戴安娜的死是種族主義陰謀策劃地，也有的說是英國情報部門策劃地，因為他們不能容忍戴安娜和多迪的戀情關係。

1999年，法國地方法院裁定，司機酒後開車以及超速駕駛是造成車禍的主要原因，但控方認為，法官在做出判決時，並沒有考慮攝影記者追趕的因素，於是向最高上訴法院提出上訴。與戴安娜車禍有關的九名攝影記者和一名報社摩托車手受到指控。法國最高上訴法院支援下級法院的決定，判決這九名攝影記者和一名報社摩托車手的殺人罪名不成立。但是，這九名攝影記者的麻煩並未結束，他們正因在車禍發生後對車內拍照，而受到侵犯隱私的指控。一代王妃戴安娜香消玉殞，她的死連同她現代灰姑娘的經歷卻一直成為人們不能忘懷的話題。

經典智慧系列

《漫漫古典情》

    配合現代人匆忙的生活步調，本書以精緻短幅內容為重點，讓人隨手拾來，依興之所致閱讀，短短的一首，無壓力、無負擔，輕鬆欣賞古典詩詞。讀者每天翻閱一首，天天享受浪漫感人的詩情。

樸月／編著　定價／300元　特價／199元

《從名言中學智慧》

    作者將這些名人所講過的話，依照不同的性質，而排成十二篇幅；分別是智慧、憂鬱、幸福、愛情、快樂、待人處事、學習、工作、自信、行動、成功、人生，然後化成一篇篇生活化地散文，每一句名言的含意使它變為一種正面生活態度。

賴純美／著　定價／300元　特價／199元

《點燃哲人的智慧》

    本書精選160則古代哲人短篇言談或著作中的故事或寓言精選的名人佳句，經由作者精妙的譯寫文字，對故事的體會或心靈哲思為讀者提供的處世哲學，並透過故事中的廣博哲理，一解人生的疑難解惑。

黃晨淳／編著　定價／250元　特價／199元

《紅樓夢》

    本書總錄紅樓夢中200多首詩詞名句及書信，以章回為分段，內有引經據典的精詳註釋、流暢優美的譯文以及編者經半世研究的精闢賞析，是一本實用功能極強，並且亦是一本文學欣賞集。

王世超／編著　定價／320元　特價／199元

《從名句看世界名著》

    此書是西洋故事集，著重百年不朽經典名選自著名文學126則故事，全書分為四個篇章：聖經篇、世界名著篇、希臘羅馬神話篇及戲劇篇，透過作者的名句剖析加上精粹的故事摘要以及對生活的默思，呈現出智慧的沉澱。

柯盈如／編著　定價／200元　特價／99元

《中國傳奇事典》

　　中國經典故事是人生智慧的沉澱，借用前人的智慧可以當作借鑑，用來規範言行，本書收錄神話、歷史、成語故事、佛教傳奇、古典詩詞、俏皮話典故共156則中國經典傳奇，藉此可以了解歷史，還可以啟發思想增加人生智慧。

卓素絹／編著　定價／280元　特價／149元

《百年經典名著》

　　本書編寫的目的，即是為了讓一般民眾也能親炙文學大師的風采，用一種淺顯易懂的筆調介紹眾所皆知的文學經典，使人們可以藉此窺探文學大殿，並由此對經典中的智慧能夠快速吸收，而能獲益匪淺。

柯盈如／編著　定價／350元　特價／199元

《中國詩詞名句鑑賞辭典》

　　本書蒐集先秦至清末民初，文人學者所創作的詩詞曲，橫跨中國二千多年，集詩歌名句之精華於一，以朝代及作者為軸，一一條列，除了簡要的賞析翻譯之外，並附有原詩詞，書末再附註筆劃索引，可供讀者於最短時間內查詢所需資料。

白英、潤凱／編著　定價／450元　特價／299元

《中國散文名句鑑賞辭典》

　　本書蒐集先秦至清末民初歷代的散文經典名句，以朝代及作者為軸，一一條列，除了介紹出處與書名外，另附簡要的賞析翻譯，不僅為先哲對人生和世界的思考與頓悟，也是一中國巨大的智慧寶庫。

天人／編著　定價／900元　特價／499元

《權謀智典》

　　看歷代偉人權謀策略的運作，學習利用智取的成功策略。因之，競爭的社會裡，智取是最有效的成功捷徑。我們歸納中國五千年的權謀方略，共120則經典的權謀故事，使我們能在競爭的社會中獲得最大成就。

黃晨淳／編著　定價／250元　特價／199元

⑪

《失樂園》

　　改編自一萬多行的《失樂園》原著，精采故事來自聖經的《創世紀》，敘述天國中撒旦的叛亂、與神的抗爭、帶領天使逃亡墮入地獄與人類祖先亞當、夏娃被逐出天堂樂園的悲壯史詩。生動的文字敘述與五十幅杜雷經典插畫，精緻唯美，呈現繽紛的美麗故事。

劉怡君／編著　定價230元　特價／149元

⑫

《絕對小品》

　　此書匯集90位近代的文學家、哲學家、智者有培根、蒙田、泰戈爾、歌德、卡內基、紀伯倫、羅素等人的120篇生活小品文。並對生命、愛情、生活、知識四個層面作經驗的分享精煉的人生的智慧，閱讀的同時可以隨時補給心靈的枯竭，輕鬆閱讀的同時將會源源不斷內在的能量。

徐竹／編著　定價／220元　特價／149元

⑬

《聖經的故事》

　　《聖經》是全世界發行量最多、讀者群最廣的經典作品，分為《舊約》，探討神耶和華與選民以色列民族的關聯。《新約》，記載基督教徒的救世主，以及使徒們的傳道活動。本書並配合200幅杜雷經典插畫，以文字開展《聖經》故事，文筆簡潔有力，故事生動自然。

郭素芳／編著　定價／450元　特價／299元

⑭

《蒲松齡的失意哲學》

　　蒲松齡，一位追求功名的典型中國文人，不得意的人生，造就他文學上的卓越成就。《聊齋誌異》，一部在虛幻中尋求桃花源的小說，經由它我們得以營造一個自現實壓力跳脫的理想世界。本書精選100則《聊齋誌異》中最精彩的故事，每個故事有一段改寫者的小小心得。

潘月琪／編著　定價／300元　特價／199元

⑮

《紀曉嵐的人生啟示》

　　大清第一才子紀曉嵐，唯一傳世的著作《閱微草堂筆記》，寫得不是經世濟民，而是一篇篇從他人、鄉里或親自見聞的人鬼狐故事。本書節選其中最生動最富含人生哲理的140篇，從中我們可以了解紀曉嵐喻大義理於嬉笑怒罵的故事的實質用心。

黃晨淳／編著　定價／250元　特價／199元

⑯

《閱讀大師的智慧》

本書的寫作方向以當代著名哲學家、詩人、文學家等的作品為主，共十九位哲學家大師，將他們的精闢論點，用一種改寫的方式節錄而出，以形式簡短的文章呈現，內容富有深度，為一種文簡易賅的經典小品文，共有150篇經典哲理散文。並且此書為哲學家、詩人、文學家等的思想結晶，內容簡潔，富有意味，值得人們沉吟再三。
張秀琴／編著　定價／350元　特價／199元

⑰

《影響中國散文100》

自先秦至清朝，精選74位古文名家，共100篇傳世散文，一生不可不讀的絕世文章；100篇散文，74種人生態度，內含名人們的人生體悟與生活實錄，更多的是智慧的累積，及反覆閱讀的不同收穫，讓你體驗出人生百態，豐富你的一生。
李麗玉／編著　定價／450元　特價／299元

⑱

《智慧的故事》

這是一本典藏猶太民族三千年的生活藝術，有流傳已久的民間故事有寓言、英雄傳奇、幽默故事，來自其宗教著像是《聖經》、《塔木德經》、《律法書》，透過這些故事可以了解猶太人生活的智慧和樂觀的民族性，更敬佩先知的睿智，值得令人學習的生活智慧。
劉熳、何竣／編著　定價／380元　特價／299元

⑲

《唐吉訶德》

本書將世界名著《唐吉訶德》重新編寫，並配合杜雷名畫150幅開展內文，唐吉訶德夢想也成為一名騎士雲遊天下，於是憑著這股傻裡傻氣的熱情就出發了，在文中看似荒唐的行為中，卻透著善良的動機，生動有趣的故事，值得細心品味！

《唐吉訶德》出版後被譯成六十多種文本，是譯本種類僅次《聖經》的近代偉大作品。
塞萬提斯／編著　劉怡君／改編定價／350元　特價／199元

⑳

《閱讀名人的心靈》

以74位世界上成功的名人為主，介紹其奮鬥成功的歷程與如何堅持成功的原則，而這些原則與經歷，值得令人學習的地方。從名人故事當作主軸，帶出名人的人生的智慧、愛情智慧、成功智慧等等。充滿知名人士的精髓；每一頁都可以化成積極向上的活力泉源。在分享了名人的人生經驗後，定能有所啟發，能更有信心地去擷取屬於自己的成功果實。
王雅慧／編著　定價／190元

《神曲》

　　神曲是法國詩人—但丁歷時十年，長達一萬四千二百三十三行的詩歌創作，全書分爲地獄篇、淨界篇、天堂篇三部份，本書將詩歌形式改寫成有趣故事，帶引出神曲書中各部份的精采情節，讓讀者彷彿身歷書中情境一般。

但丁／原著　郭素芳／改編　定價／400元　特價／249元

《傳世的箴言》

　　猶太人有最寶貴和古老的精神遺產：律法、格言、箴言、故事，時時圍繞在他們的身旁，這些古老的格言充滿無比的力量，教導人們如何從經典箴言中，領悟人生的種種難題和挫折，讓他們可以隨時學習成功的秘訣！透過這本書，你將可以閱讀猶太的古老智慧，並從律法、格言、箴言、故事，學習他們成功的智慧。

楮松、郭朝／編著　定價／300元　特價／169元

《古水手之歌》

　　本書除將長詩改寫爲小說外，並於書末附有原詩及原詩翻譯，內容描述一位性孤僻不知感恩的水手，因射殺了一隻指引迷津的信天翁，而引起神的憤怒，促使全船二百位水手在海上漂流後死於非命，而後水手在懺悔下得到救贖。

　　全詩情節緊湊，情感動人對於人性的描繪有其獨到之處，在柯立芝建構的強烈生命意識與自然幻想讓人深感自然與人類的不可分割、信仰與心靈的融和。

柯立茲／原詩　劉怡君／改寫　定價／160元　特價／99元

《紅樓迷夢》

　　紅樓夢是中國四大章回小說之一，故事情節動人，人物描寫細緻，結構嚴謹，是一部中外馳名的著作。而曹雪芹筆下的人物角色的塑造，更是爲人所稱頌，本書就是以大眾所熟知的十二金釵爲主角，以紅樓夢的故事脈絡，將十二個女人一一獨立出來成爲十二篇單篇人物小說，將她們各自的個人性格及特色充份的表現出來，並藉此十二篇小說將紅樓夢濃縮串連。

星佑／改寫　定價／230元　特價／169元

《一首詩的故事》

　　本書嚴選100篇從先秦時代到清朝爲人傳頌的精彩動人的詩詞故事，讓你低詠讚嘆詩詞意境的優美時，還能一探詩人的親身經歷與隱含在詩詞背後，互古流傳的眞摯情誼，大時代的變動與悲嘆，不論是詩人的情感糾葛，或是對外物的執著衝突，都可以在這100篇故事與詩詞中，淺的低吟、回味再三。

王盈雅／著　定價／320元　特價／199元

《中國傳奇人物100》

　　本書除提供名人的經歷背景等資料外，並蒐集各種相關知識，有文學家的成名作品、畫家的知名畫作、及從人物本身引出的知名人物介紹，如從李師師與宋徽宗的一段情感，牽引出宋徽宗的名畫等，因此使本書更具有翻閱與收藏價值。

黃晨淳／編著　定價／300元　特價／199元

《今天的名人》

　　全書依照重要人物出生或具特別意義的日期順序排列，回顧古今中外所發生過的點點滴滴，提供給我們有關歷史人物的一言一行，從他們的成敗、功遇，深切的印證我們生命中種種的軌跡，看到人類的過去亦可深激發人類與生具有的「有為者亦若是」潛能，而效法歷史上偉人的行事風範和經驗，擷取人類智慧結晶。

蔡漢勳／編著　定價／320元　特價／199元

《神的故事》

　　選錄千年道教諸神100位，諸如西王母、媽祖、李哪吒、保生大帝等，探索中國信仰的真諦，增廣知識與奠基我們的信仰。100張神明圖片解說，帶你進入傳說中的神話，了解敬仰神的傳說與事蹟，呈現出民間的信仰文化。附錄諸神台灣寺廟介紹、延伸閱讀，讓信仰與生活相結合。

陳福智／編著　定價／220元

《改變歷史的偉大人物》

　　網羅史上100位影響歷史及有特別貢獻及重大成就的名人，像是甘迺迪、華盛頓、佛洛伊德、釋迦牟尼、畢卡索、萊特兄弟、史蒂文生、莎士比亞、貝多芬等人。探討什麼樣的成長過程鍛鍊造就他們堅忍不拔的精神？他們一生中有什麼特別的經歷和境遇？細讀本書後相信你可以清楚地找到答案，並學習到名人的精神和成功智慧。

張秀琴／編著　定價／350元　特價／249元

⑤

影響世界的哲學家

　　這是一本以「人」為本的不純哲學書，涵蓋亞理斯多德、笛卡兒、史賓諾沙、尼采、馬克思、維根斯坦、傅柯，還有洛克、伏爾泰、休謨、盧梭、康德、黑格爾、叔本華、胡塞爾、柏格森、海德格，有生活中的衝突、歡笑與執著，當然你也可以粗略了解哲學家為世人所敬重的知識理論、思想體系以及對人類社會的偉大貢獻。

陳治維／編著　定價／300元　特價/199元

⑥

誰想當皇帝

　　自秦始皇嬴政自稱「皇帝」至清朝最後的清宣統愛新覺羅‧溥儀為止，中國共有四百多位即位稱帝的皇帝。他們之間有許多的共同性，也有很多的相異處，有的文才武略兼備，有的卻只知荒淫享樂…。

　　本書精選中國三十五位極具特色的皇帝，有清明、有昏庸、有明帝、有昏君，針對他們的部分事蹟採取故事性的描述，重建該帝生動鮮明的形象。並於文末針對該皇帝的言行，進行深入的檢討與延伸的思考，為歷史賦予現代的意義。

林鉦昇／編著　定價／280/　特價／169元

HOW DO　好讀出版社

出版宗旨

Publish Purpose

尋找美麗的珍珠

淵遠流長的歷史長河中，人類不斷創作出精彩的文學作品，這些文學作品，有的只能盛行一時，有的卻能淵遠流傳，它們就像一顆顆的珍珠，在歷史長河不斷的沖刷下，綻放出熠熠動人的光彩。

好讀出版社的出版理念，即在於潛入浩瀚的書海中，尋找這些動人的美麗珍珠，並以現代人的閱讀習慣為主軸，輔以輕鬆、簡約的筆調，將中外的經典作品重新彙編整理，以全新的風貌重現在世人的眼中。

國家圖書館出版品預行編目資料

世紀名人懸案大破解／雨田編著；
初版.——臺中市　：好讀, 2003[民92]
面：　公分，——（人物誌；07）

ISBN 957-455-482-1（平裝）

781　　　　　　　　　　　　92010822

人物誌07

世紀名人懸案大破解

編　著／雨　田
總 編 輯／鄧茵茵
文字編輯／王淑華
美術編輯／賴怡君
發行所／好讀出版有限公司
台中市407西屯區何厝里19鄰大有街13號
TEL:04-23157795　FAX:04-23144188
e-mail:howdo@morning-star.com.tw
http://www.morning-star.com.tw
法律顧問／甘龍強律師
初版／西元2003年8月31日

總經銷／知己實業股份有限公司
台北公司：台北市106羅斯福路二段79號4樓之9
TEL:02-23672044　FAX:02-23635741
台中公司：台中市407工業區30路1號
TEL:04-23595820　FAX:04-23597123

定價：350元
特價：199元

請填妥後對折裝訂，直接投郵即可，免貼郵票。

廣告回函
台灣中區郵政管理局
登記證第3877號
免貼郵票

好讀出版社　編輯部收

407 台中市西屯區何厝里大有街13號1樓

電話：04-23157795　傳眞：04-23144188

E-mail:howdo@morning-star.com.tw

新讀書主義—輕鬆好讀，品味經典

-----請沿虛線摺下裝訂，謝謝！-----

更方便的購書方式：

(1) **信用卡訂購**　填妥「信用卡訂購單」，傳眞或郵寄至本公司。

(2) **郵 政 劃 撥**　帳戶：知己實業股份有限公司　帳號：15060393
在通信欄中塡明叢書編號、書名及數量即可。

(3) **通 信 訂 購**　填妥訂購人姓名、地址及購買明細資料，連同支
票或匯票寄至本社。

◉單本以上9折優待，5本以上85折優待，10本以上8折優待。

◉訂購3本以下如需掛號請另付掛號費30元。

◉服務專線：(04)23595819-231　FAX：(04)23597123

◉網　　址：http://www.morning-star.com.tw

書名：世紀名人懸案大破解

1. **姓名**：＿＿＿＿＿＿ □♀ □♂ **出生**：＿ 年 ＿ 月 ＿ 日
2. **我的專線**：（H）＿＿＿＿＿＿ （O）＿＿＿＿＿＿
   　　　　　FAX ＿＿＿＿＿＿ E-mail ＿＿＿＿＿＿
3. **住址**：□□□＿＿＿＿＿＿＿＿＿＿＿＿＿＿＿
4. **職業**：
   □學生 □資訊業 □製造業 □服務業 □金融業 □老師
   □SOHO族 □自由業 □家庭主婦 □文化傳播業 □其他＿＿＿
5. **何處發現這本書**：
   □書局 □報章雜誌 □廣播 □書展 □朋友介紹 □其他＿＿＿
6. **我喜歡它的**：
   □內容 □封面 □題材 □價格 □其他＿＿＿＿
7. **我的閱讀嗜好**：
   □哲學 □心理學 □宗教 □自然生態 □流行趨勢 □醫療保健
   □財經管理 □史地 □傳記 □文學 □散文 □小說 □原住民
   □童書 □休閒旅遊 □其他
8. **我怎麼愛上這一本書**：

   ＿＿＿＿＿＿＿＿＿＿＿＿＿＿＿＿＿＿＿＿

   ＿＿＿＿＿＿＿＿＿＿＿＿＿＿＿＿＿＿＿＿

   ＿＿＿＿＿＿＿＿＿＿＿＿＿＿＿＿＿＿＿＿

『輕鬆好讀，智慧經典』

有各位的支持，我們才能走出這條偉大的道路。

好讀出版有限公司編輯部　謝謝您！